sapientia
サピエンティア 42

洋服を着る近代

帝国の思惑と民族の選択

Clothing: A Global History

ロバート・ロス［著］
平田雅博［訳］

法政大学出版局

ヤネッケに
愛をこめて

謝辞

本書の執筆のためにご支援いただいた方々に謝意を記したい。まずは、ヴァッセナールのオランダ高等研究所、所長ウィム・ブロックマン、専務理事ウーテル・ヒューゲンホルツ、職員のみなさまのなかでもとりわけ図書館の方々である。私がいただいた半年間の特別研究期間はこの研究の山場を乗り越え、執筆に取りかかる機会を与えてくれた。雇用主であるライデン大学、とりわけアフリカ言語文化学部は、学部の中心的な課題とも言えない本研究を大目に見てくれた。いくつか言及やコメントをしてくれたアンナ・ベーレンス、ヤン゠バート・ゲヴァルト、ミーケ・ヤンセン、リュディ・クースブローク、カーステン・マッケンジー、ジアコモ・マコラ、ミナ・ロセス、アンジャナ・シン、ネティー・ティチャラ、ルース・ワトソン、セラ・ウィジエンビーク。話を聴いてくれた上に、多くの章に有益なコメントをしてくれたバーゼル、シドニー、プレトリア、キャンベラでのセミナーの聴衆のみなさん。自分ではけっして選ぶことはなかったテーマを示唆し、原稿を忍耐強く待ってくださったポリティ出版社。自信とアドバイスをくれ、有益で助けとなるコメントをしてくださった名も知らぬ読者諸氏。手を貸してくれた、各地のとくにライデンの図書館司書の方々。

たゆまぬ激励、建設的な関わり、さまざまな章の批判的な読み込み、貴重なアドバイスなどなどについて、だれよりもヤネッケ・ヤンセンに感謝したい。しかしこれらは学術的な側面にすぎない。その他にいただいた力添えのほうがはるかに重要である。

ライデンにて

洋服を着る近代◎目次

凡例

1　訳註は最小限にとどめ〔　〕で示した。著者による原註は［　］で示している。

2　原文の（　）は（　）で示した。一部、読みやすさのために、訳者が付けた（　）もある。

3　原文中の引用文などでイタリックになっている部分には、傍点を付した。

4　翻訳がある引用文献は、可能な限り調査して、原書の後にそのデータを記した。

5　翻訳書からの引用文はそのまま利用させていただいたが、文脈に応じて訳語などを変えた箇所もある。

6　原註は、原書では巻末にまとめられているが、訳書では各章末に付けている。

7　索引はほぼ原書にのっとって作成した。

第1章　序論

二〇〇三年六月にフランスのエヴィアンに世界の指導者たちが集まった。G8として知られるこの会議を取り上げてみよう（図1参照）。それは重要な議論がかわされ、重大な決定がなされた集まりである。しかし、ここでの関心は、世界中でもっとも強大な八カ国（中国は入っていなかったが）の政治的指導者がすべて男で、ダークスーツ、ワイシャツ、ネクタイ、磨いた靴、と全員同じいでたちで集合写真の撮影のためにあらわれたことである。ロシア、フランス、アメリカ合衆国の大統領、日本、イタリア、グレート・ブリテン、カナダ、ドイツの首相はみな同じ格好をしていた。これらの大国への陳情を許されたその他の中小国の指導者たちもやはり同じ格好をしている。ただし、例外が二人いる。サウジアラビアの代表、アブドラ・イブン・アブドル・アジズ・アル・サウード王子はゆったりとしたベドウィンのローブに身を包み、ナイジェリアの大統領オルセグン・オバサンジョは同じような長いヨルバの衣装に身を包んでいる。しかし、南アフリカ共和国のチャボ・ムベキ大統領は、インド、マレーシア、中国の指導者と同様、仕立てのよいスーツを着込んでいる。

図1　エヴィアンでの世界の指導者たち。2003年。

いま思考実験として、四〇〇年前にこの人びとの前任者たちが集まったとしたら、どういったいでたちをしているか想像してみると面白いだろう。フランスとスペインの国王、オスマン帝国のスルタン、ペルシャのシャー、ムガール帝国の皇帝、中国の皇帝、日本の将軍、それに八番目の席はおそらくオランダの総督といったところだが、それが誰に与えられようと、こういった人びとが集まったとしよう。二〇〇三年と同じように全員男だろうが、彼らの装いにまるで統一性はなかろう。その他の国々の代表も、たとえば〔ナイジェリアの〕オーヨーのアラフィン、〔南アフリカの〕ムウェーネ・ムタパ、〔アメリカの〕イロコイ同盟の指導者、インカ帝国の貴族の生き残りが一堂に会しても、さらに多様性が加わるだけだろう。しかも、誰一人として今の後継者たちと同じ服は着ていないのである。

こんどは、南アフリカの貧困地域、北ズールーランドにある小さな田舎町ヒュニュウェの同じ二〇〇三年の寒い冬の平日を見てみよう。人びとはサイザル麻とパイナップルの生産、製材、犀（を観光客にみせて）で暮らしを立てている。私がたまたまスーパーの外で三〇分かそこら座っていた以外は、どこにでもある光景だった。男たちは綿のズボンや時にはジーンズ、シャツ、（多くは革製の）上着を身につけていた。女はたいていすねまでの丈のスカートを着ており、綿のズボンをはいた人は少数だった。大半の女はジャージとウールの上着を身につけ、赤ん坊を運ぶのに使う毛布を肩に掛けた女はほとんどいない。男女とも靴下、大量生産の靴をはき、スポーツ・シューズをはいていた者もいた。六月だったため、男の多くはウールの帽子を被っており、女もおしなべてスカーフなどを頭に巻いていた。おそらく授業料や制服代を払ってくれる保護者がいないせいで学校に行っていない数人の少年は、膝丈のズボンとシャツを着ていた。そのあたりをぶらついている少女は見かけなかった。

この光景は、スカーフの巻き方、ウールの帽子、スカート丈といった細部を見るといかにも南アフリカ的である。しかし、政治的にもっとも民族色が強くもっともズールー的なこの地区でも、はっきり民族がわかるいでたちをした人は一人もいなかった。例外といえば、短パンとサンダルという南アフリカの白人特有のなりをした肥りすぎの男一人と、動物保護区のそばで観光客向けに戦士の格好をしたズールー人ダンサー二人だけだった。これをのぞけば、ヒュニュウェの人びとは、すっかり西洋の普段着になじんでいるのである。余裕があればもちろん、男たちは日曜日にはスーツとネクタイ姿で教会や改まった席に出向くし、女たちも見栄えのよい衣服を身につける。

このあまりにありふれた光景は地球上の何万ものショッピング・センターで見られるものである。むろん小さな差異はあるし、なかには重要な差異もある。一般に、女は男よりも西洋の通常の規範とは異なる傾向があると言えよう。

二一世紀初頭のこの二つの場面は、深く歴史的な問いを提起する。いかにしてこのような文化的均質化は生じたのか。どのようにして、フランスの大統領と日本の首相がまったく同じ服を着て会うにいたったのか。〔四〇〇年前の〕二人の前任者であるアンリ四世と将軍徳川家康が同じ服で会うなど考えられない。ヒュニュウェの人びとが、オランダのライデン、アルゼンチンのサルタ、タイのバンコク、サウスカロライナ州チャールストン、ひいては世界のたいがいの国にあるたいがいの町の男女と基本的には同じ衣服をまとうようになった過程はいかなるものか。同様に、ナイジェリアの大統領とサウジアラビアの首相の二人がこの傾向に抵抗しているとしたら、その理由も重要である。大半の住民が世界と同じ服装をしていないのはどこで、それはなぜなのか。ほぼどこでも人びとが身体を衣服で覆うのはなぜなのか。一五〇年前なら、ヒュニュウェでは冬でも肌を露出させた人が多かったろうに。女性は男性より「伝統」に縛られているというのは本当だろうか。もし本当なら、どうしてそうなったのか。アリ・マズルイは三五年ほど前、「西洋が非西洋世界に残した最大の文化的遺産は西洋の衣服、すなわち洋服だ」と述べたが、真実だろうか。「人類は西洋のシャツ、西洋のズボンを手に入れると急速に均質化される。日本のビジネスマン、アラブの大臣、インドの弁護士、アフリカの公務員は全員一様に西洋のスーツを着ている」(1)。こういった疑問に対して私は本書で答えを出したいと思う(2)。

どの答えも「グローバリゼーション」という言葉でくることができるのは明らかだ。「グローバリゼーション」とは、欧米の技術力、経済成長、帝国主義、文化的優越感がもたらした結果である(3)。

この言葉は、単なる流行にも思えるが、現実の重要な現象を表している。なによりも情報が世界中に伝わるスピードは著しく、世界の物質文化は（ある程度）均質化された。しかし、これを証明するにはもちろんグローバルな研究方法が必要である。その場合、シャムのチュラロンコン国王や明治天皇の宮廷はブリテン国王＝皇帝エドワード七世の宮廷と同様に重要となる。個人を挙げなければならないとしたら、もっとも重要な人物はケマル・アタチュルクやマハトマ・ガンディー、ジャワハーラル・ネルーであり、クリスチャン・ディオールではない。ナミビアのヘレロ人のロング・ドレスはディオールの提唱するニュールックと同じくらい重要である。ヘレロ人のドレスのほうがはるかに歴史が長いからである。

被服学、ましてや服飾史の専門家として本書の執筆に取り組んだわけではないことを明言しておきたい。衣服に関して初めて論説を書いた一人トマス・カーライルについて、マックス・ベアボームが「ひどい身なりをして衣服の哲学を構築したがったトマス・カーライルは、文学史上もっとも哀れな人に思えた」(4) とコメントしているのを発見して、私は悦に入った。いかにもジェンダーの枠にとらわれた行動だが、子供の頃、ロンドンのヴィクトリア・アンド・アルバート博物館の衣装展示室に足繁く通ったのは私ではなく私の姉妹だったことを、本書を執筆する最中はまったく思い出さなかった。(5) むしろ私はアフリカ史家であり、アフリカ大陸はもはや裸の野蛮人の土地とは見なされなくなったことに喜びを感じてきた。とくに植民地期南アフリカについて長く研究し、その文脈で、被植民者がどのようにヨーロッパ文化を受容し利用してきたか書いてきた。本書がその延長線上にあるのならうれしい。だとしたら、一般に考えられているように、人びとの着るものは上または外部から、部分的にせよ、強要されるはずだという仮定から離れなければならない。それどころか、身体を覆うための規範は、長期的には内面化される必要がある。これがいかにして起こったのかが本書のテーマである。

服飾史の研究で、このやり方が変わっていることは明白である。社会史ではなく自然史（とくに生物分類学）でいうと、私はこの点で「併合派」（生物の類似点を重視して大きく分類しようとする生物学者）で、装いや衣服に関心を持つ人は「細分派」（相違点を重視して種や亜種を細かく分けようとする分類学者）になるだろう。(6) つまり、ある生物を他の学者よりも細かな種に分ける分類学者のように、「細分派」はさまざまな衣装の違いに着目する。それは、人びと（とはいえあくまで私の知る人びとにとどまるが）の衣服と装いの特殊性を探し強調するよくある方法のせいでもあり、服飾史という学問の歴史のせいでもある。織物の歴史は、生産と（ある程度は）分配についての問題であり、経済史の古典的なテーマでもある。産業革命の起源だけでなくより広範な物事に関わるから、それも当然であろう。しかし、服飾史はもともと時代別地域別の古物研究から始まっており、美術史の一大分野である。衣類の研究は、元来は絵画がいつどこで描かれたのか、美術史家が特定するための方法の一つであった。(7) ある年とその翌年の服の違い、ある町とその隣の町の衣装の違いが詳細であればあるほど、絵画の特定に役立った。服飾史の研究分野がより高い地位を要求し、研究の重要性も認められだすと、最初は古物の収集、ついで対象の調査を基本とするようになった。このようなやり方はもちろん危険でもあった。一般的に衣服は、ごく一部の階層、とくに最上層の、しかもわりに最近のものしか残っていないのが普通である。その上、現存する服でも、特定の素材に偏っているのはわけがある（たとえば、絹は羊毛、綿、リネンとは異なり、再利用ができないせいで、他の素材の服より残っている可能性が高い)。私には望むべくもない技術をそなえたこういった専門家のみごとな研究には感服する。だが、個々の服の年代や由来、制作などの研究は、その特色にばかり目を向けると、長期的な共通点について議論しなくなってしまう。また、こうした研究者にはファッション専門学校で訓練を受けたり、関わりのある人が多い。そのためファッションの短命性を強調するきらいがある。もちろんそれはこれまでも今も重要だし、本書で私も強調したいと考えているのだが。

一方、民族学や文化人類学も、装い全般の研究、とくに服飾史の興隆に一役買った。これらの学問は、とりわけ服装規定に与えられる意味の構造に関心を持っていた。ピョートル・ボガトゥイリョフは構造言語学に着想を得て、モラビア・スロヴァキアにおける民族衣装について執筆した。同書はいまでもこの分野で最初でもっとも革新的な一冊である。しかし、問題となる構造を明らかにするためには、特定の地位にある人の衣服の差異をまたもや強調しなければならない。既婚女性と未婚女性の被り物はどう違うのか、未婚の母という恥はどのように服に示されるか(処女の花嫁とは異なる服を着て結婚式を挙げた)等々である。[8] ボガトゥイリョフが属していた構造主義の議論を抜きにしても、衣装に関する民族学的研究はずっと、ある意味エスノナショナリズムになるか、対象を実質的に「他者化」してしまうかのいずれかであった。衣服も含め物質文化を研究する民族学者のうち、クロード・レヴィ=ストロースが一九九六年に述べた忠告に従う人は稀だろう。「ニューギニアの民族誌をほんとうに展示したいと望むなら、その仮面のそばにトヨタの車も展示すべきである」。[9]

たった一点だけ私は従来の定義に従うつもりである。[10] さまざまな種類の衣類だけでなく、髪型や刺青、身体装飾まで、外見全体を指す「装い dress」と、ふつうは布、皮革を素材とするがそれに限らない衣類を指す「衣服 clothing」は、これまで区別されてきた。たまに使われる「衣装 costume」は、特別なアイデンティティを明確に示すために着る装いを指す。さいごに「ファッション fashion」があり、これはもちろん装いに限らず、物質的なものもそうでないものを指し、『オックスフォード英語辞典』によれば、いつなんどきであれ「とくに社会の上流階層で見られる装い、生活様式などにふつう用いる言葉」である。これは、公爵夫人とともに（いまはそれ以上の価値があるだろうが）たとえば人気歌手を「上流社会」に含めてはじめて成立する定義である。流行を作る人は流行そのものと同じように急速に変化する。ファッションは移り変わりが激しいこと、その流れに乗る人も乗らない人も取り込んだり排除したりすることが、要点といえよう。

衣服は何のためにあるのだろうか。ドイツ人は身体を保護し、慎み、装飾するためと書いている。これら三つのどれをとっても絶対的とは言えない。悪天候に備えた、服による保護の必要すら、絶対的ではない。ティエラ・デル・フエゴ諸島は、人が暮らす場所でももっとも過酷な気候の地域だが、ここの住民はふだんは裸同然で、服がなくても〔焚き火で〕暖をとる必要にうまく対処してきたのだろう。一般に〔熱帯の〕雨期には〔裸より〕薄着でいる方がはるかによい。水の冷却効果は雨にぬれた衣服によって思ったより大きくなるからである。慎みは人類にほぼ普遍的であり、無垢の終焉が衣服の着用で示されることは、『創世記』に限らない。しかし、慎ましい装いとは、かつてズールーの紳士がたしなみ深く着けていたペニスケースから、アフガニスタン女性の全身をすっぽり覆うブルカにいたるまで幅がある。同じように、時に応じて、身体を隠すよりも誇示したいと思う人もいる。装飾に関しては、流行が数世紀で激しく移り変わった。男女の美に普遍性などまったくないし、何がその美を強化するのか知る術もない(11)。

したがって衣服は悪天候や仲間の好ましくない目つきからわれわれの身体を保護し、期待した注目を集めるにもかかわらず、それ以上の働きをする。われわれの見解を表明する方法の一つなのである。制限はあるにせよ、言葉の役割をする。衣服によって「言える」ことはとても少ないが、きわめて重要なことである。人は基本的に、二つの大切な表明をするために衣服を使う。一つは自分はどんな人間か示すため、もう一つは自分が何をしているか示すためである。こういった言い分は、まさに言い分であるがために、かならずしも真実である必要はなく——記号とは、結局、嘘をつくために利用しうるものと定義されてきた(12)——、希望的な観測の面が大いにある。これには、靴や帽子(アラビア半島の一部では顔全体を覆うヴェール)の着用が許されなかった奴隷の場合のように、服を着る人に他人の力が及んだ言い分もあり、その選択肢はつねに経済によって制限されていた。言葉を使う使わないに関係なく、あらゆる言語と同じように、ある時ある場所の衣服には、対比からなる文法があり、記号論体系として分析が可能である(13)。しかし、そのせいで衣服の体系は、じっさいは現行言語の文法と同じようにたえまなく変化しているにもかかわらず、分析の目的のためには、ほとんど変化しないものとして扱う必要がある。じじつ、衣服の文法は他のあらゆる言語の文法よりもはやく変化するようだ。人びとは、自分が流行に遅れていないことをはっきり示したいと思っているからである。

衣服は子供の頃も成長してからも、学ぶべき言語でもある。言語を学ぶと二言語を巧みに操る能力を獲得し、ある言語から別の言語にたちまち切り替える、「言語の切り替え」というきわめて興味深い機会が生まれる。ある規定から別の規定への完全な切り替えは、衣服でも見られるかもしれない。ここに認識すべき要点が二つある。一つは、人はある慣習に基づく服が真に必要な時に、それとは異なる別の服を着て自らの意志を鮮明にできること、もう一つは、言語の学習と同様に、間違いを犯し、困惑を招くことである。これはもちろん言語規定などと同様、服装規定は「単一言語」社会においてすら、あらゆる部門は一律ではないという事実のせいかもしれない。つまり、いつもは方言でやりとりしているのである。そして、言語芸術のもっとも個人的な作品でもその意味の理解が可能である(14)。これとまったく同じように、私が幸福に思うもの、私にぴったりのものといった衣服の個人的な選択も、全体のシステムの枠組みがあってこそはじめて存在する。個人の選択を多かれ少なかれ制限しているのもこのシステムなのかもしれないのだから。

当然、別の側面もある。すべての言語と同様に、故意であろうとなかろうと、誤解も生じる。言葉を使わない言語は言葉を使う言語よりも誤解されやすい。送っているメッセージの内容どころか、何か「言っている」ことさえ人びとに認識されない状況もある。意思疎通の失敗は大きな困難を引き起こしかねない。これと対照的に、ただの生意気と思われ、認められない服を着て、人びとが主張することもある。この場合は、嘲笑を浴びたり、大きな困惑や深刻な社会的緊張に至ったりするかもしれない。

衣服を通じた言い分や、強制された言い分は、以上見てきたようにその人のアイデンティティの表明である。もちろんアイデンティティは、服などをいじったり作り直したりして絶えず変化するし、自分を発見する状況にある程度左右されることもあるだろう。ジェンダーや社会的地位、年齢、職業などとそれはかかわっている。統計分析で用いる複数の分析軸のように、これらは程度の差はあるものの、相互関係にある。そうして何がどれに、どれくらい依存するかを見極められるようになるのである。だがつねに存在する分析軸がひとつだけある。ジェンダーである。世界のどこであろうと時代がいつであろうと、着た人のジェンダーを、あからさまにしろ控えめにしろはっきりさせない成人の服を想定するのはむずかしい。これは衣服の仕立てがどうあれあてはまる。

本書では、衣服の美学であれ経済学であれ（ましてや衣服を使ってなそうとする政治的その他の表明であれ）、それらに基づいて価値判断しようとは思わない。しかしながら、衣服の分析にはピューリタニズムの傾向が強く見られる。トマス・カーライルは『衣服の哲学』で「衣服の第一の目的は、暖をとるためでも慎みのためでもなく装飾のためである」と批判した[15]。この本の構成上、どこまでがカーライル本人の意見なのかいつも突きとめかねるのだが、ここでは装飾のためとは嘆かわしいとの見解を述べている。マルクスも、後述するように、同時代の衣服の様式に批判的だった。またより明示的にソースティン・ウェブレンは、華美な衣服は有閑階級が働く必要のないことを示すやり方のひとつと見た。それは彼が賛同する傾向ではなかった[16]。最近の著者のうち権威ある理論家として、ピエール・ブルデュー[17]とメアリー・ダグラス[18]を見てみよう。二人は、西洋社会（ブルデューの場合はフランス社会）が、社会的差異を創出し表象するのに衣服を利用するやり方を分析している。これはもちろんどこにも見られる過程であり、けっして競争がないわけでもなかった。ただし、メアリー・ダグラスがいうように、消費はかならずしも競合的ではなく、社会への参入を認めるのにも使われた。地位の創出と表象、よりよき地位につきたいと望む人びとばかりか、その社会的流動の実現性を否定したい人びとにも、機会と目的を与えた。しかし社会構造を決定したいと思った人びとはこの事態を望んでいなかった。この意味で、既存の衣服体制の歴史はおおむね階級、ジェンダー、民族、国民の闘争の歴史である。

本書の構成

本書では、おおよそ一六世紀から二一世紀初頭までの衣服のグローバリゼーションの歴史を論じる。第2章では、約五〇〇年前にペルーから日本にいたる社会の支配者が布告を出し、社会的地位と衣服を結びつけようとした方法を概観する。服装以外にも及んだ規制は、まとめて奢侈禁止法と呼ばれる。この章では、とくにグレート・ブリテンとオランダで、少なくとも衣服においていっそう需要主導型となる経済の発展を許容しつつ、このような法律がいかに攻撃を受けて消滅したかを見る。第3章では、とりわけイングランドとフランスにおいて、一八世紀末から一九世紀初頭にかけて、ファッション文化と後のヨーロッパ式の衣服の顕著な特徴がいかに現れたかを論じる。とくにこの時期は「男性の大いなる美の放棄」として知られ、男性が地味な主として黒い服をまとい、公共空間を男性が支配する証しとしたし、女性はけばけばしい衣服を着て、その多くはまったく実生活には適さなかったために公的な場面から締め出された。

第4章では、ヨーロッパ半島以外へのヨーロッパの衣服体制の最初の膨張を扱う。インドやインドネシア諸島において、初期のイングランドとオランダの入植者は居住地の習俗や衣服を受け入れていたが、植民地支配が確立するにつれて、全般的なヨーロッパの規範に合わせていく圧力を直接感じるようになった。まず、関心の対象となるのはこの過程である。この過程のさらなる進展は第6章で叙述する。また、南北アメリカ大陸のヨーロッパ植民地では、ヨーロッパの服装はすぐさま支配構造の一部となった。ただし、とりわけブリテン領北アメリカ植民地において、「自国産の」布の示威的な着用を証しとして帝国の支配に抵抗を示した独立運動が盛んになるにつれて、衣服における植民地ナショナリズムの最初の形態が生まれた。

世界中にヨーロッパ式の衣服が拡がったのは、まず第一に、ヨーロッパの経済的政治的権力とそれに関連した威信の結果である。しかし、これは製造ととくに流通のより効率的な方法の開発を通じてしか達成されなかった。第5章では、さまざまな新たな流通と製造技術、とりわけ巻き尺、通信販売事業の発展、ミシン、型紙（これらはすべて北アメリカではじめて広範に使われた）の導入を論じる。くわえて、大規模デパート、余暇活動としての買い物の開始もあった。これらの傾向に、さらにパリにおける女性のオートクチュール（高級注文服店）の競争市場（これはもっと目立たないロンドンを基盤とする紳士服仕立て業と並行した）、はては既製服ファッションの導入も加わり、二〇世紀の開発世界（先進諸国）の衣服市場の条件が創り出された。

それ以後の章ではヨーロッパ式の衣服のヨーロッパ以外における不均等な採用を扱う。一方では、多様な側面が近代化したためヨーロッパ式の衣服が余儀なく採用され、植民地支配者などの支配者と対等に扱われるためにもその必要があると考えられ、他方では、ナショナリスト的な抵抗を意味するアフリカ、アジアの衣服の象徴が潜在的に使われた。これらの章では、おおすじで、この両者間のパラドクスを中心に論を展開する。第6章では、主要な入植移住地の衣服の歴史を第4章につづき展開する。とくにオーストラリアとラテンアメリカといった場所では、近代化に迫られて、男女はもっぱらスーツとドレスを着るようになったが、これは一部にとどまったと論じる。対照的にインドとインドネシアでは、ヨーロッパ式の服装規制は、現地の政治闘争を背景にして利用されるが、独立を強調するためにはアジアの衣服がよく使われた。ヨーロッパの文化的規範を他の大陸に拡大する一翼を担った宣教師は、本国で着慣れていた衣服を広めようとした主たる勢力でもあった。ただし、男性ととくに女性の宣教師の衣服と、宣教師が改宗者に着用を許した衣服は異なっていた。改宗者たちはあまりにも頻繁に反植民地ナショナリズムの先頭に立ったために、これは極度な緊張をもたらした。

ヨーロッパ式の衣服の採用は、必然的どころか第一義的にも植民地主義の結果であると考えるのは誤りだろう。公式植民地化を免れた地域の多くでは、専制的な支配者はその臣民たちに近代的な衣服を採用せよと要求した。その前提となったのは、衣服を着替えて外見を改めれば、心のありようも改められるというものであった。第8章では、これが、一八世紀のロシア、二〇世紀のトルコとイラン、強制度は低いが明治以後の日本に当てはまることを論じる。植民地支配者がヨーロッパの衣服の奨励をためらったのは、おそらく近代性とそれに込められた政治的メッセージを恐れたからであった。しかしながら、第9章が示すように、反植民地ナショナリズムに不可欠な承認を求める政治的希望が生じると、植民地エリートは支配者側と同じ衣服を着て、みずからの威信を強調するに至った。

ヨーロッパ以外の多くの人びとがさまざまに憧れた西洋の衣服は、もちろん固定したものではなかった。第10章では、いくつかの大きなその変化を論じる。男性の公的な衣服はやや固定ぎみだったが、女性の衣服はかなりゆったりしたり、露出ぎみになったりして劇的に変化した。とくに女性にズボンの着用が認められるようになった。一般には、規制の緩和があり、（男性用背広を含めて）かつては非公式と考えられていた衣服は、以前であればありえないような場面でも受け入れられるようになった。同時に、各種のチェーン・ストアをつうじた衣服の流通ははるかに複雑となり、グローバル規模となった。その一方で、既製服の生産は、つねに安価な労働力を求めて、アジア各地への再配置がいちじるしく進んでいる。

にもかかわらずグローバリゼーションの過程は未完である。結論をのぞけば最後の章となる第11章では、西洋の衣服（少なくともいかにも西洋的な衣服）の着用は、さまざまな文化的ナショナリズム、女性を管理しようとする男性の希望、宗教的規制などによって、抑制されていると論じる。そのため、世界の多くの地域で、西洋化の深度は、ジェンダーの評価にかなり左右されている。これは、たしかにとくにムスリムやアフリカの多くの地域にも見られるが、オルタナティブの近代性の創造につながる。このもう一つの近代性では、ヨーロッパ、北アメリカという近代性の故郷といわれる地域の前提がいくつか否定される。

註

（1） Ali A. Mazrui, "The Robes of Rebellion: Sex, Dress, and Politics in Africa", *Encounter*, 34, 1970, 22.

（2） この現象についてのコメントは以下を参照。C. A. Bayly, *The Birth of the Modern World, 1780–1914*, Oxford, Blackwell, 2004, 12–19. 以下も参照。Wilbur Zelinsky, "Globalization Reconsidered: The Historical Geography of Modern Western Male Attire", *Journal of Cultural Geography*, 22, 2004.

（3） 本書において、私はこれらの現象を当然として受け止め、意図せざる場合を除けば、詳述したり、説明を加えたりはしない。最良の基本文献として、まずは以下を参照されたい。Bayly, *Birth of the Modern World*; A. G. Hopkins (ed.), *Globalization in World History*, London, Pimlico, 2002.

（4） Max Beerbohm, "Dandies and Dandies", in *The Incomparable Max Beerbohm,* London, Icon, 1964, 18. 以下に引用された。Michael Carter, *Fashion Classics: From Carlyle to Barthes*, Oxford and New York, Berg, 2003.

（5） われわれの父は、ヴィクトリア・アンド・アルバート博物館の隣の自然史博物館に勤務していたので、このサウス・ケンジントンの博物館群によく通った。

（6） 以下でさえ、グローバリゼーションの神髄にある基本的な収斂性より差異を強調する傾向がある。Margaret Maynard, *Dress and Globalisation*, Manchester, Manchester UP, 2004.

（7） Lou Taylor, *The Study of Dress History*, Manchester, Manchester UP, 2002, 116. ロンドンのヴィクトリア・アンド・アルバート博物館で長年衣装部門キュレータを務め、衣装研究の創始者でもあるジェームズ・レイヴァー（James Laver）は、「私は絵画の年代特定をしたかった」がためにこのテーマに引き込まれたと書いた。以下に引用。Carter, *Fashion Classics*, 121.

（8） Petr Bogatyrev, *The Functions of Folk Costume in Moravian Slovakia*; translated by Richard G. Crum, The Hague, Mouton, 1971〔ピョートル・ボガトゥイリョフ著、桑野隆・朝妻恵里子編訳『衣裳のフォークロア』せりか書房、二〇〇五年〕.

（9） Charles Bremner の以下の記事に引用。"Chirac's Monument for Paris", in *Times Online*, 17. 6. 2006.

（10） これらはたとえば以下に見られる。Mary Ellen Roach-Higgins and Joanne B. Eicher, "Dress and Identity". 以下に初出。*Clothing and Textiles Research Journal*, 10, 1992, 1–8. 以下で手軽に見られる。Mary Ellen Roach-Higgins, Joanne B. Eicher and Kim K. P. Johnson, *Dress and Identity*, New York. Fairchild Publications, 1995, 9–11.

（11） 北アメリカですら事態がいかに変化してきたかを知るには以下を参照。Peter N. Stearns, *Fat History: Bodies and Beauty in the Modern West*, New York and London, New York University Press, 1997. ハイファッションの世界での同様な分析としては以下を参照。Valerie Steele, *Fashion and Eroticism: Ideals of Feminine Beauty from the Victorian Era to the Jazz*

Age, New York and Oxford, Oxford University Press, 1985, esp. ch. 11.

(12) Umberto Eco, *A Theory of Semiotics*, Bloomington and London, Indiana UP, 1976, 7〔U・エーコ著、池上嘉彦訳『記号論』岩波書店、一九八〇年〕.

(13) 著名なものとして以下を参照。Roland Barthes, *The Fashion System*, New York, Hill and Wang, 1983 (translation of *Système de la mode*, Paris, Seuil, 1967)〔ロラン・バルト著、佐藤信夫訳『モードの体系——その言語表現による記号学的分析』みすず書房、一九七二年〕; Marshall Sahlins, *Culture and Practical Reason*, Chicago and London, Chicago UP, 1976〔マーシャル・サーリンズ著、山内昶訳『人類学と文化記号論——文化と実践理性』法政大学出版局、一九八七年〕, esp. ch. IV.

(14) *Finnegan's Wake*〔ジェイムズ・ジョイス著、柳瀬尚紀訳『フィネガンズ・ウェイク』一～四巻、河出書房新社、一九九一～一九九三年〕は例外と思われる。

(15) Oxford UP 版 (Oxford, 1987〔トマス・カーライル著、宇山直亮訳『衣服の哲学』日本教文社、一九六二年、その他〕, 30) による。

(16) 初版〔Thorstein Veblen, *The Theory of the Leisure Class: an Economic Study in the Evolution of Institution*〕は一八九九年にマクミランからニューヨークで出たが、それ以来きわめて頻繁に版を重ねている〔ソースティン・ヴェブレン著、高哲男訳『有閑階級の理論』筑摩書房、一九九八年〕。

(17) *Distinction: A Social Critique of the Judgement of Taste*, trans. Richard Nice, Cambridge. Mass., Harvard UP, 1984〔ピエール・ブルデュー著、石井洋二郎訳『ディスタンクシオン——社会的判断力批判』藤原書店、一九九〇年〕.

(18) Mary Douglas and Baron Isherwood, *The World of Goods*, New York, Basic Books, 1979〔メアリー・ダグラス、バロン・イシャウッド著、浅田彰・佐和隆光訳『儀礼としての消費——財と消費の経済人類学』新曜社、一九八四年〕.

第2章　衣服の規制

衣服はいやおうなくアイデンティティを表明するので、衣服をまとうこともまとわないことも、広い意味では必然的に政治的行為となる。衣服の政治がひときわ目に付き論議を呼ぶ状況がある。人は一般に、他の手段と同じくらい服でものを語るものだ。周囲の仲間たちも時の権力者もそうした行ないを受け入れる。この習慣をごく当たり前の決まり事にできる権力者には、そのほうが好都合なのだ。私たちは朝身支度を整えるとき、それが投票や暴動のような政治的行為であるとはふつう考えない。とは言うものの、服装を変えない保守主義は現状を根本から否定するのとまったく同じ政治的選択であり、その方が一般的である。

こう考えると、権力者は、最古の記録以来、臣民の衣服を定めようと関心を抱いてきたことがわかる。権力者がこれを行う理由が大きく言って三つあった。ただし、どの理由もかなり重なるため、じっさいは切り離せない。第一に、指導者の肖像画を胸につけるか尻につけるか(1)といった選択肢のように、直接的な意味で衣服は政治的忠誠心またはその逆のしるしになる。第二に、支配者など権力を持つ者は、（みずから実践する気はさらさらない）道徳的行為と思われることを臣民に押しつけるために、権力を行使したがる場合がある。このときの道徳性とは、質素とか性的慎みのようなものである。これは、男性の支配と女性の従属を維持することと同等視される。第三に、衣服は地位を表すのに使われる。そのため、下位の者が、上位の人間の振る舞いを不相応に真似ないように、しばしば規制が導入された。

この種の規制は有史以来見られ、少なくとも紀元前一五世紀から一三世紀にかけての中アッシリア時代の諸法までさかのぼる。諸法は、それなりの地位の既婚女性はヴェールを被るか、最低でも髪を覆うべし、少女奴隷や売春婦はこれらをまとうべからず、と定めていた(2)。これがじっさい史上初の法であったかどうか自体はさして問題ではない。少なくとも、政府が臣民の装いを管理しようとした初期の事例ではある。アテネのソロン、ローマの大カトー、古代中国の皇帝たちもみな同様な行動をとった。もっともソロンと大カトーの権力は発揮されたものの、中国皇帝とは異なり、所属する機関にかなり縛られていた(3)。同じように、預言者イザヤ〔紀元前八世紀のヘブライの人〕にまでさかのぼる道徳家は過度に華美な服飾を批判し(4)、権力者に取り締まるよう促した。ただ不満の内容はさまざまで、たとえば、古代ローマのユウェナリス〔六〇～一三〇。諷刺詩人〕は、法廷で透けたシフォンの服を着る男性法律家を激しく非難した(5)。

もちろん、長い目で見ると、人は道徳的でもなければ法を遵守してもいなかった。いまに至る歴史的変遷からそれは明らかである。それゆえ、奢侈禁止法が制定されたからといって人びとが従ったことにはならず、むしろその逆で、従わなかったことの証しである。どんな政府も、そのような法令を発する必要を時々感ずるものだ。また、不満の対象も一律ではなかったかもしれない。したがって、法律も不満も現実をそのまま映しているわけではない。支配者・伝道者の期待や不安と人びとのじっさいの行ないはつねに食い違うからである。にもかかわらず、第二・千年紀〔一〇〇一〜二〇〇〇年〕中期のさまざまな政府が臣民の衣服を規制しようとした方策を概観すれば、本書の役に立つし、さらなる分析の基盤となろう。規制と不満は、どこの国でも権力者以上に世の中をある程度統制しようとした。ただし、いくつかの例外を除いて、法の範囲内ではあったが。前述したように、人びとは結局、支配者ではなく、社会が適切と考えるものを着る。しかしながら、衣服の近代的な世界秩序は、このフィクションを放棄したから生まれたのである。

どこから概観してもよいだろう。起源があいまいな例では、南アメリカ高地のインカ帝国が権威を主張する手段として衣服を用いたのは明らかだ。インカには、いまでは判読不可能な複雑な色彩規定があって、支配者はこれに基づいて権力を行使したし、身につけてよい織物も厳しく定められていた。ビクーニャの毛でできた布を許可なくまとうと、死刑に相当する罪となった。この布地は皇帝への献上品であった。功績を挙げた者は布や衣服を与えられ、名誉を失った者は両方を剝奪された。さらに、帝国を統合していた貢納と再分配のシステムは、エリートに対する義務の一環で村人が織り上げた布を中心に構築された(6)。

インカ帝国は、アンデス山脈ペルーを中心に拡大していくにつれ、新たな臣民に、インカと似た服を着るよう要求した。とくにエクアドルの民は、被征服者として不十分・不適切な服しか身につけていなかったので、出自がわかる服装を義務づけて、この属国の民族を簡単に見分ける目印にした。忠誠心に対する褒美として、最高位の装束をごく一部の人間に限ったのは、帝国側にすれば当然の話だった。ペルーの海岸地帯では、皇帝みずから授けた人しか、盛装のチュニックを着ることは許されなかった。しかし、皇帝は各地を訪問するときは、臣民に対する好意の証しとして、地元の衣装をまとった。(7) 程度の差はあるものの、これは世界中で繰り返し行われた戦略であった。

たとえば、メシーカ人のアステカ帝国は、自分たちや他者の身体にその血塗られた世界の痕跡を残した。首都テノチティトランで異邦人は、言葉だけでなく服装からもそれとわかった。メシーカ人どうしも、きわめて厳格な奢侈禁止法によって、平民は綿織物、膝下丈の外套、サンダルを往来で着用できないとされ、貴族と一線を画された。貴族のなかでも、特定の地位の人には特別な装身具が用意された。大モクテスマ皇帝がこうした決まりを定めた、とのちに伝えられた。

その目的は、人がみなその地位で暮らすためである。それは、この都市にふさわしい礼節と作法、摂理と秩序を受け入れるのが理にかなっているからである。……また権威ある人や高位の人に、敬意と崇敬の念を持つためであり、それを知らしめ、重んずるよう求めるためである。(8)

アステカの戦争で勝利を収め、あとで生け贄にする捕虜を捕らえた武人は、手柄を挙げていない者と差別化するために、唇飾りと鷲の羽飾りが付いた鉢巻きが与えられた。こうした装身具による区別は、じっさいに北アメリカの至る所で見られた。武勇や幸運の証しは、苦労の末に手に入れるもので、

用心深く守られた。(9)

イスラームの影響を受けなかったアフリカ大陸の諸地域では、衣服の規制を見つけるのは、それほどたやすくはない。にもかかわらず、奴隷海岸沿いの西アフリカ諸王国では一七世紀、いや一八世紀になっても衣服の区別があった。アシャンティ王国では、国王しか着ることのできない服装が多く、その他に高い地位の人だけの服装も多数あった。(10) たとえば、ウィダー王国では、国王、后、家族しか赤い服を着てはならなかったし、北方のダオメ王国では、靴を履いてよいのは国王一人だった。(11) ニジェール・デルタの西側にあるベニン国では、一七〜一八世紀、サンゴの装飾品を身に着けてよいかどうかの許認可権は、統治者オバ王が持っていた。(12)

旧世界の大帝国において、衣服は何よりも政治的忠誠を示す手段として使われた。これは初期のカリフ統治期までさかのぼるのは確実で、サマッラーにいるアッバース朝カリフに拝謁を願う者は黒いローブを着用するよう求められ、そうしない者は入室を拒まれた。(13)（ビザンティウムの）征服者メフメト二世（一四三二〜八一年）以来、オスマン帝国のスルタンたちは、一五世紀末から一八二六年まで効力のあった法令で、地位に応じて全官僚の被り物を定めた。(14) 同様に、北インドのムガール帝国の皇帝もヒンドゥー教徒の廷臣にムスリムの服装を強いた。

廷臣は、征服者と同じ服装をして国家行事に参加させられた。こうした強制性は、当初、廷臣に嫌われた。したがってこの改革は抵抗にあい、彼らは自宅へ戻るやいなや、押しつけられた服を脱ぎ捨て、慣れ親しんだ自分たち民族のものと見なす服に着替えた。じじつ、はじめのうちは、ムスリムの服装は敗北と隷属の象徴であり、当時すでに神聖視されていた慣習への横暴な干渉のように思われた。しかし、服装を改めるよう強制されたのは、新たな支配下で公職にあった人びと、つまり一定の権威のある人びとに限られたことは銘記しておかねばならない。そのためやがて、服装を切り替えたのは権力がある証拠と見なされ、重んじられるようにもなった。……じっさいに新たな衣装は、それを着た人が多少なりとも重要な地位に就いた証しとなったため、かつての慣習に誇りと信仰を持って当初抵抗していた人もしだいに折り合いを付けていった。(15)

一九世紀末ブリテンのある歴史家は、インド人とブリテン人との（つかの間の）距離を誇りにしていた。ムガール人はインドにやってきた頃は「ブーツを履いた赤ら顔の男」だったが、「ペティコートを着けた青白い人」になって権力を失った、とこの歴史家は書いた。彼の目にはムガール人はすっかりインド人化して去勢されたと映った。(16)

君主は、忠誠心を示す服装を強制できたが、君主が変わると衣服も変わった。ナーディル・シャーは、一七三六年にイランのサファヴィー朝を破ると、支配下にあるイラン、アフガニスタン、インド、トルキスタンを表す、四つの角のついた被り物を新たに導入した。(17) 明朝は、前任の元（モンゴル）が押しつけていた服装規定を撤廃し、かなり中国式と思われる服に戻した。(18) 明では一般に、下層階級が不要な贅沢をすると激しく非難され、朝廷と官吏には黄、赤、青、黒、白の色の服が認められたが、平民には緑や茶の色の服しか許されなかった。(19) 明朝が滅ぼされるとすぐに、後任の清（満州人）もまた外見で新秩序に忠誠心を示すよう強制した。官吏の服[20]もその一環だったが、すべての中国人男性に強制された辮髪（後頭部以外の髪をそり落とし、後ろを編んで垂らす髪型）のほうがよくわかるだろう。この満州人に対する従属の象徴を拒絶したために、太平天国軍は長髪賊として知られることになる[21]。しかし、明朝も清朝も、宮廷における儀礼や衣服にとりわけ関心を抱き、たとえば清の代々の皇帝は、冬服から夏服へ変えるよう廷臣に命じた。宮廷の外はそれほど規制されなかった。

服装規定と奢侈禁止法は世界じゅうで見られたが、とくに公布の頻度が高い地域が二つあった。一三〇〇年～一七〇〇年頃の西欧と、徳川時代（一六〇〇年の関ヶ原の戦から二〇〇年間）の日本である。ほかの場所ではまず見られない法の構造をしており、社会的地位にふさわしくない人には特定の服装が禁じられていた。事実上、階級立法だったのである。立法者は、なんらかの基準によってすべての住民を細かく格付けし、高位の者しかある服を着てはならないと定めた。この意味では、他の多くの服装規定とは異なっていた。ふつうは、特定の官職の者が着用すべき衣服を規定するだけだった（したがって、その官職を奪おうとする人を暗に抑制する意味があった）。

近世ヨーロッパと徳川時代の日本とを、奢侈禁止法以外のもので比較するのは珍しいことではない。いずれのエリートも、きわめて類似した問題に直面した。日本をみてみると、徳川家は、長く続く内乱に終止符を打ち、支配体制を築いた。中世日本の社会秩序は絶え間ない戦によって、たとえば小作農出身の豊臣秀吉が一国の権力者にのし上がれるほどまでに揺さぶられた。徳川家は平和を確立すると、少なくとも自分たちが適切だと考える身分関係を再構築しなければならないと感じた。ところが、平和が利益をもたらした結果、もともと豊かだったこの国は数世紀以上にもわたって繁栄を続けたのである。とくに（武士、農民、職人と比べ役に立たないために）日本社会でもっとも地位が低いと見なされた商人に、きわめて高い水準の財産と可処分所得を得る者が現れた。商人は直接的な意味で武士の支配に反旗を翻したわけではなかったが、支配者の社会通念に対抗するシンボルとなった。収入をもっぱら領地の農民から得ていた武士が町人に劣るなど認められなかった。それゆえ、外見は抑制しなければならなかった。徳川時代を通じて（じっさいはそれ以前から）、あらゆる種類の法律が公布された。[22] 一六八三年だけでも、少なくとも七つの法律によって、町人の男女の衣服が「通常の絹紬・布、木綿、苧麻」[23]に制限された。とくに、絞り染めや刺繍で布を装飾する、より労働集約的で（したがって高価な）方法は禁じられた。[24] 同様に、武士階級の内部でも、位階に応じた取り決めがあった。一六三五年の法令（正しくは、一六六三年（寛文三年）の武家諸法度改定）には「徒・若党衣類、さやちりめん・平島・羽二重・絹紬・布　木綿之外停止之事　附　弓鉄砲之者、絹紬・布木綿之外不可着之、小者中間衣類、万布木綿可用之事」（徒・若党の衣類はさやちりめん・平島・羽二重・絹紬・布木綿の他は禁止する。附　弓鉄砲の者は絹紬・布木綿の他は着てはならない。小者・中間衣類は布木綿のみ（書き下し文、現代語訳とも http://www.hh.em-net.ne.jp/~harry/komo_hatto_main.html］）とあった。[25] 浄瑠璃人形の衣装の金箔、銀箔を禁止したことは、とくに目を引く。「将軍人形しか金銀の帽子を被れない」。じじつ、ある人形浄瑠璃一座の座長は、人形を華美に着飾りすぎたために、牢屋に入れられた。[26]

もちろんこれらの規制は実効性がなく、法令は「三日坊主の法」と言われてさげすまれた。[27] モンテーニュがかなり以前に認めていたように、奢侈禁止法は基本的な矛盾を抱えざるを得なかった。「カレイを食いビロードと金モールを身につけるのは王侯だけに限るとして、これを庶民に禁ずるのは、これらのものの価値を増し、これらを用いてみたいという気持ちをいっそう強くさせるだけではないか」[28]。ある程度の規制はできた。ポルトガル人が追放されると、その衣服を範としたファッションは廃れていった[29]。しかしこれ以降、外見の張り合いが加速する。小袖が男女を問わずすべての人びとの日常着となるにつれ、衣服の形はかなり安定していった。「言い伝えと古文書からこの国は一〇〇〇年以上も衣装を変えていない」と証明できると一六〇九年に幕府の老中が主張したのもかならずしも間違いではない[30]。とはいうものの、徳川治世もっとあとになると、競争が生じた。最初は高品質の絹など布地の競争で、ついで絹の染め付けや刺繍をめぐる競争になった。こうして壮麗な様式が生まれ、発展していった。ファッション・リーダーは有力者の愛妾や役者とくに女形であり、宮中の女性ですらその真似をしたがった[31]。ところが、流行とはえてして社会的階級を上昇するもので、その逆説的な結果として、火のように赤い紅花染めの着物を許されていた武家の女性は、商人の妻が広めて人気のあった、ねずみ色、青、茶の着物を着るようになった[32]。人間性を描いた井原西鶴はこうした人びとを嘆き、たとえば一六八八年に出版された作品には以下のように書かれている。

> 古代にかはって、人の風俗次第奢《おごり》になって、諸事その分際よりは花麗《かれい》を好み、殊に妻子の衣服、またこの上もなき事共、身の程知らず、冥加《みょうが》をそろしき。高家《こうけ》・貴人《きじん》の御衣《ぎょい》さへ、京織《きょうおり》羽二重《はぶたえ》の外《ほか》はなかりき。殊さら、黒き物に定まっての五所紋《いつところもん》、大名よりすえずえの万人に、此似合わざると云事なし。近年小ざかしき都人の仕出し、男女の衣類品々の美をつくし、雛形に色をうつし、

浮世小紋の模様、御所《ごしょ》の百色染《ももいろぞめ》、解捨《ときすて》の洗鹿子《あらいがのこ》。[33] 物好格別世界にいたりぜんさく。（井原西鶴『日本永代蔵』巻一「昔は掛算今は当座銀」）

（大火のあった明暦以前の昔とは違って、この頃は町人の風俗が身の程知らずで甚だ華麗になり、恐ろしい。高貴の女性でさえ、せいぜい京都西陣で織った羽二重程度である。ことに男性の衣服は黒いものに決まって胸に二カ所、背に一カ所、袖に二カ所の五紋の紋付で、大名から下のものにまで似合って親しまれている。近年は町人の新しい小袖意匠は美を尽くし、小袖模様雛形から模様を染めさせ、今はやりの小形の繊細な模様や、東福門院の御所の好みに始まるとされる御所染めの白地に花色（藍色）・照り柿、黒柿、萌葱などの多彩な色使いの模様染をしている。また、鹿の子絞りを染めて乾かぬうちにすぐ解き、開いて水に入れ、文様の縁をにじませぼかした染物など、凝ったことは格別で贅沢なことである」（高田倭男『服装の歴史』中央公論社、一九九五年、二七六頁）

妻や娘の浪費のせいで経営が苦しくなる商家も多く、このような衣服は祝言やお花見、紅葉狩りに限られるのがふつうだった。また、「よい絹をまとった商人を見るのは苦痛である。絹紬は彼によく似合い、見栄えもよくしている。しかし、武士階級はかならず立派な身なりをしなければならず、たとえ従者を伴わずとも、庶民のような服は着るべきではない」[34]。これは、かつてあったと信じている（だが一度もなかった）秩序の回復を願う保守派の悲嘆である。

西ヨーロッパでは、服や披露宴（たとえば娘の結婚式などで許される祝宴）について、奢侈禁止法が長期間になんども公布された。カロリング朝期には発布されたが、それ以後はイタリアの都市ジェノヴァが豪勢な毛皮の着用を禁じた一一五七年までない。その後、フランス（一一八八年）、アラゴン（一二三四年）、カスティーリャ（一二五六年）の君主たちや、イタリアの諸都市政府、一三〇四年以降はドイツ語使用圏とくにチューリッヒで定期的に発布された。教皇も一二七九年に「節度を欠いた華美」を声高に非難し、一四世紀末以降、厳格さに濃淡はあるものの、西ヨーロッパの大半にこのような強制的な法律があった。一七〇〇年頃まで公布され続けたが、それ以後はヨーロッパではほぼ姿を消した。[35]

法律の内容はもちろんきわめて多様だった。ふしだらな女性には贅沢な服装を禁ずるという創意に富んだものまであった。スコットランドでは、一五六七年に「売春婦をのぞくすべての女性の分不相応な服装は違法である」との簡潔な法律が発布された。[36]スペインでも、動くたびにチリチリかちかちと音のする一種のフープスカート〔張り輪を入れてふくらませたスカート〕を娼婦以外には禁じようとしたが、マドリードのもっとも影響力のあった判事の三人の娘がそれを着て練り歩いたために、権力者のもくろみはくじかれた。[37]禁止法による戦術の前提は、（少なくともシケリアのディオドロス〔紀元前一世紀、古代ギリシアの歴史家〕によると）遠く古代ギリシアのロクロイの立法者ザレウコスが考えた解決策に基づいていた。不名誉のそしりを避けるために、地位ある女性は適度な制限を受け入れるのである。禁止法はしばらくの間イタリア北部の都市では、ユダヤ人女性は耳飾りをつけるべしとの要請とも結びついた。耳飾りは、その頃ユダヤ人女性がたくさん到着したばかりのナポリ王国ではやりの装飾品であった。その要請はユダヤ人女性は売春婦なみに不実だと想定していた。しかし、耳飾りは数十年もたたないうちに最新の流行として、フェラーラの宮廷に戻ってきた。その結果、ユダヤ人女性はかつては素性を示すしるしだった耳飾りの着用を禁じられた[38]。

とはいえ全般的には、女性の慎みと名誉を守り、華美をおさえるために、法令で衣服を制限する試みがなされた。多くのイタリアの都市で、一五世紀以降、奢侈禁止法は、何よりこの問題と関わっていた。諸政府はデコルテ〔襟ぐり〕の深さに関する法令を公布した。たとえば、フィレンツェのサヴォナローラは、鎖骨から下、二指幅〔一指幅は四分三インチ、約二センチ〕以上、肌を露出させないよう要求した。これらの法律が厳密に施行されたかどうかは定かではないし、イタリアでは少なくとも露出が好ましくないとする起訴は滅多になかったようである。対照的に、一七世紀のスイスでは起訴は多かった。こういったどう見ても女嫌いの男が押しつけた法律に、女性たちがいかなる反応を示したのかまったくわからない。元祖フェミニストともいってよいボローニャのニコロサ・サヌーティは、社会の下層にいる女性と一線を画すには服で外見を変えるしかない、とたしかに書いている。統治者の権限は「女には与えられていない。女は聖職や功績、戦利品は求めていない。これらは男たちの名誉と考えられているから。装飾品と衣類は女の豊かさの証しなので、取り上げられてはかなわない」。男の政府が女性の放縦や不品行を抑制しようとした頻度に鑑みると、彼女の意見はイタリア女性の大きな反響を呼んだはずである[39]。

立法の際、頻繁に表明されたもう一つの根拠はかたくなな重商主義、もしくは保護貿易主義であった。一六一五年にフランスの三部会は、以下を禁止するようルイ一三世に請願した。

きわめて贅沢な布地と金や銀の装飾、真珠とダイヤモンド、フランドルやミラノ産のレースの装飾、中国の産物など地の果てから無用な品々を運び込んでは、我が王国の膨大な金や銀が持ち去られること。[40]

ドイツのシュトラスブルク〔現在はフランスのストラスブール〕のような都市も、条例で外国産ではない衣服（や布地も）を着用する必要を強調した。[41] イングランドも、エドワード三世治世の一三三七年からエリザベス治世の一五七一年まで、富裕層を除いて、イングランド製の毛織物以外は着用してはならないと法で定めた（後にウェールズ、アイルランド、カレー、ベリック・アポン・ツィードの製品も加えられた）。富裕層以外は、ブリテン島産のウサギや子羊の皮を一六世紀初頭には身につけていたと思われる。染料もたいてい輸入する必要があったため、紫色、緋色、深紅色、青色の織物は頻繁に禁止された。このような法律が十数もあり、イングランド人の服の規制に、保護貿易主義的な要素は必ずともなった。[42] フランスの法令もきわめて保護貿易主義的であり、一六六一年から一六八三年までに一二の法令がコルベールの重商主義政策の一環で発布されたことは、偶然の一致ではない。[43]

この議論は、一七世紀初頭のスペイン、とくに改革評議会のもとでも広く見られる。スペインには、レコンキスタから一七六六年まで続く奢侈禁止法の長い伝統があった。[44] 改革評議会は、一連の布告でカスティーリャ王国の輸入品に対する依存度を下げようとしただけでなく、作法と道徳を改革して国力の（相対的な）衰退を阻止しようとした。言い換えれば、適切な衣服を課せば、スペイン社会の緩慢な衰退を覆すことができると考えたのである。西洋思想に深く根を下ろした、質素な生活様式と生命の躍動の同一視が明確に説かれることはほとんどなかった。だがこの方策では、スペイン王女との婚約交渉のため、一六二三年に皇太子（のちのスコットランドとイングランドの国王チャールズ一世）を伴ってマドリードを訪問したバッキンガム公をやりすごすのはむずかしかった。イングランドと釣り合うような富がスペイン側に要求されたからである。(45)

とはいえ、一般に中世末から近世にかけてヨーロッパにおける奢侈禁止法は、日本と同様、ヒエラルキーの保護、恭順の確保、秩序全般の維持に力点を置いていた。社会の変化はどこでも、権力ない し確固たる社会的地位を持つ人びとにとってやっかいごとを引き起こす。下々が新たに獲得した富を見せびらかす際、九分九厘、社会的地位をもっと上げてくれるよう、権力構造にもっと参加させるよう要求するものだ。こうして衣服は、とりわけ新奇で流行しているものは、社会秩序への挑戦として使われた。富裕な商人などブルジョワ層が、既存の地主エリートにとって脅威である（と考えられた）ので、衣服を規制しなければならなかった。遅くとも二〇世紀初頭までに貴族はブルジョワジーを吸収したが、その恐怖はすっかり解消されたわけではなかった。もちろん、イタリア北部の諸都市のような、商人集団が権力を確立した地域では、他地域の絶え間ない脅威に対してつねに自分たちの立場を守ろうとした。一目で地位がわかるような外見を規制することでその目的は少しは遂げたし、彼らはそれを望んだ。ルネサンス期のイタリアについてヒューズが述べているように「階級が日々変化する社会で秩序を夢見るには、秩序は法で管理しなければならなかったのだ(46)」。

規制の試みがどこまで広がったかは、一五七五〜六年に、イングランドのエリザベス女王が発布した布告をみればわかる。はじめに、男性の衣服をみてみよう。金の布地、銀の薄絹、紫の絹は、公爵、侯爵、伯爵、ガーター爵位の騎士しか身にまとえなかった。男爵、子爵、枢密顧問官は、金や銀を織り込んだり刺繡したりした服、外国産の毛織物を着てもよかった。その子息で大使の地位にあるか、年五〇〇マルク（三六七ポンド）の収入がある者は、金、銀、絹のレースを身につけてさしつかえない。騎士と年収二〇〇ポンドの者なら、マントと上着にビロードを使ってよかった。年収一〇〇ポンドの者は、ジャーキン〔革製の男性用の短い上着〕、ホース〔長ズボン〕、ダブレット〔身体にぴったりした男子用上衣〕にビロードの、マントと外衣にはサテン〔繻子〕、ダマスク〔繻子で文様を表した緞子に似た紋織物〕、タフタ〔こはく、光沢のあるやや堅い平織絹〕、グログラン〔絹または人絹製厚地うね織〕の使用が認められた。馬具の装飾は階級によって細かく規定された。女性は、主として夫や父親の地位に基づき、同様に規制された。ただし貴族の夫人のお供の女性は、騎士やその長男、年収一〇〇ポンド以上の者の妻と同等とし免除された。布地の規制は男性とほぼ同じだったが、男爵夫人以下には、真珠の刺繡が許されなかった。マントやガウンに使う以上の上質の布でできたカートルすなわち外衣用のペティコートでも細かく差別化がはかられた。[47]

こういった布告は、君主国や多くの都市国家でよく見られた。イタリア北部では、貴族が着飾って権力を誇示するのを抑えるため奢侈禁止法を利用した共和国もあった。サヴォナローラ〔ドミニコ会修道士で宗教改革者、一四五二～一四九八年〕のフィレンツェは「共和主義的な徳の象徴」といった法律を策定しもっとも熱心に取り組んだ国であった。その後メディチ家の支配下に数十年おかれたが、一五二七年に共和国が短命ながら復権すると、この法律は再度公布された。[48] だがこうした国は例外だった。秩序と身分制度（シュテンデ）のある世界を維持する必要性を徹底させたい、という国がふつうだった。いくつかの地域では、一八世紀になってもこのしきたりは生き残った。ポーランド政府は一七七六年になってもまだこのような布告を出した[49]。ドイツではバイエルンで一八一八年に発布されたのが最後だった。ただし各都市の規制は実際にはそれより数十年前に終わっていた。一八一八年あたりまで、規制の実践は、秩序のイデオロギーを基本としていたが[50]、その後、ヨーロッパ大陸の西側と都市部では、完全に廃れてしまった。

ドイツ都市の奢侈禁止法が最後の頃に主に非難したのは「ファッション」であった。流行の最先端などぜいたくかつ危険であり、秩序ある社会にとって脅威であったし、特定の品目、とりわけ先のとがった靴は、つねに非難の標的となった。フランス人もドイツ人も、絶え間ない変化にすっかり取り憑かれているために、他の国と違って、わが国には国民服がないと信じて疑わなかった[51]。この考えはまったく賛同を得られなかった。一七世紀末頃から、少なくともイングランドやフランス、オランダでは、ファッションを規制できる望みは完全になくなった。

奢侈禁止法は行き過ぎに歯止めをかける目的のものが多かったので、後のファッションの発展を理解するには、この法律がどうして時代遅れになったのか説明しなければならない。第一に、北海沿岸の低地帯諸国など、西ヨーロッパの一部に服装規定は存在せず、奢侈禁止法もめったになかった。一四九七年にフランドルで、周辺国ではその後に一つの法令が発布されたが、すぐに取り消された[52]。都市の商業エリートと比べて地主貴族が政治的に無力になったのは、ますます富めるブルジョワジーが着飾るのを押さえつける圧力がなくなったことを意味した。宗教改革でプロテスタントの共和国（現在のオランダ王国）ができても、その方針は変わらなかった。この地域の立法府であるホラント州議会は、あるとき、毛皮や金糸といった高価な素材を身につけると、高慢や秩序の混乱など危険があると述べた布告を出したものの、それらの使用を禁ずるには至らなかった。それどころか現代的な解決法として、こうした高価な物品に課税したのだが、ある地位より上の人間はこの税を免除されたのだった。[53] 後述するが、オランダは植民地に対しては、それほど熟慮も覚悟もせず「華美と豪勢を規制する」布告を発布した。

一六〇四年、イングランドで、すべての服装規定を廃止する法律が成立した。立法者の意図は、先に触れた一五七五年の法律よりも現在の状況に適合する法律に代えることであった。だが一六〇四年当時もその後も、この法律の意味について下院の考えは上院と一致しないばかりか、内部でも異論が出るようになった。第一に、この立法に反対した人びとは、自分たちがその規制の対象に入らないよう気にしていたが、誇示、華美、消費は個人の良心の問題であり、国家が立ち入るべきではないと見る傾向が強くなっていた。[54] この姿勢は、よく政府による個人の行動の規制が最高潮に達したと見なされる、イングランドの共和国期に入っても残存した。しかし、言論の自由を擁護する有名な演説で衣服の自由を主張したのは、政府の要職にいたジョン・ミルトンであった。[55]

一七世紀末から一八世紀にかけて、イングランドとスコットランドでは、贅沢や消費というものは、個人には非道徳的かもしれないが、社会全体にとっては善であると論じられるようになった。これは、衣服の歴史だけでなく、もっと広範な領域に及ぶ、たいへん重要な意識の転換だった。というのも、これ以降、世界の経済的転換の知的な基盤が形成されるからである。その意味では、ファッションは重要であり、一七世紀からずっと重要であり続けたのである。

このような考え方は一六八〇年代のニコラス・バーボンから、とくに一七一〇年代のバーナード・

マンデヴィルのあたりに生まれた。バーボンは、クロムウェルが政権を握った当時、その名を議会〔ベアボーンズ議会〕に冠したあのプレイズ＝ゴッド（ベアボーンズ）の息子らしい。彼はオランダで医学を学んだが、大火の後のロンドンで建設請負業者として頭角を現し、今日では火災保険の創始者としてよく知られている。著書『交易論』において、彼は次の点をとくに主張した。交易をおおいに促進するのは「衣と住」に対する支出であり、ファッションは「人に服を与えて、まるで永遠の春に暮らしているかのようにさせる。人は二度と衣服に秋を見なくなる」。それゆえに、ファッションは「人類の大部分に生きる活力」を与えるものとして称賛されるべきである。かくして、浪費は「人間にとって有害な悪徳だが、交易にとってはそうでない」(56)。マンデヴィルもオランダで医師の教育を受けて、その後、一六九〇年代にロンドンに落ち着いた。おそらく、出身地のロッテルダムで官僚を非難する下品な詩を書いたためである(57)。マンデヴィルは、主著『蜂の寓話』の「注釈」で、自尊心を賞賛してこう書いている。

われわれに悪徳がないとしたら、たとえ国家を豊かにしたいと望むにせよ、どうして必要以上の洋服をつくるのか、わたくしにはわからない。……このようなすばらしい時代が来ると、だれも自分の身分以上の服装をしたり、家族を苦しめたり、隣人をだますなり出し抜いてまで美しい衣服を買ったりしないであろうから、その結果、消費はいまの半分、雇用される人は現在の三分の一もなくなるであろう。

往来を歩く五〇人のうち一人しか知り合いがいない大都市の匿名性の中では、人びとは、「一般に服や装身具で敬意を受ける。高価か否かで富を判断し、あつらえ方で知性を推測するのである」。さらにマンデヴィルは、おのおのの社会集団の成員たちが、そうできるだけの資産を手にしたとたん、上位の集団の模倣にかかり、同時に下位の集団とは一線を画そうとする様子を示す。こうして上流社会の流行はたえず入れ替わり、つねにお金を必要とするのである。「貧乏人を仕事につかせ、精励をあおり、いっそうの改良をめざすよう腕のよい職人をそそのかすのも、流行であり、少なくともその結果である」。(58) マンデヴィルは、需要主導型の経済がどう機能するのかを説明したのである。

元医師でロンドンとオランダに住んだことがあるという共通点が、この二人の主張に何らかの影響を及ぼしたかどうか、なんとも言えない。一七世紀末、国を出たオランダ人は「だれもしないような果てしない贅沢をきわめ、だれも味わわないような快楽の交わりを持て」と言われた。(59) サイモン・シャーマは、黄金期オランダの文化史を、裕福とカルヴァン主義者を両立するむずかしさが生む不安に基づき描いた。(60) しかしながら、(オランダ共和国の歴史に造詣の深い)ジャン・ド・ヴリエは「贅沢な消費」はせいぜい「ありきたりの不安というか当惑の種」にとどまったとシャーマに反論した。オランダ人はケチという固定観念も、昔の高位貴族が尽くしたような贅沢の極みをのぞいて、この共和国にはるか広範に普及した消費傾向とは結びつかなかった。一七世紀にオランダでは、衣服を含む全分野で、民主的な消費文明が広まり、一八世紀以降ヨーロッパ各国はこれにならった。だからといって、こういった変化を正当化するような経済思想が新たに生まれることはなかった。(61) バーボンとマンデヴィルがカルヴァン主義から先に進めたのは、オランダを出たからであった。それによって、『贅沢論』の著者ベリーがいうように、贅沢が脱道徳化されたのである。

バーボンは忘れられた著作家、マンデヴィルは不道徳な人とされた。にもかかわらず、彼らの考えは、後に一八世紀になってから、モンテスキュー、ヴォルテール、デイヴィッド・ヒューム、そしてとりわけアダム・スミスを含む、まさに西洋思想の大御所に採用された(62)。自由貿易や個人的利益の追求をある程度認めるのが、幸福を拡大し貧困や苦しみをなくすのに最善であるという結論に達したのは、もちろんアダム・スミスであった。彼は、慈悲深い神が作られた世界で邪悪や貧困がいかにして存在しうるのかとの神義論の問題を解決しようとしていた(63)。すると当然ながら、彼が『国富論』で述べたように、奢侈禁止法、すなわち「私人の経済を監視しようとする諸王と諸大臣の横柄さと厚かましさ」を全面的に否定する結論が導かれる(64)。また、社会のあらゆる人が、理性的にかつてないほど流行や外見の誇示を受け入れるようになった。ファッションの歴史と近代衣服の歴史は、ここから始まる。

註

（1）これはたとえば現代のタンザニアに見られる対比である。

（2）G. R. Driver and John C. Miles, *The Assyrian Laws*, Oxford, Clarendon Press, 1935, 126–34.

（3）Sarah B. Pomeroy, *Goddesses, Whores, Wives and Slaves: Women in Classical Antiquity*, New York, Schocken Books, 1975, 57, 180–2; T'ung-tsu Ch'ü, *Law and Society in Traditional China*, Paris and The Hague, Mouton, 1961, 137–41.

（4）Isaiah 3: 16–18〔新共同訳、旧約聖書、イザヤ書三章第一六〜一八節、日本聖書協会、二〇〇五年、一三〇一頁〕.

（5）Satire II, in *The Sixteen Satires*. 以下により引用されている。Aileen Ribeiro, *Dress and Morality*, London, Batsford, 1986,

22.

(6) John V. Murra, "Cloth and its Functions in the Inca State", *American Anthropologist*, 64, 1962, 710–23; Penny Dransart, "Pachamama: The Inka Earth Mother of the Long Sweeping Garment", in Ruth Barnes and Joanne B. Eicher (eds), *Dress and Gender: Making and Meaning*, Oxford, Berg, 1992, 149–54; Armin Bollinger, *So kleideten sich die Inka*, Zurich, 1983, esp. 130–8; Rosaleen Howard からの個人的な情報, Mariselle Meléndez, "Visualizing Difference: The Rhetoric of Clothing in Colonial Spanish America", in Regina A. Root (ed.), *The Latin American Fashion Reader*, Oxford and New York, Berg, 2005, 18–24.

(7) Ann Pollard Rowe, "Inca Weaving and Costume", *Textile Museum Journal*, 34 & 35, 1995–6, 32; ead., *Costume and Identity in Highland Ecuador*, Washington, DC, Seattle and London, The Textile Museum, and University of Washington Press, 1998, 44; Murra, "Cloth and its Functions", 721.

(8) Inga Clendinnen, *Aztecs: An Interpretation*, Cambridge, Cambridge University Press, 1991, 33–4, 40–1 は以下を引用。Fr. Diego Durán, *Historia de las Indias de Nueva España e Islas de la Tierra Firme*, 2 vols, edited by Angel Maria Garibay, Mexico City, Porrúa, 1967, II, 209–10; Patricia Anawalt, "Costume and Control: Aztec Sumptuary Laws", *Archeology*, 33, 1980.

(9) Clendinnen, *Aztecs*, 114–21 はもっと北方の地域に関して以下を引用。George Catlin, *Letters and Notes on the Manners, Customs, and Conditions of the North American Indians*, 2 vols, New York, Dover, I, 145–54.

(10) R. S. Rattray, *Religion and Art in Ashanti*, Oxford, Clarendon Press, 1927, 236–50.

(11) Robin Law, *The Slave Coast of West Africa, 1550–1750*, Oxford, Oxford UP, 1991, 78.

(12) Paula Gerschick Ben-Amos, *Art, Innovation and Politics in Eighteenth-Century Benin*, Bloomington and Indianapolis, Indiana University Press, 1999, 124.

(13) Patricia L. Baker, "The Fez in Turkey: A Symbol of Modernization?", *Costume*, 20, 1986, 72.

(14) John Norton, "Faith and Fashion in Turkey", in Nancy Lindisfarne-Tapper and Bruce Inham (eds), *Languages of Dress in the Middle East*, London, Curzon in association with the Centre of Near and Middle Eastern Studies, SOAS, 1997, 150; Donald Quaraert, "Clothing Laws, State, and Society in the Ottoman Empire, 1720–1829", *International Journal of Middle East Studies*,

29, 1997, 403–25.

(15) J. Forbes Watson, *The Textile Manufactures and the Costumes of the People of India*, London, Eyre and Spottiswood, 1866, 11. 以下に引用。B. N. Goswamy, *Indian Costumes in the Collection of the Calico Museum of Textiles*, Ahmedabad, Calico Museum, 1993, 17.

(16) Stanley Lane-Poole, *Aurangzib and the Decay of the Mughal Empire*, Oxford, Clarendon Press, 1908, 19. 以下に引用。William Dalrymple, *White Mughals: Love and Betrayal in Eighteenth-Century India*, London, HarperCollins, 2002, 10.

(17) Baker, "The Fez", 73.

(18) Zhou Xun and Gao Chunming, *Le Costume chinois*, Fribourg, Office du Livre, 1984, 146.

(19) Valery M. Garrett, *Chinese Clothing: An Illustrated Guide*, Hong Kong, Oxford and New York, Oxford University Press, 1994, 12.

(20) 資格のない者がこの服装をすると太い竹で百叩きの刑を受け、公職から追放された。William C. Jones (ed. and trans.), *The Great Qing Code*, Oxford, Clarendon Press, 1994, 180.

(21) Garrett, *Chinese Clothing*, 30, 127.

(22) 柞蚕糸で織った無漂白の中国産の絹織物。

(23) カラムシの繊維で織った織物。

(24) Donald H. Shively, "Sumptuary Regulation and Status in Early Tokugawa Japan", *Harvard Journal of Asiatic Studies*, 25, 1964–5, 126.

(25) Ibid., 146.

(26) Ibid., 133, 139.

(27) Ibid., 134.

(28) Michel de Montaigne, "Of Sumptuary Laws", in *The Complete Works of Montaigne*, trans. D. M. Frame, London, Hamish Hamilton, 1958, 196〔ミシェル・ド・モンテーニュ著、原二郎訳『エセー 二』ワイド版岩波文庫、一九九一年、一〇六頁〕. 以下に引用。Alan Hunt, *Governance of the Consuming Passions: A History of Sumptuary Law*, Houndmills and

London, Macmillan, 1996, 102.

(29) Dale Carolyn Gluckman, "Towards a New Aesthetic: The Evolution of the Kosode and its Decoration", in Dale Carolyn Gluckman and Sharon Sadako Takeda (eds), *When Art Became Fashion: Kosode in Edo-Period Japan*, Los Angeles, Los Angeles Country Museum of Art, 1992, 79–80.

(30) 以下に引用。Fernand Braudel, *Capitalism and Material Life, 1400–1800*, trans. Miriam Kochan, London, Weidenfeld and Nicolson, 1973, 235.

(31) Gluckman and Takeda, "Introduction", *When Art Became Fashion*, 40 は以下を引用。Jacob Raz, *Audience and Actors: A Study of their Interaction in the Japanese Traditional Theatre*, Leiden, Brill, 1983.

(32) Monica Bethe, "Reflections on *Beni*: Red as a Key to Edo-Period Fashion", in Gluckman and Takeda (eds), *When Art Became Fashion*, 133–49.

(33) これは染料が乾ききる前に絞り染めの紐をほどくことで、まだら模様にする技術である。

(34) 以下に引用。Shively, "Sumptuary Regulation and Status", 124–5.

(35) Hunt, *Governance of the Consuming Passions*, ch. 2; Diane Owen Hughes, "Sumptuary Law and Social Relations in Renaissance Italy", in John Bossy (ed.), *Disputes and Settlements: Law and Human Relations in the West*, Cambridge, Cambridge UP, 1983, 72. さらには以下を参照。Liselotte Constanze Eisenbart, *Kleiderordnungen der deutschen Städte zwischen 1350 und 1700: Ein Betrag zur Kulturgeschichte des deutschen Bürgertums*, Göttingen, Berlin and Frankfurt, Musterschmidt, 1956, 6–7; Cathering Kovesi Killerby, *Sumptuary Law in Italy, 1200–1500*, Oxford, Clarendon Press, 2002.

(36) Hughes, "Sumptuary Law", 75–6; N. B. Harte, "State Control of Dress and Social Change in Pre-industrial England", in D. C. Coleman and A. H. John (eds), *Trade, Government and Economy in Pre-Industrial England: Essays Presented to F. J. Fisher*, London, Weidenfeld and Nicolson, 1976, 148 (ここではこのスコットランド法の綴りを近代風に改めている).

(37) Martin A. S. A. Hume, "A Fight against Finery", in *The Year after the Armada and Other Historical Studies*, London, T. Fisher Unwin, 1896, 250–3.

(38) Diane Owen Hughes, “Distinguishing Signs: Ear-rings, Jews and Franciscan Rhetoric in the Italian Renaissance City”, *Past and Present*, 112, 1986.

(39) Hughes, “Sumptuary Law”, 83–7. スイス・ベルンの起訴件数は以下から。 John Martin Vincent, *Costume and Conduct in the Laws of Basel, Bern and Zurich, 1370–1800*, Baltimore, Johns Hopkins Press, 1935, 104.

(40) 以下に引用。 Louise Godard de Donville, *Signification de la Mode sous Louis XIII*, Aix-en-Provence, Edisud, 1978, 208.

(41) Eisenbart, *Kleiderordnungen*, 86.

(42) Frances Elizabeth Baldwin, *Sumptuary Legislation and Personal Regulation in England*, Baltimore, Johns Hopkins Press, 1926, 30–1, 112, 115, 131, 142, 149, 159–61; Reed Benhamou, “The Restraint of Excessive Apparel: England 1337–1604”, *Dress*, 15, 1989, 32–3.

(43) C. W. Cole, *Colbert and a Century of French Mercantilism*, II, New York, Columbia UP, 1939. 以下に引用。 Harte, “State Control of Dress”, 151.

(44) Hume, “Fight against Finery”, 205–60.

(45) J. H. Elliott, *The Count-Duke of Olivares: The Statesman in an Age of Decline*, New Haven and London, Yale University Press, 1986, 100, 105, 111.

(46) Hughes, “Sumptuary Laws”, 99.

(47) 以下を参照。 Hunt, *Governance of the Consuming Passions*, 122–3; Kim M. Philipls, “Masculinities and the Medieval English Sumptuary Laws”, *Gender and History*, 19, 2007.

(48) Hughes, “Sumptuary Law”, 74–5.

(49) Harte, “State Control of Dress”, 133.

(50) Eisenbart, *Kleiderordnungen*, 14; Hans Medick, *Weben und Überleben in Laichingen, 1650–1900: Lokalgeschichte als Allgemeine Geschichte*, Göttingen, Vandenhoeck & Ruprecht, 1996, ch. 5. 以下も参照。 Medick, “Une culture de la considération. Les vêtements et leur couleur à Laichingen entre 1750 et 1820”, *Annales, Histoire, Science Sociales,* 50, 1995, 753–74; Neithard Bulst,

"Kleidung als sozialer Konfliktstoff: Probleme kleidergesetzlicher Normierung im soziale Gefüge", *Saeculum*, 44, 1993, 33.

（51） Eisenbart, *Kleiderordnungen*, 84; Godard de Donville, *Signification de la Mode*, 20.

（52） 以下に収録。L. Gilliodts-van Severen, *Inventaire de la Ville de Bruges, Section I: Inventaire des Chartres*, VI, Bruges, Edward Gaillard sous les auspices de l'Administration Communale, 1876, 481–2. この文献は Wim Blockmans から借りた。感謝したい。

（53） A. T. van Deursen, *Mensen van Klein Vermogen: Het 'kopergeld' van de Gouden Eeuw*, Amsterdam, Bert Bakker, 1992, 218 はホラント州議会 2600d 文書を引用。

（54） Joan R. Kent, "Attitudes of Members of the House of Commons to the Regulation of 'Personal Conduct' in Late Elizabethan and Early Stuart England", *Bulletin of the Institute of Historical Research*, 46, 1973.

（55） 『アレオパジティカ』〔*Areopagitica*. ジョン・ミルトン著、原田純訳『言論・出版の自由――アレオパジティカ』岩波文庫、二〇〇八年、三八頁〕の「さて、外国で評判の悪いイングランドの悪徳の最たるものは」で始まる一節。

（56） 以下に引用。Christopher J. Berry, *The Idea of Luxury: A Conceptual and Historical Investigation*, Cambridge, Cambridge UP 1994, 111–12〔該当箇所邦訳、以下参照。ニコラス・バーボン、ダドリー・ノース著、久保芳和ほか訳『初期イギリス経済学古典選集２　交易論』東京大学出版会、一九六六年、一九八〇年、四五～四七頁〕.

（57） Rudolf Dekker, "'Private Vices, Public Virtues' Revisited: The Dutch Background of Bernard Mandeville", *History of European Ideas*, 14, 1992, 481–98.

（58） Bernard Mandeville, "Remark M", in *The Fable of the Bees*, edited with an introduction by Philip Harth, Harmondsworth, Penguin, 1970, 150–4〔バーナード・マンデヴィル著、泉谷治訳『蜂の寓話――私悪すなわち公益』法政大学出版局、一九八五年、一一六～一一七、一一九頁〕.

（59） Sir William Temple. 以下に引用。Berry, *Idea of Luxury*, 107.

（60） Simon Schama, *The Embarrassment of Riches: An Interpretation of Dutch Culture in the Golden Age*, London, Collins, 1987.

（61） Jan de Vries, "Luxury in the Dutch Golden Age in Theory and Practice", in Maxine Berg and Elizabeth Eger, *Luxury in the Eighteenth Century: Debates, Desires and Delectable Goods*, Houndmills and New York, Palgrave Macmillan, 2003. ここでの引用は同書 p. 53 から。

（62） スミスはもちろんスコットランド国教会のカルヴァン派の信仰の中で育った。この信仰は当然ながら私がここで提示している反ウェーバー的な相関関係に基づいている。

（63） I. Hont and M. Ignatieff (eds), *Wealth and Virtue: The Shaping of Political Economy in the Scottish Enlightenment*, Cambridge, Cambridge UP, 1983.

（64） 以下に引用。Berry, *Idea of Luxury*, 115.

第3章　旧世界の衣服改革

一八世紀半ばから一九世紀にかけて（正確な時期は当面の目的にとって問題とならない）、ヨーロッパ北西部で経済が質的に変化した。先陣を切ったのがイングランドで、それは産業革命と呼ばれ、ヨーロッパが世界を支配する基盤となった。この支配はそれ以前から明確になり始め、二〇世紀まで続く。アメリカ合衆国とロシアをヨーロッパの一部と見なせば（いくつかの理由で本書ではそう見なしていないが）、もっと長期間となるだろう。産業革命は「西洋」の経済的・文化的な支配の基盤を形成し、受け継ぎもする。この支配は西洋の服装を普及していく基礎ともなる。その原因と過程が、経済史の主なテーマになったのはごく当然である。産業革命をこのように論じることはむろん、産業革命は実在したと書くだけでも、（産業革命否定論もある現在では）受け入れない人がいるのは確かである。だが、生産過程にさまざまな非有機的な動力を利用可能にした技術革新のおかげで、短期間で生産性が急激に向上したと述べれば、広く受け入れてもらえるであろう。今では必ずしも事実にそぐわない古い英雄的な神話では、産業革命はランカシャーの綿糸生産から始まったと言われている。

動力に化石燃料こそ用いなかったが、テムズ川南岸のロンドンでは、ランカシャーよりも早く、機械化された工場で帽子の大量生産が始まっていた。一七二二年に亡くなった先進的な工場主は、サザークの工場で職人を七〇人ほど雇っていた。一七三〇年代には、イングランドは七〇万個以上の（男性用の）帽子を輸出し、その六五％がビーバーの毛皮かカスター（一七三〇年代ではビーバーの毛皮に似せたウサギの毛の模造品を意味した）を原料とし、残りは羊毛フェルトかウサギだった。この輸出の数字は、グレゴリー・キングが一六八八年に（男女あわせて）年間三〇〇万個以上と見積もったグレート・ブリテン内の消費を含まない(1)。この消費の数字は一八世紀が進むにつれ、ますます増えていく。まもなく生産の中心はロンドン南部からランカシャーとチェシアの州境に移った。一七五〇年頃、ハドソン湾会社が中心になって、その生産のため年に約八万体のビーバーの生皮を輸入していた。この貿易が北アメリカのビーバー生息数や、世界貿易に開かれていくカナダ中西部の経済発展に及ぼした影響は甚大であった(2)。

生産量と生産力の増加は、物品の供給と需要が生じる市場で起きたにちがいない。供給はどれほど需要を創出できるのか、それとも二一世紀初頭の世界経済のように産業革命はいわば需要主導なのか、経済史家は論争を続けている。いまのところ、歴史ある供給主導派が優勢なようだ(3)。しかしながら、前章末で触れたように、ブリテンの消費の変化は、大衆の購買行動を反映していたのは確かである。必需品も「贅沢品」も一八世紀初頭かその少し前から、消費水準がふたたび急上昇した。上昇する前からすでに消費水準は高かった。一六八八年にグレゴリー・キングは、衣服、帽子、靴、刀剣等装身具といった七九〇〇万点以上の品目をイングランド人は所有し、およそ一一〇〇万ポンドの価値があると推計した。[4] この変化に衣服が果たした役割は重要である。結局、これにはランカシャーの新型ジェニー機で紡がれた綿糸が用いられたのである。

一九世紀半ばにミシンが発明されるまで、衣服の製造が省力化技術の対象でなかったことも問題であった。[5] じっさい、熟練の仕立て職人はギルドを組織し、男性用の上着を請け負った。パリでは、仕立て職人の抗議にかかわらず、一六七五年から、国王公認の女性の仕立屋ギルドもあった。王令が述べているように「多くの女性は幼児と同性に着せようと、つねに衣服作りにいそしんだことをわれわれに示し」、「あらゆる身分と階層の女性」が「スカート、部屋着、胴着などの普段着を求めて仕立屋」に通っていたのは明らかだった。その上、「これぞふさわしいと判断して同性に服を決めてもらうのは、女性の品位やしとやかさの点でも適切で都合がよかった」。[6] しかしながら、お針子はたいがいは家内で仕事をし、ひどく搾取されていたのは疑いない。非常に多くのお針子が、必要な時にはまとまって大量の服を作った。たとえば七年戦争中のイングランドでは、チャールズ・ジェームズという商人兼請負業者が、海軍に二年間で二六万九六〇〇着（一カ月に一万着以上）のリネンのシャツを供給した。この他、数万着のズボン下、厚手の綿のズボンなどもあった。この代金として彼はおよそ四万五〇〇〇ポンドを海軍に請求した。[7] この規模の生産組織は、問屋制家内工業を基盤とする大きな請負事業だった。一八世紀末のある請負業者は、自分と共同出資者は海軍用のシャツを縫う労働者を毎週一〇〇〇人以上雇いたいと主張した。しかし、労働者はロンドンの教区に「あまりにちりじりに」分散していたために、一〇〇〇人から一五〇〇人までの概数でしか答えられず、正確な労働者の数を出せなかった。[8] しかし、一七〇〇年頃でも一八五一年でも、ロンドンの女性労働者の約五分の一が衣服の製造や補修に携わっていたのは示唆に富む[9]。この比率は、家事使用人として労働する女性の二五％、あるいは無職と見なされた女性の一部もこの分野に従事していたという事実を考慮すれば、もっと上がるはずだ。

もちろん女性労働者には編み物をする人もいた。織物製品に対する編物製品の比率は、一般に考えられているよりも高く、五〇％をわずかに下回るだけである。編み物は最初に機械化を受け入れた産業の一つで、編み機は一五八〇年代に発明され、一六七〇年代からは利益の大きな事業ともなっていた。当時、編み機は二〇〇〇以上の部品からなる、おそらく世界でもっとも高性能の機械であった。それによって、驚くべき生産水準を達成する。一八世紀末にグレート・ブリテンは、年に約二五〇〇万足の機械編みの毛糸の靴下を中心に、さらに手編みの靴下や、絹や綿の靴下も輸出していた[10]。同じ頃、パリの成人は死亡時に残した家財目録によると、男女とも平均一三・五足の靴下を持っており、それはもちろんすべてフランス製であった[11]。

このように一八世紀のイングランドとフランスでは、衣服を手に入れるさまざまな手段があった。第一に、衣服は家内で、使用人を含む女性の手で作られた。裁縫技術は女子教育の中でも大きな課題の一つであった。ロンドンのある慈善学校は「針仕事やそれに類する仕事を人のためにしてあげられるよう」女子生徒を仕込むことを女性教師に許可した。教師にとっては手当の付く仕事だったろうが、少女にとっては教育の一環であった。その当時、コーラムの孤児養育院では、少女たちが一八世紀のロンドンで貧しい女性として生き抜くのにまずもって必要な技術、そしてもっとも重要な技術である針仕事を教えられていた[12]。第二に、上着は、男性か女性の仕立屋に発注し、一人ひとり採寸して作った。おしなべて、生地の厚い上着は田舎町の仕立屋が作り、リネンや徐々に普及する綿などの薄手の上着は家内で女性が作った[13]。第三に、古着市場が拡大して盗品の卸先となり、一八世紀の犯罪の主要な舞台ともなった。古着を買う人に合うようもちろん手を加え、世帯内の技術がこういった場合に役立った。最後に、既製服の市場が急速に広がったが、これは陸軍と海軍への供給から発展した。

こういったさまざまな衣服の供給源は、流行に敏感な市場部門を支えた。流行はもちろん昔からあった。紀元八年にオウィディウス〔前四三～後一七年？　ローマの詩人〕は、日々気まぐれに変化する様式にはついていけないとこぼしていたし[14]、すでに触れたように、中世末以降、多くの政府が移り気な流行を非難し、おさえつけようとした。王室が服装の範を示すのも昔からだった。一七世紀末以降、少なくともイングランド、フランスでは、宮廷から流行が急速に拡まり、広く社会へ普及した（オランダ[15]を除いてヨーロッパ諸国はこれに当てはまる）。それ以後は、少なくとも男性に関しては正装の様式が導入され、世界を席巻した。

まず男性の正装では、近代的な三つ揃いのスーツが、一六六六年一〇月七日にはじめて採用された。イングランドとスコットランドの国王チャールズ二世はこのとき、今後は長い上着、ベスト（のちに丈が短くなってチョッキと呼ばれる）、半ズボンしか着ないと言明した。当時これは「東洋のファッション」とされ、ベストは「ペルシャ風」であった。彼は、男性が一般的に着用し、フランス風と見なされていたマント、ダブレット、ホース〔長ズボン〕を脱ぎ捨てた。チャールズの行動はフランス国王ルイ一四世に対する挑戦を意味していた。ルイ一四世はそう受け止め、従僕に新しいイングランド風の衣服を着せて返答とした。だが、フランスに対するチャールズの憎しみは長続きしなかった。

一六六六年でさえ憎んだふりをしていたのだろう。しかし彼の衣服改革はその後も持ちこたえた。半ズボンは長ズボンになり、上着は短くなり、ウェストコートは丈が短く袖がなくなって色も変わるなど、さまざまな多くの変化はあったものの、この三つ揃いはいまも存在する。[16] この頃から二〇世紀に至るまで、ロンドンは男性ファッションの中心となり、他方、パリは（女性の）仕立屋ギルドがあったため女性のファッションの中心となった。[17]

チャールズがスーツを着た行動は、さまざまな角度から解釈されてきた。彼のスーツはブリテン最高の毛織物でできており、その上着を着ることは、たとえば絹製の上着とは対照的に、愛国的な経済ナショナリストの行為と見なされた。だが彼の東洋風の服装は、ブリテンの毛織物と競合するキャリコ〔綿布〕をインド亜大陸から輸入し始めた東インド会社にとって、力添えのように思えたかもしれない。[18] 保護貿易論者の突き上げと綿商人の利害との緊張関係は、一八世紀になっても存続し、キャリコ捺染業者に対する暴動が多発した。一七二一年には、イングランドで（まったく実効性のない）綿着用禁止令が出るに至った。[19] しかしながら、過去一〇〇年以上にわたる新織物の導入と普及で立証されたように、長期的に見ると薄手の織物が指向されているのは明らかだった。[20] ともかく綿の禁止は形骸化した。儲けが多く、オランダ東インド会社も一目置いている市場から、イングランド東インド会社が手を引くはずはなかった。オランダ東インド会社の貿易利益は常に毛織物業者を上回ったので、オランダ人にはそのような躊躇がなかった。ライデンなどの毛織物業は長い衰退期に入りつつあった。パリと同様、イングランドでも、一八世紀には綿製品の比率が増大し、毛織物の比率は減少した。[21]

ブリテンでキャリコの着用を禁止しようとしても、かえって人気を高めるだけではないかとの懸念があった。禁止を強制する仕組みがないかぎり、違法なものはかえって渇望されるようになるとモンテーニュが言った通り、禁止令が採択されたその年に宮廷の男性ファッションは絢爛豪華になり、輸入物の絹やビロードの需要が高まった。[22] 宮廷のこだわりは人気に敏感な政治家のこだわりよりもつねに強かった。

また、ロンドンのファッションはたちまち国中に広まった。一八世紀にはイングランドで、ついでグレート・ブリテン全体で、その年は何が流行するのか情報網がくまなく行き渡った。『女性手帳』は一七五〇年以降、いま流行している衣服、髪型、ボンネット、アクセサリーなどを読者に伝えるために木版画を掲載した。オリヴァー・ゴールドスミスが編集した『レディーズ・マガジン』は、一七五〇年代末になると流行品の図版を毎月掲載するようになった。地元紙の多くも、ロンドンの集まりで人びとがどんな衣服を着ているかを記録した。ランカシャーのジェントリだったエリザベス・シャクルトンはこうした雑誌から図版を切り取って日記に貼り付けたばかりか、押しつけがましく文通相手にいま着るべきものを教えてあげようとした。ただし、自分のような地位の女性にふさわしくないと思えば、『女性手帳』などのアドバイスは聞かなかったかもしれない。彼女にしてみれば、貧乏以外のどんな理由も流行遅れの服を着る言い訳にはまったくならなかった。[23]

この頃、衣服の市場が全土に拡大した。一七二七年にダニエル・デフォーは架空の「田舎の食料雑貨商の妻」について、「つましい町娘なら……こんなに派手な身なりはしない」と以下のように記述した。彼女のガウンとペティコートはスピタルフィールド製、ひもはブリストル製あるいはノリッジ製、キャリマンコ〔片面だけに紋様がついた光沢のある毛織物〕のペティコートはノリッジ製、しかしキルト刺繡綿はマンチェスター製か外国製、靴下は「通常ならテュークスベリー製、編んだものならレスター製」、レースと縁飾りはストーニー・ストラッドフォード製とグレート・マーロー製、モスリンは外国製で、リネン類はたぶんオランダ製、ショールはロンドンで捺染されたアイリッシュ・リネンで作られ、フードは「薄いイングランド製のルーストリング〔光沢のある絹〕」であり、子羊の毛皮の手袋はノーサンバーランド製かスコットランド製、（少々の）リボンはコヴェントリー製かロンドン製、乗馬用フードはノリッジで作られたイングランド風梳毛織物である。言い換えると、彼女は一〇地域ほどの産品を身に付けていた。だが、この町の衣服の縫製、靴を作る仕事についてはいっさい触れられていない。この田舎は衣服が合体する一幕を経験していた(24)。

ファッションと衣服の双子の全国化《ナショナリゼーション》――この言葉の通常の意味以外での使用が許されるとして――は女性だけのものだったと決めつけてはならない。男性にも見られた。たとえば、一七八五年に帽子の製造卸売業者のトマス・デーヴィスは、納入先に手紙を書いた。

現在庫で立ち行かなくなるのをとても心配しています。流行はいまは落ち着いていますが、また大きく動くと思うからです。そんなことがあってはたまりません。というのも、どうにも古くさくなってしまった先のとがった帽子は若干あるものの、つば幅三インチと四インチの帽子は倉庫には一つもないからです。

彼はどんな需要があるのか見当がつかないまま、ロンドンの社交シーズンが春に動き出すのを待たなければならなかったので、（チェシア州ストックポートにあった）自社工場に品薄のものをできるだけ早く作るよう念を押している。(25)男性のファッションは激しい論争を引き起こした。一七七〇年代には貴族の若者が「花模様の平織りのビロード、刺繍品、オリス〔金のレース〕」で着飾っていた。また、重さ五ポンド、頭上に九インチもあると彼らに批判的な者が描写した巨大なかつらを見せびらかした。それはフランスあるいはイタリア風の奇矯ぶりであった。(26)

このつかの間のマカロニ・ファッションで注目すべき点は、ジェントリとブルジョワジーに対抗した貴族のおしゃれだったこと、下層階級はぜったいに真似しなかったことである。(27)一七七〇年代までに、イングランドの男性服は、富裕層の間でしだいに簡素になっていった。一六八八年の名誉革命以降、男がおしゃれをしたり派手だと女々しいと見なされるようになり（そういう考えは昔からあったが）、着るものにも影響を与えた。ホイッグ党はブリテンの政権を取ると、落ち着きがあり信頼できる手本をみずから示した。彼らは「質素ではあるものの上質の生地と素材でできた、世界で最高のリネン類を身に着けている。とはいうものの、祝日に刺繍やレースの付いた衣服を着ないし、フランス人のようにそれを日常着にもしない(28)」。それから四〇年後、「実業家」とは「極上の生地でできた簡素なスーツとすばらしいリネン」を身に着けた人を指すようになった。(29)男らしさと質朴、ブリテンらしさが相まって、地味ではあるが安っぽくはない様式が生み出された。(30)最高の仕立屋をひいきにし、最上の生地を使うのは重要であり続けた。ただし、とくに身なりのよい人びととその他大勢との違い（もちろん違いには付加価値があった）は、しだいにくろうとにしか見分けが付かなくなっていった。イングランファッションは徐々に女性やフランス人にとっての重要事だと誤解されるようになった。イングランドの男はそういったくだらない虚飾を超越したのだと。

英仏海峡を越えると、様相は異なっていた。ブルボン朝フランスの政治史がハノーヴァー朝イングランドの政治史とはまったく違ったこと、一八世紀半ばかその前からイングランドでは実質所得が上昇したがフランスではそうでもなかったこともその理由だろう。著しい社会的不平等は着ている衣服ではっきり示された。一七八九年のパリである貴族が所有する衣類は約二五〇〇スティエの穀物と同じ、六〇〇〇リーブルの価値があった。一方、賃金労働者の衣類は一〇〇リーブルを少し超える程度だった(31)。また、ギルドの特権はイングランドよりもはるかに大きかった。権力中枢の最新のファッションははじめて個人の問題となり、絵画や彫刻と肩を並べる芸術形式となった。一七七〇年代から王妃マリー・アントワネットの「モード商」(当時は「モード大臣」と非難された)となったローズ・ベルタンは、最初の女性服仕立屋であり、その工房の名と作品は評判を呼び、ウォルトからディオールにいたる近代オートクチュールの先駆者になった(32)。一八世紀に少なくともパリでは消費者市場が着実に隆盛し、物品はますます多くのフランスの男女に届けられていった(33)。イングランドと同様、男性ブルジョワジーのファッションはかなり質素になったのは確かである。ただし、英仏で事態がかならずしも同じ方向に進むわけではなかった。ハノーヴァー朝イングランドではマカロニ・ファッションはフランスかぶれで、政治的に怪しいとされたが、パリではイングランド化の前兆と見なされた(34)。もっと重要なのは、宮廷(貴族も含む)と広範な民衆の衣服の大きな格差であり、これは外見に表れただけでなく、政治論議が沸騰する要因にもなった。

貴族の服も民衆の服も、君主と宮廷が主体の政府が倒れたフランス革命と呼ばれる事態の後に、問題が顕在化した。革命は、国王ルイ一六世が支配を維持するため税を引き上げようと三部会を招集したことがきっかけで始まった。三部会では、衣服が大きな論争になった。宮廷の女性は開会式のために派手な衣服を新たに発注し、マリー・アントワネットは銀色のスカートの上に紫のガウンをまとって登場した。式部長官のブレゼ侯は会期中に着用すべき正装を発令した(35)。第一身分の聖職者は法衣、第二身分の貴族は金のモールが付いたフランス風の黒い絹の上着に、レースのクラヴァットと羽飾りが付いた帽子を着用することになった。問題は、聖職者でも貴族でもなく、フランス人(男性)を代表する第三身分であった。メアリ・ウルストンクラフトの表現によると、彼らは「ばかげたことに弁護士をあらわす黒のマントを着るように命じられ」「華美に盛装した」貴族と対置された。アイリーン・リベイロが指摘するように、この服装は時代遅れではなかったどころか、当時の最新流行だった。代表たちは国王令による衣服を強要され、自分たちの下位の地位が強調されたことに憤慨したのである。第三身分が国民議会を宣言した情景を描いたジャック゠ルイ・ダヴィッドによる絵(テニスコートの誓い)をみると、命令どおりの服を着ていたのは三人の男性だけであった。その一人ミラボー伯がそうしたのは、貴族が属すべきではない身分をみずから選択したことを示すためだった(36)。

その後の数年で、衣服は、自分自身や考えをはっきり示すものとして、非常に政治化された。いわゆる自由の帽子と帽章(革命派は三色、王党派は白)は党派を明確にした。一七九二年七月五日、立法議会はすべての男性(すべての女性ではない)は帽章を付けるべしと宣言した。マリー・アントワネットの元モード商ローズ・ベルタンは一時このような飾りを集めては売って生計を立てていた。だがその一年後、革命派の女性たちが帽章の着用をすべての女性に課そうとした。これには大きな抗議が寄せられた。帽章の強制は「女性の身につけるものへの熱い思いを挫く」反革命派の策略のように思えたし、女性自身も「敬意は払っているが男性向けと思っていたもの」を身につける覚悟はまだなかったからである。帽章の着用を強要しようとした女性たちは、女性にふさわしい領域を捨てたと見なされ、いまや立法議会に取って代わった国民公会は「男女を問わず何人も他者に対する服装を強要してはならないし、何人も好きなように装う自由がある」と決議した。しかし自由はまだ制限されていた。元聖職者が法衣を着るのを禁止した一七九二年四月の布告を擁護して、次のように論じられた。

だれでも本能のままに異性の服すら着てもよいのか。警察は反革命派の証しである覆面や帽章を禁止しないのか。警察は道徳心を蝕む衣服を禁止しないのか。市民が多くの規制を受け質素な身なりをしているとしたら、かなり問題ある法衣を警察は取り締まらないのだろうか。[37]

革命は多くのことを定めたが、男性の指導者らは、ジェンダーの序列が曖昧なままだと考えていた。彼らは正しかったのだろう。一七八九年から一七九三年まで、フランス初の雑誌『ファッションとグルメ』が月三回、毎号三枚のカラーの版画入りでパリで発行されたのは偶然ではなかった。同誌は恐怖政治の真っ最中に、ロベスピエール体制を支持しなかった編集者ルブラン・トッサの賢明な予防措置により、ようやく休刊となった。[38]

この頃パリの街頭では衣服をめぐる闘いも展開されていた。バスティーユの襲撃からロベスピエールの恐怖政治下における公安委員会の設立までの激動の日々の中で、急進勢力はサン＝キュロットと呼ばれる「半ズボンをはかない人びと」であった。ゆったりした長ズボンは、貴族とブルジョワジーの膝の下をきつく締めた半ズボンと靴下とは対照的に、急進的で革命的なパリの象徴であった。この時期、すべての男性が平等に着用し、少なくとも手足が自由になる（膝の下を締め付けない）フランスの国民服を作ろうという計画があった[39]。ロベスピエールを断頭台に送った一七九四年七月二七日のテルミドールのクーデター後は、お金があって恐怖政治の終結に喜びを示そうとする人びとは、ぼさぼさ頭で、半ズボンとバックル付きの靴をはいて、パリの街頭に繰り出した。彼らは気取り屋王党派〔ミュスカディン〕、奇矯王党派〔アンコヤブル〕、元祖道楽息子〔ジュネス・ドレ〕と呼ばれた。彼らの歌う歌詞に「キュロット〔半ズボン〕をふたたび着よ」（あるいは「ズボンをたくし上げろ」）という一節があった。だがロベスピエールをいまだに支持する人びとに捕まると彼らはこの美しい服を引き剥がされ、革命公認の丸刈りにされる危険にさらされた[40]。

革命による簡素化と平等化は、いくつかの点で続かなかった。ナポレオンは戴冠式で豪華な衣装を着ただけではなく[41]、長ズボンを貴族の半ズボンにはき替えた[42]。立法府軍を含め、多くの役所に公用服を（再）導入する無数の布告も発した[43]。しかし、それを除けば、一九世紀初頭の数十年、ファッションは革命の成果を反映していた。たとえば、女性のエンパイア・スタイルは、白のモスリン地で襟ぐりが深く、ハイウェストのスカートで、コルセットは最小限にとどめ、ときにカシミアのショールをはおり、素足で描かれることが多い。これはギリシア風、共和制風も取り込んでおり、その計算された簡素性には旧体制期の豪勢な衣服への反発も内包されていた。どんな労働にも不向きなこうした衣服には平等性は見られなかったものの、身体の締め付けからは自由になった。男性服では、黒っぽい色をした仕立てのスーツという「男らしい一律さの追求」はロンドンでもパリでも変わらなかった。[44]エンパイア・スタイルは長く続かなかったが、男性服で暗い色、とくに黒が好まれる傾向は事実上今日まで続いている。

一九三〇年というかなり前からJ・C・フリューゲルはこの現象に注目し、これを「男性の大いなる美の放棄」と名付けた。彼はこう述べている。

男性は、明るく華やかで精巧なあらゆる装飾の権利を放棄して、そういったものは女性だけが用いればよいとし、男性服の仕立て技術をもっとも簡素で禁欲的な芸術にまで高めた。……男性は美しく見られたいという気持ちを捨てた。実用性のみを追求したのだった。[45]

この過程はフランス革命、とくに三部会の服装をめぐる混乱に関係していると考えがちである。[46]革命は、ヨーロッパのエリート集団がまた派手な服を着たくなる気持ちをくじく役には立ったかもしれないが、その議論ですべてを説明することはできない。第一に、暗い、とくに黒の男性服には、一五世紀初頭のブルゴーニュ公フィリップ・ル・ボンまでさかのぼる長い歴史があり、黒はスペインのフェリペ二世とその敵対するオランダも好んだ色だった。[47]第二に、男性服が質素に派手な色を避ける傾向は革命のかなり前から始まっていた。「男性の大いなる美の放棄」を経験した人びとはこれを、一七八〇年代に完成する、ゆるやかな過程と見なした。[48]第三に、この流行にもっとも貢献し普及したのはフランス人ではなくイングランド人であり、中産階級ではなく社会の頂点にいる人、すなわち摂政の宮（のちの国王ジョージ四世）、その衣服顧問をつとめた「伊達男」ジョージ・ブランメルであった。昼間は青、夜は黒い服で、ぴったりしたズボン、こざっぱりしたリネンに身を包んだ冷ややかなブランメルは、服の贅沢さよりも優美さと簡素さゆえに人目を引いた。彼は「着こなしで重視すべきは、目立つかどうかではまったくない」と主張するイングランド男性服の原則の誕生に立ち会っていた。[49] その後出版された作法本では、都会では男性は黒、灰色や濃紺がよい、田舎では茶、濃い緑も許されると勧めていた。[50] 正装の軍服を名誉とする軍隊に入り、国王陛下、女王陛下に仕える男だけが、求愛行動をする極楽鳥のようにおのれを誇示することができたのである。

男女を区別し、その居場所をはっきり分けたのは、もちろん身なりであった。男性はくすんだ色、控えめで力強さが特徴だった。女性は、ふんわり華やかで公的な世界から排除されていた。男性は頭部と両手以外の全身を覆い、女性は、時と場に応じて両肩と上胸部をあらわにした。男性は絹製でキルトの豪華な刺繍を施した派手な部屋着を着たが、それは家の中だけで、外出時にはダークスーツを着た。[51] ビジネスの世界は地味な服装をした人びとのものであり、この世界からの女性の排除は、より強調された。これが世界じゅうに輸出されたのである。

註

（1） N. B. Harte, "The Economics of Clothing in the Late Seventeenth Century", *Textile History*, 22/2, 1991.

（2） David Corner, "The Tyranny of Fashion: The Case of the Felt-Hating Trade in the Late Seventeenth and Eighteenth Centuries", *Textile History*, 22/2, 1991. 北アメリカ（と他の）毛皮貿易の有益な概観としては、以下を参照。John F. Richards, *The Unending Frontier: An Environmental History of the Early Modern World*, Berkeley, Los Angeles and London, University of California Press, 2003.

（3）以下に現状が示されている。Maxine Berg, "New Commodities, Luxuries and their Consumers in Eighteenth-Century England", in Maxine Berg and Helen Clifford (eds), *Consumers and Luxury: Consumer Culture in Europe, 1650–1850*, Manchester and New York, Manchester UP, 1999. しかしバーグ自身もこの結果には私と同じく失望しているのではないか。（ブリテン領）北アメリカの需要主導を強く主張するものとしては以下を参照。Cary Carson, "The Consumer Revolution in Colonial British America: Why Demand?" in Cary Carson, Ronald Hollman and Peter J. Albert (eds), *Of Consuming Interest: The Style of Life in the Eighteenth Century*, Charlottesville and London, University Press of Virginia for the United States Capitol Historical Society, 1994.

（4）Harte, "Economics of Clothing".

（5）最初の特許は一八四二年に取得された。

（6）以下に引用。Daniel Roche, *The Culture of Clothing: Dress and Fashion in the Ancien Regime*, trans. Jean Birrell, Cambridge, Cambridge UP, 1994, *Culture of Clothing*, 301.

（7）Beverly Lemire, *Dress, Culture and Commerce: The English Clothing Trade before the Factory, 1660–1800*, Houndmills and London, Macmillan, 1997, 20.

（8）Ibid., 70–1.

（9）P. Earle, "The Female Labour Market in London in the Late Seventeenth and Early Eighteenth Centuries", *Economic History Review*, 2nd series, 42, 1989; L. D. Schwarz, *London in the Age of Industrialization, Entrepreneurs, Labour Force and Living Conditions, 1700–1850*, Cambridge, Cambridge UP, 1992, 19.

（10）Stanley Chapman, *Hosiery and Knitwear: Four Centuries of Small-Scale Industry in Britain, c. 1589–2000*, Oxford, Oxford UP for the Pasold Research Fund, 2002, 10.

（11）Cissie Fairchilds, "The Production and Marketing of Populuxe Goods in Eighteenth-Century Paris", in John Brewer and Roy

Porter (eds), *Consumption and the World of Goods*, London, Routledge, 1993, 232. この数字は主に下層中流階級と下層階級の故人の統計を元に算出している。

（12） Lemire, *Dress, Culture and Commerce*, 39, 98.

（13） Margaret Spufford, *The Great Reclothing of Rural England: Petty Chapmen and their Wares in the Seventeenth Century*, London, Hambledon Press, 1984, 123–5. 早くも一六八〇年代に羊毛の既製上着を売る訪問セールスマンの記述がみられるが、これはまれであった。

（14） *The Art of Love*. 以下に引用。Neil McKendrick, "The Commercialization of Fashion", in Neil McKendrick, John Brewer and J. H. Plumb, *The Birth of a Consumer Society: The Commercialization of Eighteenth-Century England*, London, Europa Publications, 1982, 34.

（15） たとえば以下を参照。Thera Wijsenbeek-Olthuis, *Achter de Gevels van Delft: Bezit en bestaan van rijk en arm in een periode van achteruitgang (1700–1800)*, Hilversum, Verloren, 1987, 281.

（16） David Kuchta, *The Three-Piece Suit and Modern Masculinity in England, 1550–1850*, Berkeley, Los Angeles and London, University of California Press, 2002, 1–3. 王政復古期の日記作家サミュエル・ピープスとジョン・エヴリンは両名とも宮廷でこの転換を目撃した。チャールズなどの引用文はエヴリンの証言で、以下に引用されている。Lemire, *Fashion's Favourite: The Cotton Trade and the Consumer in Britain, 1600–1800*, Oxford, Oxford UP, 1991, 11.

（17） Anne Hollander, *Sex and Suits: The Evolution of Modern Dress*, New York. Alfred A. Knopf, 1994, 65, 80–3.

（18） Lemire, *Fashion's Favourite*, 12; Kuchla, *Three-Piece Suit*, 77–84.

（19） Lemire, *Fashion's Favourite*, 29–41.

（20） D. C. Coleman, "An Innovation and its Diffusion: The 'New Draperies"', *Economic History Review*, 22, 1969, 417–29.

（21） Roche, *Culture of Clothing*, 127, 138.

（22） Aileen Ribeiro, *Dress and Morality*, London, Batsford, 1986, 100.

（23） Lemire, *Fashion's Favourite*, 168–76; Amanda Vickery, *The Gentleman's Daughter: Women's Lives in Georgian England*, New Haven and London, Yale University Press, 172–7.

（24） Daniel Defoe, *The Complete English Tradesman*, 1727, 332. 以下に引用。Anne Buck, “Variations in English Women’s Dress in the Eighteenth Century”, *Folk Life*, 9, 1971, 7.

（25） 以下に引用。Corner, “Tyranny of Fashion”, 173–4.

（26） Valerie Steele, “The Social and Political Significance of Macaroni Fashion”, *Costume: the Journal of the Costume Society*, 19, 1985. 通常 orris と綴るオリス orice とは、一種の金のレースである。

（27） アメリカ人が真似をしてばかにされた事例はのぞく。

（28） John Mackay, *A Journey through England*, London, J. Pemberton, 1722, II, 238. 以下に引用。Kuchta, *Three-Piece Suit*, 122.

（29） 以下に引用。Steele, “Macaroni Fashion”, 101.

（30） その全過程は以下を参照。Linda Colley, *Britons: Forging the Nation, 1707–1837*, New Haven and London, Yale University Press, 1992〔リンダ・コリー著、川北稔監訳『イギリス国民の誕生』名古屋大学出版会、二〇〇〇年〕.

（31） Roche, *Culture of Clothing*, 109. 一スティエは、当時の穀物を量る単位でおよそ一五〇リットル。

（32） Madeleine Delpierre, “Rose Bertin, les marchandes de modes et la Révolution”, in *Modes et Révolutions*, Paris, Editions Paris-Musées, 1989, 21–6; Hollander, *Sex and Suits*, 12.

（33） Roche, *Culture of Clothing*, Fairchilds, “Populuxe Goods”; Jennifer Jones, “*Coquettes* and *Grisettes*: Women Buying and Selling in Ancien Régime Paris”, in Victoria de Grazia (ed.), *The Sex of Things: Gender and Consumption in Historical Perspective*, Berkeley, Los Angeles and London, University of California Press, 1996.

（34） Françoise Vittu, “1780–1804 ou vingt ans de ‘Révolution des Têtes Françaises”’, in *Modes et Révolutions*, 54.

（35） Jean Marc Devocelle, “D’un costume politique à une politique du costume: approches théoriques et idéolgiques du costume pendant la Révolution française”, in *Modes en Révolutions*, 84, 99（発令の本文のある頁）.

（36） Aileen Ribeiro, *The Art of Dress: Fashion in England and France 1750–1820*, New Haven and London, Yale UP, 1995, 82–4; Lynn Hunt, “Freedom of Dress in Revolutionary France”, in Sara E. Melzer and Kathryn Norberg (eds), *From the Royal to the*

Republican Body: Incorporating the Political in Seventeenth- and Eighteenth-Century France, Berkeley, Los Angeles and London, University of California Press, 1998, 228–31.

（37） Hunt, "Freedom of Dress", 228–30 およびその多数の引用も参照。

（38） 以下を参照。Annemarie Kleinert, "La Mode, miroir de la Révolution française", in *Modes et Révolutions*, 60–1; Daniel Roche, "Apparences révolutionnaires ou révolution des apparences", Ibid., 118.

（39） François-Xavier Mercier, *Comment m'habillerai-je? Réflexions politiques et philosophiques sur l'habillement français et sur la nécessité d'un costume nationale*, Paris, 1793. 以下に引用。Roche, "Apparences révolutionaires", 122.

（40） Hunt, "Freedom of Dress", 241–2; Roche, "Apparences révolutionaires", 126; Aileen Ribeiro, *Fashion in the French Revolution*, London, Batsford, 1988, 115–17.

（41） ダヴィッドの描いた有名な絵画はたとえば以下に掲載されている。Ribeiro, *Art of Dress*, 158–9.

（42） Hunt, "Freedom of Dress", 242. ナポレオンはこのように着飾ってますます肥えていく体をカムフラージュしたと彼女は強く主張している。

（43） Madeleine Delpierre, "Le Retour aux costumes de cour sous le Consulat et l'Empire", in *Modes et Révolutions*, 35.

（44） Hunt, "Freedom of Dress", 242.

（45） J. C. Flügel, *The Psychology of Clothes*, London, Hogarth Press, 1930, 111. フリューゲルのコメントは、形と色が限られていたにしても、男性の仕立てにどれほど優美さが求められていたかを過小評価している。

（46） Colley, *Britons*, 187.

（47） John Harvey, *Men in Black*, London, Reaktion Books, 1995.

（48） Kuchta, *Three-Piece Suit*, 165–6.

（49） 以下に引用。ibid, 167.

（50） Colley, *Britons*, 187.

（51） Philippe Perrot, *Fashioning the Bourgeoisie: A History of Clothing in the Nineteenth Century*, trans. Richard Bienvenu, Princeton,

Princeton UP, 1994〔フィリップ・ペロー著、大矢タカヤス訳『衣服のアルケオロジー――服装からみた19世紀フランス社会の差異構造』文化出版局、一九八五年〕, 112-13.

第4章　最初の植民地主義

一五世紀末から、はじめはイベリア人、ついでユーラシア大陸の北西岸やその周辺諸島のヨーロッパ人が、海を渡って世界中に散らばっていった。近代植民地化の時代が始まった。

ヨーロッパ人とそれ以外の世界の住民との間には、もちろんさまざまな形で交流があった。長い目でみると、新参者を締め出す地域はほとんどなかった。しかし、イスラームの聖地はその代表だが、何十年も何世紀もヨーロッパ人を寄せ付けなかった地域もけっこうある。ヨーロッパ人が奥地に入る前に海岸部にいた形跡はたしかにあるが、とくにアフリカ内陸部やヒマラヤ以北の中央アジアなど、かなり後になっても到達できなかった地域もあった。その他の地域におけるヨーロッパ人の存在は、端的に言って次の三つのいずれかに当てはまるであろう（実際はその混合形になるが）。第一は外国人が受け入れられ、その社会で多少の特権を認められる例。第二は受け入れた社会が征服され支配された例。第三は先住民を土地から一掃し世界の別の場所からつれてきた奴隷の力を借りてプランテーション化して新たな社会を作った例。どの事例に当てはまるかによって、衣服も異なった。

外国人に特権を認める第一の事例に近かったのが、中国やインドといったアジア大陸と日本だった。中国のカトリック宣教師は大半がイエズス会士だったが、進んで中国の衣服を着ようとした。一五八一年頃にミケーレ・ルッジェーリ〔羅明堅〕は中国南部の広東州知事のもとに案内され、知事に「われわれのとはやや異なる、現地の僧侶のような格好をするよう」要求された。「中国をキリスト教化するため、私たちはいまではそうしており、要するに中国人になったのだ」[1]。同僚のマテオ・リッチ〔利瑪竇〕は、服で（仏教の）宗教家と見なされないように、この実践を意識的に拡げた。そして同僚とともに剃髪を止めて、しばらくすると儒者のような姿になった。一五九五年にリッチは新しい外衣について書いている。

儒者や貴族が着用するこの官服は、幅広の長袖で、濃い紫の絹製である。すそはくるぶしの下まであり、手の幅の半分ほどある鮮やかな青い絹で縁取られている。両袖と腰まである襟の折り返しにも同じような縁取りが施されている。……中国人はこの装いで、さほど懇意でもない人びとを訪問し、公式の宴会に列席し、役人を訪ねる。客人をもてなす側も、同様に位階に応じた衣服を着ているので、訪問先での私の評価は大いに高まる[2]。

こういった敬意を得たり自分の意見を聞いてもらうために異文化社会の衣服を着る戦略は、のちに植民地におけるナショナリストの運動で広く用いられた。

中国人に自らの真理を説こうとする欲求と中国人に合わせる戦略を持つイエズス会士は、アジアの衣服を率先して採用した。しかし、出身がわかる衣服を喜んで着つづけた人びともいた。オランダ人は日本で将軍を毎年訪問する時には、謁見の際や屏風の陰に隠れた女性に、ヨーロッパで流行っている女性のファッションを見せるよう要請されない限り[3]、オランダの盛装で臨んだ。しかしながら、自分たちが滞在した国の慣習も衣服も取り入れたヨーロッパ人もいた。

インドはこうした文化変容が進んだもっとも有名な地域だった。インドは社会的にも衣服についても侵略者を取り込んでしまう力を持っていた。一六世紀末頃、ゴアやその近郊にいたポルトガル人は、少なくとも自宅で一人でいるときは、インドの衣服を着ていた。宗教裁判は、服装のインド化と背教を混同する傾向があった（根拠がないわけでもなかった）ため、警戒しなければならなかったが[4]。イングランド人もオランダ人も「この国の流儀にしたがった」身なりをしている、と一六三〇年代にドイツ人旅行者は書いている[5]。一八世紀末までイングランド人男性はそうした服装を続けた。東インド会社の取締役役員ですら「インド風のゆったりしたシャツ、長いズボン下……糊をつけて硬くした帽子」を身に着けて集合した[6]。これは、三大州都カルカッタ、ボンベイ、マドラスからは離れたインドの各宮廷と都市に配属されたイングランド人の間で長く続いた流儀であった。多妻制、水ギセル、ゆったりした衣服の一セットは、一九世紀初頭までインド在住のイングランド人の生活様式に残った[7]。植民地化が進むにつれ、海岸部の諸都市ではインド人と距離を置くようヨーロッパ人に圧力がかけられるようになった。熱帯気候では現地のやり方を受け入れようと提案した医師のジェームズ・ジョンソンは、一八一三年に以下のように記した。

炎天下にもかかわらず、公の場や格式あるパーティにヨーロッパ式の服（とくに制服）を着るよう強いる習慣・方針は、南国の生活でひどい苦痛の種である！　社交界の晩餐会などでは、こうした虚礼を避けるのが普通だ。北方の不格好な身なりではなく、東洋の軽く涼やかで優美な装いをするものなのである。

非公式の場でさえ、インドの服の採用に抵抗する新参者がつねにいたとジョンソンは続けている。[8]その傾向は、一九世紀が経過するにつれて強まっていった。

のちにインドネシアとなるオランダ領植民地では、少なくとも首都バタヴィア（ジャカルタ）で、この過程はかなり早くから始まっていたふしがある。すでに一六五六年には、数年ぶりにバタヴィアに帰ってきた男が、質素で装飾もない中国式の絹製の衣服から金銀をふんだんに使った高価なヨーロッパ式の衣服に変わっていておどろいている。[9]オランダ東インド会社が統治した時代、バタヴィア在住のヨーロッパ人男性は、公の場ではヨーロッパ式の衣服を着ていた。女性の場合、事情はもっと複雑であった。一七世紀から一八世紀にかけてバタヴィアでは男よりも女のほうが混血が進んでいた。上流階級やアジア系の女性は、女という理由で家に閉じ込められ、教会と結婚式に行く時しか姿を見せないという証言はたくさん見つかる。出かけるときには、ダイヤなどの宝石で飾り立て、ヨーロッパ式の衣服を着るのが普通だった。自画像を描かせるときもそうで、これは夫も同様だった。[10]オランダ人女性コーネリア・ヴァン・ベヴィーレンは、一六八九年一〇月二七日にジュリアン・ベックと結婚したときの衣服についてこう書いている。

私のウェディングドレスは、裾が一・五一ヤードある黒いビロードだった。ペティコートは白のサテン地で、上から下まで金のレースで刺繍が施されていた。下袖もこれと同じ布地とレースで、真珠のリボンとダイヤのボタンが付いていた。結婚していただいた冠は花婿が特注した真珠貝とダイヤモンドだけでできていた。髪は七本の真珠の紐で結わえ、首と胸元を飾った宝石もとても高価だった。(11)

にもかかわらず、その裏には私的な空間があった。そこでは地位の高い女性もカバーヤ〔軽くてゆったりしたチュニック〕やサロン〔ロングスカート〕を身に付けたが、旅行で訪れたヨーロッパ人にはシュミーズ〔肩ひもつきのワンピース型の女性用下着〕やペティコートにしか見えなかった。

インドネシア諸島で権力を保持するオランダ人は、衣服で臣民と一線を画し、上位に立とうとした。東南アジアでは、特定の模様を貴族階級に限定する奢侈禁止法が何度か発布されたり、金色に近い黄色の布を外国人に禁じたりしたものの、社会の階層間で服装の違いはおしなべてそれほどなかった。(12) オランダ人がやってくるとこれは変化した。それ以降、ヨーロッパ式の衣服はオランダ人とキリスト教に改宗したインドネシア人のものになった。彼らはヨーロッパ式の帽子や靴、靴下を身につけてよかった。(13) 一七世紀にオランダはジャワでなんども戦争を起こしたが、その際、同盟軍もオランダの衣服を着ていたと思われる。かくしてマタラム王国のアマンクラト二世〔在位一六七七〜一七〇三年〕は「靴下と靴、膝のところにボタンがついた半ズボン、金のレースで［縁取りされ］宝石がちりばめられた、三枚身頃で前合わせのビロードの上着、それに帽子」という軍服を着ていたと言われる。(14) 遠く

図 2　インドネシア，モルッカ諸島の村長。1919 年。Koninklijk Instituut voor Taal-, Land- en Volkenkunde

から見るとオランダの総督に間違えられたかもしれない。この慣習は、二〇世紀に入ってからも続き、モルッカ諸島の半ばキリスト教化されたアンボン島の役人は、制服として一八世紀のヨーロッパ風の服装をし、帯刀した[15]（図 2 参照）。

オランダ人とその同盟者がヨーロッパ式の衣服を独占すると、当然の結果ながら、多民族社会のバタヴィアでは他の民族集団に属する人は出自を示す衣服の着用を求められた。インドネシアの「諸民族」が反抗的な同盟を結ばないように、オランダ人は各民族に対して都市の特定の地区に住み、出自にふさわしい衣服を着るよう定めた。たとえば、ジャワ人はバリ人の服装を禁じられた。とくに中国人はいかなるインドネシアの衣服も着てはならず、中国の臣民であることを明確にしなければならなかった[16]。同時に、バタヴィアのオランダ人支配者は、本国でできなかったことをなしとげた。一七五四年に植民地共同体そのものに照準を定めた、大規模な奢侈禁止法を発布したのである。これは、過去一〇〇年間に出した六つ以上の布告をまとめて改正した法律だった。オランダ東インド会社統治下のバタヴィアなどの都市における「華麗で見栄を張った」派手な生活を正す方策とされた。その結果、同社の地位の高い人と低い人の違いが明白になった。たとえば、金のボタン、金銀の布でできた上着、金銀の刺繡は上級幹部にしか許されず、ビロード、金銀の布地の衣服は上級幹部の妻しか着られなかった。だからこそ、階層の高い人びとはあんなに刺繡された服を着たのだろう。[17]バタヴィアは、少なくとも理論上は、オランダ人支配者の命令に従って、地位が衣服を着ている世界であった。

とはいえ、ブリテン領インドと同様に、宗主国が適切と見なす振る舞いを植民地エリートは強いられた。じっさい、この組織ぐるみの活動は、ブリテンがバタヴィアを支配した一八一一年から一八一六年の間に始まった。メスティーソ〔混血〕の女性を家の外につれ出し、帝国の支配者の妻にふさわしい服装をさせる試みがなされた。あるブリテンの役人が記したように「この若い女性たちやその周辺の人びと」は、表舞台に現れるとすぐさま「我が国の白人女性の流行を取り入れ着こなしたばかりか、さらに美しく改良した」。ジャワ政府官報でさえ、ロンドンやパリの服装を伝える「四月向けの女性ファッション」という記事を掲載した。オランダはブリテンからジャワ島を取り返した後も、この活動を継続した。たとえば、一八四〇年代に総督の妻は「もっとふさわしい、奇抜でない服を着ましょう、とご婦人方を説得する労は惜しみません」と述べている。ヨーロッパからやってきたある女性は、友人たちのために、母国の最新の服を着てバタヴィアで歩き回ってほしいと求められた。[18]ブリテン領インドでも、古い植民地秩序への服従は外見のものまねを伴った。

一五〇〇年前後にヨーロッパ人は南北アメリカを征服し、その後数世紀をかけて徹底的に社会を再構築した。ヨーロッパ人はたくさんの病気を持ち込んで、両大陸の抵抗力のない住民に恐るべき犠牲をもたらし、旧世界に梅毒などいくつか病気を持ち帰った。さらに鉄という石を凌ぐ技術的優位が加わり、ヨーロッパ人の持ち込んだもの、とくに馬を使いこなした一部の人びとを除いて、大半のアメリカ先住民社会は急速に従属させられていった。北アメリカ東海岸の森林、ラプラタ川の後背地、後にブラジルとチリになるあたりは完全に破壊されたために、社会秩序は一から作り直された。メキシコやアンデスの高地と、熱帯地峡の低地では、外国人支配者が先住民に威張り散らして搾取し、その世界を作り替えようとする、植民地特有の社会が生まれた。支配者は結局、富を得るために両大陸に来たのだし、それには労働力を提供して稼いでくれる人びとが必要だった。またキリストの王国を拡大するためには魂を必要とした。

ヨーロッパ人が植民地化して躍起になって創ろうとした新たな社会には、新しい外見が必要となった。一六世紀初頭以降の両大陸では、二つの側面で衣服の改革が行われた。第一の側面は、裸体のままだったり、入植者に随行した聖職者の目には不適切と映った人に服を着せようとしたことである。メキシコやアンデスの高地などでは、スペイン人の規範に合わせる必要はそれほどなかった。たとえば、現在のメキシコシティの西にあるミチョアカンでは、聖職者は女性に対して、スカート丈をくるぶしあたりにすることと、トカと呼ばれる頭巾を被ることしか求めなかった(19)。女性はナワトル語でウイピルという名前の、腰の下まで届く、かなりゆったりした上着を着続けていたようだ(20)。男性用の衣服は植民地化の前とは打って変わり、スペイン人が来る前にはなかった鉄製のはさみで布地を裁断できるようになった。こうしてメキシコの男たちはかなり早くから「ぴったりしてボタンのついた」シャツを着ていた。シュミーズないしシャツをあらわす camisa はナワトル語になった最初のスペイン語の一つである。幅広のズボンが流行ったのはもう少し後になってからだし、一六世紀中には古くからの腰布がスペイン風のシャツとともにまだ着用されていた。[21]

両アメリカ大陸の温暖な地域では、信者に慎ましいなりをさせようとする聖職者の努力は激しい抵抗にあった。ようやく一八世紀末になって、ユカタン半島の教区牧師は、マヤ人に、教会の中ではきちんとした身なりをすべきと教え込んだが、教会を一歩外に出ると、腰布のほかは身につけない村の男たちや、上半身を覆わない村の女たちを説得するのははるかにむずかしかった。女性が着るようになったブラウスにはしばしば植物の図柄が刺繍された。これはあきらかに、征服以前に彼女たちの祖先が身体に施していた入れ墨の代わりである。[22]

南アメリカの低地地方の多くは、メキシコやユカタン半島あたりよりも容赦ないやり方で征服された。アメリカ先住民社会は、強制労働の供給源としか見なされなかったし、サンパウロの奥地では、奴隷狩り（襲撃）が頻発した。このような状況では、宣教師と先住民の利害が一致するのも早かった。こうして、ラプラタ川上流域、現在パラグアイとなっている地域、アルゼンチン、ブラジル、ウルグアイからパラナ川東岸は、アメリカの植民地期でもとくに広範囲な文化変容が企図されたのであった。[23]イエズス会は、一六一〇年からスペイン領を追われる一七六七年まで、[24]数十の布教都市とグワラニ人主体の数万の信者をかなり厳格な神政統治下においていた。イエズス会の「居留地」（先住民を集住させたためにこう呼ばれた）につくられた共同経済では、綿花を栽培し紡いで布に織った。入植地の主たる経済活動の一環であり、職人で高い技術を有する人もいた。きちんとした身なりに対する需要が高まったせいで、重要な経済部門が生まれたのである。(25)

慎みと誇示が対なのは、いつものことである。後者には、個人が見せびらかすものもあれば、地位を示すものもあった。これは植民地における衣服の第二の側面であった。スペイン人は、毛織物をユカタン半島に輸入してまで自分の地位を守る必要があると考えていたし、低地熱帯の高温と湿気ではきわめて不快だったにちがいないこの服装をマヤ人貴族は覚悟した。(26) このような慣習は軋轢を生んだ。一六世紀末のキトで報告されたように、先住民が、祝日に派手なシャツや絹のスカーフを身につけて「スペイン「国民」をまね」しようものなら、「連中を丸裸にして、おまえたちには綿の服で十分だと言ってやる」とうそぶく現地当局に、秩序紊乱罪に問われかねなかった。(27) だが長い目で見ると、なんの効果もなかった。金持ちは衣服で裕福さを誇示するものだからである。非スペイン系の同じくキトにいた床屋兼瀉血医《しゃけつい》たちは、「極上の綿布の半ズボン、四指幅はあるレースで縁取りしたシャツ、銀ないし金の留め金が付いた靴を見せびらかした」という後世の記述がある。(28)「ニグロ、ムラート、インディオ、メスティーソは、男女とも恥ずべきほど派手な衣服の着用は慎むべし」との国王の布告は、法廷の壁から引き剝がされた。これはある判事が所有する二人の女奴隷が貼り出したものだった。(29) クレオールとスペイン人エリートが社会的に低い地位の者より優位に立つには豪華に着飾るしかなかった。シュワルツとサロモンはそれを「奢侈の悪循環」と呼ぶ。(30) キトの金持ちは金銀の服を着ると評され、一八世紀半ばにはパリの流行を熱心に追いかけた。ヨーロッパの豪華な宮廷を見慣れた人も、ラテンアメリカの主要都市で目にする金持ちの、とくに女性の衣服の絢爛さには驚愕した。一方、社会の最下層は「インディオ」と同一視されて、衣服を基準に課税された。公式の基準は人種だったが、貧困のせいで「インディオ」の服を着た人びともいたという説もある[31]。

もちろん、衣服はずっと同じわけではない。衣服は民族や地域のアイデンティティを示す機能を維持した。現在、研究者は、たとえば、エクアドル高地の地域ごと、その地域の村ごとに、あらゆる服装の違いを微妙なものまで認識できる。「スペイン領アメリカはスペイン本国に比べ、どの文化的部門においても多様性は低い」という一般法則があるが、衣装はむしろその重要な例外とされてきた。これはあきらかに植民地時代の結果であった。ただし、こういった多様性の底流にある民族文化化、すなわち現地の伝統の創出は、一九世紀に独立してから進んだのかもしれない。ポンチョは、南アメリカアンデス山系の典型的な（男性の）民族衣装の一つだが、一七世紀のチリで生まれ、そこから北へ広がり、少なくともコロンビアまで達した。これは、二枚の矩形の（通常羊毛の）布地を縫い合わせてできたきわめて簡素な衣服で、頭を入れる切れ込みがあり、レソト〔南アフリカの王国〕の外衣のように、乗馬には最適であったため、南アメリカに馬が導入された後ようやく日の目を見た[32]。

メキシコ以北のアメリカの植民地史はかならずしも一本化されない、二つの流れからなっている。一つは、ヨーロッパ人の侵略によってアメリカ先住民社会が征服されていく流れである。ただし、当事者も目的をはっきり意識していなかったし、規模の大小を問わず一方的な進行でもなかった。もう一つは、土地を収奪したのち、ブリテン人やフランス人がアフリカ出身の奴隷労働に支えられて入植者社会を創設する流れである。この征服と植民地化という二つが衣服にもたらした影響は、相互に関連していた。第3章で指摘したように、問題の重要な要因が毛皮貿易だったからである(この経済活動の最終製品は、服の素材となる毛皮だった)。

毛皮貿易の最前線は、政治的経済的な取引の場であったし、性や宗教、衣服まで交換される場であった。東部森林のインディアンの男性は、一七〇〇年頃には大半がヨーロッパのコートを着ていた。彼らはそれをアルゴンキン語の majigoode から転訛した matchcoats(マッチコート=インディアンのコート)と呼んだ。これは従来の毛皮のマントの代わりとなったし、狩猟の獲物はヨーロッパ式の布地や既製服と交換する方が、獲物から衣類を作るよりも経済的だった。地域や地位、欧米の規範によって違いはもちろんあるが、一般にインディアンは、長いすね当てや腰布を好み、欧米人の半ズボンはめったにはかなかった。たとえば、最南東部のクリーク人、セミノール人はジョージアにいたスコットランド高地人連隊兵のさまざまな服を着た。それはクリーク人の母系制社会がスコットランド人を受け入れやすかったからでもあり、そのためブリテン人にウィリアム・マッキントッシュと呼ばれたクリーク人の長は、スコットランド高地のインヴァネス近郊で暮らす父方の氏族にそっくりのいでたちをしていた。さらに北のモホーク渓谷では、一七五〇年代に首長たちは、マッチコートの下にフリルのついたシャツを着て、地位を示した。(33) 地位を誇示するためにヨーロッパの服を使う戦略は、ヨーロッパ人でも先住民でもみられた。たとえば西部のブラックフット人首長たちも長くそうした。ヨーロッパ式の衣服を拒否すると抵抗を意味した時代があり、アメリカ政府や入植者との対決を望まない人びとがそうした服装を目撃されると、危険にさらされた。(34)

衣服の交換はかならずしも一方通行ではなかった。辺境では、インディアンを思わせる装飾品を身につけた欧米人がたくさんいた。鹿の皮製の狩猟用シャツ、モカシン〔柔らかい革で作ったかかとのない靴〕、すね当て、果ては腰布、頭皮剝ぎ用ナイフ、まさかりまであった。[35] だがこうした欧米人はごく一部だった。東海岸やセント・ローレンス渓谷の入植者で、アメリカ先住民の服装に変える人はいなかったようだ。ボストン市民は抗議のためアメリカインディアンの格好をして紅茶箱を港に投げ捨てたが、そのような特別な場合を除いて、なるべくアメリカ人に見られないようにした。できるだけヨーロッパ風に見せようとしたのである。「皮の半ズボンとか上着を暗に指す鹿皮服の人」と言われないことが肝要だった。「ヴァージニア全体にこの呼び名は拡がっており、田舎者とか無骨者、ぐずといったイングランドの悪口と同じである[36]」。

当初は、もちろん旧大陸の階級と地位の分断が再現・再構築された。マサチューセッツの奢侈禁止法はこういった過程の作用を示す。植民地ができて数年後、ここでは「派手な」衣服はどんな人も例外なく禁じられた。しかし地方集会は、一六五一年に次のように表明した。

金銀のレースやボタン、膝にレースの付いた衣服を着たり、たいそうな長靴をはいたりしてジェントルマンのふりをすること、絹ないしテイファニー〔薄くて目の粗いモスリン〕のフードやスカーフを女性が被ることは、大きな地所を持つ人や教養のある人びとにこそ許されるものの、身分の低い男女には許しがたいと判断せざるを得ない。[37]

例によって、こういった区別は法律では強制できなかった。それはむしろ、服装の違いに基づいた昔のアメリカ的な生活の経済学であった。ヨーロッパと同様、金持ちは、女なら絹、男ならビロードと高級極細のウールなど上等で肌触りのよい生地を用い、男女を問わずに首と袖口には上質のリネンを付けた。ヴァージニア東部海岸地帯の農園主家族は、冬だけはイングランドの上層ジェントリや貴族の服装を模倣できたが、夏ともなるとさすが天候には勝てず、リネンのチョッキと半ズボンを着て、かつらなしで過ごした。もっと貧しい社会層は粗末なオスナブルク（リネンの代用となるキャラコ製品）、ファスチアン（綿とリネンの交織）、イングランドからの輸入物より粗末な手織りの布で間に合わせるしかなかった。[38] 奴隷も衣服用に粗布を配分された。一七三五年にサウスカロライナ議会は、奴隷はもっとも安価な衣服しか着てはならないとまで定め、輸入業者は「ニグロ服」に適した商品を輸入していると明言した。ある男は「くすんだ白いニグロ服の上着とズボン」を着ていると描写された。少なくとも農業労働者の女性は、地味な胴着と長いスカートを与えられ、靴ははいていなかったようだ。[39] 西インド諸島のキッド氏なる者は、スコットランドのウィルソン・アンド・サン・オブ・バノックバーンからチェックの毛織物を奴隷用に大量に輸入した。後にこの模様は逆輸入されてマクファーソン氏族のタータンとなる。[40]

もちろんこれはせいぜい話の半分でしかない。社会の最上層から排除された者はどこでも同じだが、植民地期北アメリカの奴隷と非エリート自由人は、あらゆる手段とともに衣服も使って、抑圧と排除と戦った。大半の奴隷は最初は主人からあてがわれた衣服を着るよう強制されていた。奴隷制廃止後の数十年間にインタヴューを受けた元奴隷の多くは主人に与えられた粗末な服について言及したが、家事使用人は全般に農場労働者よりもはるかに良いなりをしていた。[41] 逃亡奴隷に関する新聞広告によると、奴隷たちは、北アメリカの一般的な労働者の服装をしていた。やむを得ずそうしただけでなく、自由人に紛れ込みたかったのかもしれない。手段を選ばず服をかき集め、相当な衣装持ちになった奴隷もいた。一七七七年、ディックとルーシーとしかわからない二人の奴隷が、メリーランドのアナランデル郡の主人のもとから逃げた。ディックが持って逃げたものは以下の通りである。

深紅のビロードのケープが付いた緑色の外套一着、青のカフスとケールが付いた赤いフラシ天の外套一着、両袖、胸下、襟回りに金のレースが付いた藍色のキャムレット〔薄地で平織りの毛織物〕の上着一着、ロシア製の厚手の木綿でできたつなぎ服一着、白シャツ一枚、オスナブルクのシャツ二枚、バックル付き礼装靴一足、それにさまざまな布地。

彼の相棒もたくさん持ち出していた。

キャリコのガウン二着（一着は紫と白、もう一着は赤と白）、藍色のモリーン〔畝がある厚くて重い生地〕のペティコート一着、地元産の白い綿のペティコート二着、縞模様のペティコート一着、上着と黒い絹のボンネット一つ、さまざまなハンカチとひだ飾り、ローン生地〔寒冷紗〕のエプロン二枚、アイルランド製リネンのエプロン二枚、ハイヒール一足、子ヤギ皮の手袋一組、絹の指なし長手袋一双、ガーゼの縁取りと白リボンの付いたハンカチ一枚、白い亜麻布のシャツ数枚、シャツ二着分のオスナブルク、ペティコート用の麻の反物、その他、物々交換してもよい品々。

この二人は主人が与えた条件をはるかに越えて服装と外見に関心を持っていた。メリーランドと同じようにチャールストンでも「ひいきの黒人やムラートの女奴隷が好き放題流行の服を手に入れた」[42]。アフリカ系アメリカ人特有の服装に関する美意識が一八世紀にはすでに見られた。明るい色どうしを組み合わせると、白人よりもはるかに大きな称賛を浴びた。一九世紀半ばより前からこの事実はあった。ファニー・ケンブルは日曜日の奴隷の身なりを書き留めている。

想像を絶するほど奇妙でちぐはぐな組み合わせだった。フリル、ひだ飾り、リボン、縮れ毛に挿した櫛……下品な装飾、極彩色、黒い顔と絶妙に混じり合う漆黒。一マイル遠くからでも眼に入りそうな頭を覆うスカーフ。雲を写し取ったような模様のシンツ〔インド更紗〕。ビーズ、管状ビーズ、派手な飾り帯、とりわけ小ぶりの風変わりなエプロン、これはばらばらの小物をまとめて、気品すら漂わせている。自分の顔よりもずっと黒い繻子のチョッキ、シャツを着て、靴も靴下もはいていない……一人の若い男が私のところにやってきて挨拶した[43]。

この美意識は、さまざまな意味で奴隷制より生き長らえた。植民地貴族の衣服のヘゲモニーに対して、別の抵抗の形もあった。それには自由ではなく、宗教が関係していた。福音を説く人びとにとって、簡素な衣服は大いなる善であり、そうでない衣服は（少なくとも）うぬぼれと虚栄という罪の表れであった。ボタンはかつて貴金属などでできた富を誇示する道具だったが、一八世紀の信心深い衣服は、ボタンを廃して完璧となり、のちの合衆国、とくにペンシルヴァニア州のアーミッシュやメノー派の共同体にいまでも残っている。[44] こういった衣服は昔はもっと広範に使われていた。クェーカー教徒の男性は、相手が自分に帽子を取って敬意を払うときでも帽子を被ったままで有名だったばかりか、[45]「真理を教えるものはみな……真理にふさわしく衣服を簡素にせよ」と命じ、「手首までくるんだ絹、両脇にひだをとったコート、贅沢なボタン、帽子の幅広のリボン、長い巻き毛のかつらを何人に」も禁じた。教徒の女性はできる限りスカーフを被らず「縞模様や花模様の生地など、無用で贅沢な物」も着てはならなかった。メソジストにも衣服の規制があった。ジョン・ウェスリーによると「高価な衣装を身につけるのは善行を積んで名誉を得ることと正反対である」。彼はジョージアのサヴァナで会衆に説教した際「私は教会では金色の服も高価な服も見ませんでした。ほとんどの人は質素で清潔なリネンか毛織物の服を着ていました」と強調した。大信仰復興を主唱したジョナサン・エドワーズの子供たちは「絹や繻子ではなく質素な身なりをしており、あらゆる点で素朴なキリスト教徒の模範となる人の子供である」と記述されている。一八一〇年には、流行の服を着込んでメソジストの伝道集会に出席したある男は教えを聞いて圧倒され、「両手でゆっくりとシャツの胸部を開き、ひだ飾りをつかんで引きちぎり、わらの中に投げ捨てた。二分も経たないうちに称賛の声が上がり、彼は大声で神を称えながら跳ね起きた」[46]。世俗的な生活を拒絶したのは明らかだった。

とはいえ結局のところ重要なのは、世俗の拒否ではなく世俗の要求であった。一八世紀が進むにつれて、ブリテン領アメリカ植民地はますます豊かになっていった。とくにニューイングランドと中部植民地の住民は、「消費者革命」に加わるようになった。ブリテンによる南北アメリカの大陸植民地向けの輸出は一七二〇年から一七七〇年のあいだに五〇%増加し、とりわけ後半に急激に増加した。ベンジャミン・フランクリンは一七六六年に庶民院で、植民者たちは「[ブリテンの]服装を好んでおり、これが商売の大きな拡大につながった」と述べた(47)。同じ頃、ヴァージニアの総督代理はこの植民地の「普通の農園主は」通常「上から下までグレート・ブリテンの製品で」身を包んでいると述べた(48)。

その影響は多岐にわたった。第一に、富と流行が広がると、服装を基準にした区別はなくなった。ジェントルマンは華麗さより、布地の質や仕立て技術、姿勢や物腰など全体で評価されるようになった(49)。第二に、植民地全土でブリテンの衣服を採り入れると、単一の国民《ネーション》に帰属しているという意識がある程度住民に生まれた。ただし、最北端のノヴァスコシアの人びとは抵抗して輪に加わらなかったが。人びとがよく似た身なりをするようになって、行動も似てくることが現実味を帯びてきた(50)。

ただこれは誇張されてはならない。サミュエル・アダムズを取り上げてみよう。彼はチャールズ川を越えてハーバード大学に通ったほかはボストンから出たことがなく、フィラデルフィアで開かれた大陸会議に参加したのがはじめての旅だった。身なりがだらしないことで勇名をはせていた男だったので、友人たちはこぞって金を出し合って、必需品のかつらを含めて、新しい衣類を一式買ってやった。そのおかげで、大陸会議でもマサチューセッツは面目を保ったのである(51)。しかし彼は簡素な衣服を宗教原理から共和国の原則にまで引き上げた。他の多くの人びととともに、新たに独立した連合諸邦〔合衆国〕が美徳の共和国になることを願い、革命のつらい年月を経てボストンに戻ると、人びとが着飾っているのを見て絶望した(52)。自分が原則と考えても他の人びとにとっては単に一時的な戦術にすぎなかったことが問題であった。革命以前は、簡素な衣服は愛国的な義務であった。ブリテンが植民地の輸入品に増税したために、植民地住民はブリテン製品をボイコット（もちろんこの言葉はまだなかった）し、さらにアメリカ産の「手織り」布地を着ようと力説して、報復し始めた。たとえば、一七六〇年代末に、ハーバードとイェールの学生は、地元産の布地で仕立てたスーツに身を包んで学位授与式に出席したし、さまざまな植民地が議会で輸入禁止動議を可決していた[53]。フランクリンは、「もっとも質素な田舎の衣服を着て」現れる男を理想の共和国男性とし、「その大きな上着は簡素で古くすり切れており、下着は地元産であり、あごひげはおそらく七日も伸ばし放題で、靴は厚く重く、身につける他のすべても同様である[54]」。この理想は、もちろんマイケル・ザキムが「意識的な水平化」運動と述べているものであり、民主主義と平等——奴隷制とジェンダーの範囲内に限られたが——を象徴する運動であった。貴族のマカロニ・ファッションを追いかけてブリテン人に田舎っぺと嘲笑されたヤンキー・ドゥードル〔アメリカ人〕は独立革命を祝ったが、同時に貴族社会を模倣する試みは不必要で政治的にも不適切となった。経済ナショナリズムによって衣服が簡素になると、アメリカ諸植民地の独立を望む気持ちが駆りたてられたのである。

だがこの状況も長くは続かなかった。ジョージ・ワシントンはアメリカ合衆国初代大統領として、就任式に「アメリカ産の布地でできた申し分のないスーツ」姿で登場した。「しかし、その布地は誰もが外国で作られた布地と見紛うほど精巧に織られ仕上げられていた」。彼はアメリカ産の絹の靴下、銀の留め金のついた簡素な靴を履いて、この身なりを完璧にした[55]。ボストンでさえも金持ちはすぐにまた身なりの良さを見せびらかすようになった。富裕層は厳しい経済状況に抗議して暴動を起こした農民をふたたび非難した。この不景気は農民らが妻の贅沢を黙認したために、降りかかってきたものに他ならないと。しかし民主主義と服の平等主義は、いずれも革命期は水準が低かったが、合衆国が建国されると高い水準を維持した。既製服が質を向上させながら増産を続け、ヨーロッパに先駆けて北アメリカ全土に拡大した。それは衣服の新たな時代の始まりだった。

註

(1) 以下に引用。Willard J. Peterson, "What to wear? Observation and Participation by Jesuit Missionaries in late Ming society", in Stuart B. Schwartz (ed.), *Implicit Understandings: Observing, Reporting and Reflecting on the Encounters between Europeans and Other Peoples in the Early Modern Era*, Cambridge, Cambridge UP, 1994, 409.

(2) Ibid., 414 に引用。Peterson もこの時期にイエズス会独自の慣習はなかったと指摘している。

(3) Rudy Kousbroek からの情報。女性の役目は若い男がこなした。

(4) William Dalrymple, *White Mughals: Love and Betrayal in Eighteenth-Century India*, London, HarperCollins, 2002, 12–13.

(5) J. A. de Mandelslo, *The Voyages and Travels of J. A. de Mandelslo... into the East-Indies. Begun in the year 1638 and finish'd in 1640. Containing a particular description of the great Mogul's empire, the kingdoms of Decan, ... Zeilon, Coromandel, Pegu, ... Japan, the great kingdom of China... Rendered into English, by J. Davies, etc.*, London, 出版社不詳, 1662. 以下に引用。Dalrymple, *White Mughals*, 22.

(6) Hobson-Jobson, 65. 以下に引用。E. M. Collingham, *Imperial Bodies: The Physical Experience of the Raj, c. 1800–1947*, Cambridge, Polity, 2001, 41.

(7) Dalrymple, *White Mughals*, esp. 34–54.

(8) James Johnson, *The Influence of Tropical Climates, More Especially the Climate of India, on European Constitutions*, London,

Stockdale, 1813. 以下に引用。 Collingham, *Imperial Bodies*, 41.

（9） F. de Haan, *Oud-Batavia*, 2 vols, Batavia, Kolff, 1922, II, 138.

（10） Leonard Blussé, *Bitters Bruid; een koloniaal huwelijksdrama in de gouden Eeuw*, Amsterdam, Balans, 1997; idem, *Strange Company: Chinese Settlers, Mestizo Women and the Dutch in VOC Batavia*, Leiden, KITLV, 1986, 171; Jean Gelman Taylor, *The Social World of Batavia: European and Eurasian in Dutch Asia*, Madison and London, University of Wisconsin Press, 1983, 37–42, 66, 100–1.

（11） 以下に引用。 Taylor, *Social World*, 39.

（12） Anthony Reid, *Southeast Asia in the Age of Commerce, 1450-1680, vol. I; The Lands below the Winds*, New Haven and London, Yale UP, 1988, 85.

（13） De Haan, *Oud-Batavia*, I, 467.

（14） J. J. Ras（ed.）, *Babad tanah Djawi*, trans. W. L. Olthof, Dordrecht and Providence, Foris, 1987, 208–9. 以下に引用。 Kees van Dijk, “Sarong, Jubbahs, and Trousers: Appearance as Means of Distinction and Discrimination”, in Henk Schulte Noordholt（ed.）, *Outward Appearances, Dressing State and Society in Indonesia*, Leiden, KITLV, 1997, 48.

（15） Van Dijk, “Sarong Jubbahs and Trousers”, 70.

（16） Ibid., 46–7. 植民地期バタヴィアの多様な民族集団を分離させておくことにどれほど成功したかについては疑問が残る。おそらくいま生粋のジャカルタっ子（Orang Batavi）を自称する人びとは、じっさいは多様な出自を持つ一七世紀や一八世紀の移民の末裔であろう。Leonard Blussé からの情報。

（17） J. A. van der Chijs（ed.）, *Nederlansch-Indisch plakaatboek, 1602–1811*, 17 vols, Batavia Landsdrukkerij, 1885–1900, VI, 784–7.

（18） Taylor, *Social World*, 99–101, 116; De Haan, *Oud-Batavia*, II, 148.

（19） Arnold J. Bauer, *Goods, Power, History: Latin America's Material Culture*, Cambridge, Cambridge UP, 2001, 71.

（20） James Lockhart, *The Nahuas after the Conquest: A Social and Cultural History of the Indians of Central Mexico, Sixteenth through Eighteenth Century*, Stanford, Stanford UP, 1992, 200.

（21） Ibid., 199.

（22） Nancy M. Farriss, *Maya Society under Colonial Rule: The Collective Enterprise of Survival*, Princeton, Princeton UP, 1984, 94; Matthew Restall, *The Maya World: Yucatec Culture and Society, 1550–1850*, Stanford, Stanford UP, 1997, 184.

（23） 同じ過程はアマゾニアでも見られたが、制度は完璧ではなかった。

（24） ポルトガル領すなわちブラジルからの追放はその三年後であった。

（25） Maxime Haubert, *La Vie quotidienne au Paraguay sous les jésuites*, Paris, Hachette, 1967, 205–9.

（26） Farriss, *Maya Society*, 97, 110.

（27） 以下に引用。Bauer, *Goods, Power, History*, 110.

（28） 同前書に引用。Ibid., 111.

（29） 同前書に引用。Ibid., 112.

（30） Stuart B. Schwartz and Frank Salomon, "New Peoples and New Kinds of People: Adaptation, Readjustment and Ethnogenesis in South American Indigenous Societies (Colonial Era)", in Frank Salomon and Stuart B. Schwartz (eds), *The Cambridge History of the Native Peoples of the Americas, vol. III: South America*, Cambridge, Cambridge UP, 1999, part II, 490.

（31） Mariselle Meléndez, "Visualizing Difference: The Rhetoric of Clothing in Colonial Spanish America", in Regina A. Root (ed.), *The Latin American Fashion Reader*, Oxford and New York, Berg, 2005, 24–9.

（32） Ann Pollard Rowe (ed.), *Costume and Identity in Highland Ecuador*, Washington, DC, Seattle and London, Textile Museum and University of Washington Press, esp. 49; George M. Foster, *Culture and Conquest: America's Spanish Heritage*, New York, Wenner-Gren Foundation for Anthropological Research, 1960, 87. Ruth Corcuera, "Ponchos of the River Plate: Nostalgia for Eden", in Root (ed.), *Latin American Fashion Reader*, 169–74.

（33） Marshall Joseph Becker, "Matchcoats Cultural Conservatism and Change in One Aspect of Native American Clothing", *Ethnohistory*, 52, 2005; Dorothy Downs, "British Influences on Creek and Seminole Men's Clothing, 1733–1858", *Florida Anthropologist*, 33, 1980; Timothy J. Shannon, "Dressing for Success on the Mohawk Frontier: Hendrick, William Johnson and the Indian

Fashion", *William and Mary Quarterly*, 53, 1996.

(34) Bianca Tovías, "Power Dressing on the Prairies: The Grammar of Black-foot Leadership Dress 1750–1930", in Louise Edwards and Mina Roces (eds), *The Politics of Dress in Asia and the Americas*, Eastbourne, Sussex Academic Press, 2007; Sandra Lee Evenson and David J. Trayte, "Dress and the Negotiation of Relationships between the Eastern Dakota and Euroamericans in Nineteenth-Century Minnesota", in Linda B. Arthur (ed.), *Religion, Dress and the Body*, Oxford and New York, Berg, 1999.

(35) Carolyn R. Shine, "Scalping Knives and Silk Stockings: Clothing the Frontier, 1780–1795", *Dress*, 14, 1988.

(36) 以下に引用。Rhys Isaac, *The Transformation of Virginia: 1740–1790*, Chapel Hill, University of North Carolina Press, 1982, 44.

(37) 以下に引用。C. Dallett Hemphill, *Bowing to Necessities: A History of Manners in America, 1620–1860*, New York and Oxford, Oxford UP, 1999, 18, 232. 結局、この件で告発された人びとの多くは、自分や夫や父親には二〇〇ポンド以上の価値があること、免除を認められるほど教養があることを証明できた。以下を参照。Karin Calvert, "The Function of Fashion in Eighteenth Century America", in Cary Carson, Ronald Hollman and Peter J. Albert (eds), *Of Consuming Interest: The Style of Life in the Eighteenth Century*, Charlottesville and London, University Press of Virginia for the United States Capitol Historical Society, 1994, 259.

(38) Richard L. Bushman, *The Refinement of America: Persons, Houses, Cities*, New York, Alfred A. Knopf, 1992, 69–74; Isaac, *Transformation of Virginia*, 44.

(39) Shane White and Graham White, "Slave Clothing and African-American Culture in the Eighteenth and Nineteenth Centuries", *Past and Present*, 148, 1995, 154–6.

(40) Hugh Trevor-Roper, "The Invention of Tradition: The Highland Tradition of Scotland", in Eric Hobsbawm and T. O. Ranger (eds), *The Invention of Tradition*, Cambridge, Cambridge UP, 1983〔E・ホブズボウム、T・レンジャー編、前川啓治ほか訳『創られた伝統』紀伊國屋書店、一九九二年〕, 30.

(41) Helen Bradley Foster, *'New Raiments of Self': African American Clothing in the Antebellum South*, Oxford and New York, Berg, 1997, ch. 3.

(42) 以下に引用。White and White, "Slave Clothing", 156. 以下も参照。Jonathan Prude, "To Look upon the 'Lower Sort'; Runaway Ads and the Appearance of Unfree Laborers in America, 1750–1800", *Journal of American History*, 78, 1991.

(43) White and White, "Slave Clothing". 引用頁は以下の通り。156, 161, 176; Foster, *"New Raiments of Self"*, 187.

(44) たとえば以下を参照。Beth Graybill and Linda B. Arthur, "The Social Control of Women's Bodies in Two Mennonite Communities", and Jean A. Hamilton and Jana M. Hawley, "Sacred Dress Public Worlds: Amish and Mormon Experience and Commitment", both in Linda B. Arthur (ed.), *Religion, Dress and the Body*, Oxford, Berg, 1999.

(45) フレンド教会の創設者であるジョージ・フォックスが「神がこの世に私を遣したとき、上下いずれの者の前でも帽子を脱いではならないと禁じた。……私は何人にも腰をかがめたり頭を下げたりもしない」と宣言したことはよく知られている。*The Journal of George Fox*, ed. J. L. Nickalls, Cambridge, Cambridge UP, 1952, 36. 以下に引用。Penelope J. Corfield, "Dress for Deference and Dissent: Hats and the Decline of Hat Honour", *Costume: the Journal of the Costume Society*, 23, 1989, 72.

(46) Leigh Eric Schmidt, "'A Church-going people are a dress-loving people': Clothes, Communication and Religious Culture in Early America", *Church History*, 58, 1989, citations at 40–1, 48, 49; Philip Greven, *The Protestant Temperament: Patterns of Child-Rearing, Religious Experience and the Self in Early America*, New York, Alfred A. Knopf, 1977, 45. 以下も参照。Bushman, *Refinement of America*, 315–20; Isaac, *Transformation of Virginia*, 164.

(47) 以下に引用。T. H. Breen, "An Empire of Goods: The Anglicisation of Colonial America", *Journal of British Studies*, 25, 1986, 498. 以下も参照。idem, "Narrative of Commercial Life: Consumption, Ideology, and Community on the Eve of the American Revolution", *William and Mary Quarterly*, 3rd series, 50, 1993, 484.

(48) 以下に引用。T. H. Breen, "'Baubles of Britain': The American and Consumer Revolutions of the Eighteenth Century", *Past and Present*, 119, 1988.

(49) Calvert, "Function of Fashion", 281–3; David Yosifon and Peter N. Stearns, "The Rise and Fall of American Posture", *American Historical Review*, 103, 1998, 1058–60.

（50） Breen, "Empire of Goods".

（51） Richard L. Bushman, "American High-Style and Vernacular Cultures", in Jack P. Greene and J. R. Pole (eds), *Colonial British America: Essays in the New History of the Early Modern Era*, Baltimore, Johns Hopkins University Press, 1984, 359–60.

（52） Greven, *Protestant Temperament*, 358.

（53） Breen, "Baubles of Britain", 92–4.

（54） 以下に引用。 Michael Zakim, "Sartorial Ideologies: From Homespun to Ready-Made", *American Historical Review*, 106, 2001, 1558–9.

（55） 同前論文に引用。 Ibid., 1567. さらに以下を参照。 Kate Haulman, "Fashion and the Culture Wars of Revolutionary Philadelphia", *William and Mary Quarterly*, 62, 2005.

第5章　衣服の製造、保管、流通

ヨーロッパ式の衣服が発展し世界へ普及したのは、ヨーロッパ人にそれを強制できる権力と着たいと思わせる威信があったからだけではなかった（後者は強制ではなく、実際よくあることだった）。製造技術や流通が発展してはじめて可能となったのであり、こうして衣類の単一市場が形成されたのだった。グローバリゼーションはこのように経済組織に依拠しており、ヨーロッパとネオヨーロッパが海を越えて世界を支配できたのもこの経済組織のおかげだった。

衣服やシーツ・毛布といった布製品の製造には工程がいくつもあり、しかもつねに改良が加えられている。一八世紀、一九世紀と進むなか、あらゆる工程で技術的・組織的な著しい改善がみられた。品種改良した羊や綿花を育成し、気象条件や地域に適応させるところから始まったのであり、歴史的な面ではなく、生産工程の面が主だった。[1] メリノ種の羊をオーストラリアへ導入したことによって世界の羊毛供給量が増大したのは、その好例である。その後、これは作物を栽培する労働組織と結びついた。それがもっとも顕著だったのは、合衆国南部諸州の綿花栽培である。砂糖産業で用いた労働組織（プランテーション奴隷制）のノウハウを転用したのだった。綿とリネンの生産技術においても、たとえば肥料の新たな知見により、明らかに改善がみられた。ただし、耕作や収穫、羊毛の刈り込みが機械化されるのは二〇世紀になってからである。収穫した綿花は種子を取り除く必要があった。最大の発明はホイットニーの綿繰り機であり、これによって従来は手作業で種子と繊維を選別していたが、そうせずによくなった。羊毛でこれに該当するのは、たとえば南アフリカのカルー〔西部の乾燥大地〕やオーストラリアの内陸部で機械化された洗浄の工程である。[2]綿花も羊毛も、機械ないし手作業で梱にするか袋詰めする。ついで綿花は、蒸気船や鉄道で便利になった交通を使って、加工する場所まで運ばれた。ただし、アメリカ南部などでは、逆に綿産業の要請があって、鉄道の建設や川蒸気船の運航が促された地域もあった。産業の中心地に到着すると、綿花はさらに異物を取り除き、羊毛を刷毛して、糸に紡ぐのである。初期の機械化がもっとも目覚ましかったのはこの工程で、水力紡績機やジェニー紡績機、ミュール紡績機などさまざま発明されては稼働した。紡いだ糸は織るか編むかして布になるが、この工程もしだいに機械化された。ただし、前述したように、編み機は一六世紀にイングランドで発明されたのだが。羊毛を編んだ布（毛織物）は、使用に供するには、縮絨し剪断し表面に仕上げを施す必要があった。綿とリネンは織布にしてしまうとそういう作業は必要なかった。製織の前後に、糸か布は染色や捺染する。一九世紀に化学染料が導入されると、使える色の種類は増え、経費は下がった（ただし、たとえば赤色染料を供給してきたメキシコのコチニール〔コチニール・カイガラムシの雌を乾燥した紅色動物染料〕生産者には打撃となった）。ところで、靴下は編み機で編んでそのまま販売し着用できるが、一反の布はすぐさま衣服にはならない。ヨーロッパとその植民地

（インドはのぞく）、合衆国のような旧植民地では、布地を裁断し体に合わせる必要があった。おまけに同じ寸法・体型の人間は二人といない。そのため身体の寸法に合わせて布地を裁断するか、少なくとも衣服の規格を定めねばならない。ついで布地を縫い合わせた。衣服ができると、顧客に販売した。

衣服のあらゆる製造工程が改革され、製造単位の規模はぐんぐん拡大した。輸送の便がよい土地へ移転したり輸送をうまく使ったりすると、製品の付加価値は上昇した。どこでも信用融資機関が参入してきた。たとえば産業の発展を測る際、ジェニー紡績機の導入をミシンの導入より重視するべきなど、ある工程に重きを置く理由は基本的にはない。ただし、省力化、すなわち経済組織の合理化にとって、あれよりもこのほうが好ましいといった可能性の点では、比較することもあるかもしれない。しかし本章では、布が衣服となる、製造工程の最終段階にとくに焦点を当てたい。欧米の経済史家はもっと前の段階に注目してきたからである。

たとえば、巻き尺の導入を取り上げてみよう。こういった一見ごく単純な道具がそれまで長いこと出回っていなかったと知って驚かされる。しかしながら、一八二〇年頃までには、男女の仕立屋は、顧客の身体にあてた細長い羊皮紙にしるしか刻み目を入れて、正確な寸法――胸回り、胴回り、股下、その他――を記録しておくのが普通だった。この羊皮紙には客の名前が記され、次回の注文に備えて店に吊した。同じように、靴屋は、顧客の足の模型――ブラッズ〔木型〕といった――を削りだして保管しておき、注文があればそれをもとに長靴や短靴を作れるようにしていた。巻き尺で採寸した数字は、一九世紀が進むにつれ、さまざまな分野において[3]、紙にフィートやインチで（ナポレオンの旧支配地域はセンチメートルで）記録されるようになった。すると在庫のなかで、目の前にいる顧客にぴったり合う衣服はどれか、店員が判断できるようになった。その結果、立派な社会的地位でも恥ずかしくない既製服がはじめて売りに出されたのである。

これを可能とするには、すでに軍隊や軍隊と同等の大口顧客に制服を供給するために開発されていた大量生産技術の改良が何よりも必要だった。将校は自費で仕立屋に制服を作らせたものの、徴募兵は支給された制服に頼るしかない。アメリカ陸軍は兵士に制服を供給するため、三〇〇〜四〇〇人の女性を登録して自前の縫製所を抱えていたが、この制服は「フリーサイズ」しかなかった。一八三一年にある将校は書いている。

兵士に支給されるズボンはたいてい小さすぎ、短すぎる。上背が六フィートある兵士は、ひとり残らずズボンを腰に合わせると靴下から上のすねをさらし、腰に合わせなければ、ズボンの上端と上着のあいだからシャツをかなりはみ出すことになった。このようにズボンを調節して、上着と靴下の問題に対処しなければならなかった。(4)

少しでもお金に余裕がある民間人ならこの状況には我慢できないし、軍人にとっても観兵式で披露したいイメージとはかけ離れていた。

既製服がまあまあの品質になるにはまず市場化の問題があった。よって既製服業の一大中心地第一号がニューヨークだったことは意外ではない。一八二〇年頃から、多くの男たちがこの都市で商売をはじめ、さまざまなサイズの男性用コートを大量に製造した。このとき、アメリカ陸軍が提供してくれた測定データは役に立ち、男性の身体の形状と寸法が統計的にどれほど多様なのかはじめて知ることができた。業者のうちもっとも有名なのはブルックス・ブラザーズであり、同社は五〇万ドルかけて、ブロードウェイに大型店舗を建てるまでになった。ブルックス一族は誰もスーツの仕立て方を知らなかった。知っていたのはその技術を持っている人びとの労働を組織し、製品の市場取引を調整することだった。自社製の布地の販売を続けていたようだが、ニューヨークは北アメリカ各地へ衣料品を卸すこともできた。マイケル・ザキムはジョージア州オーガスタの衣服商人がいかにニューヨーク市の特定の製造業者と緊密に結びついていたかを明らかにしている。発注から三週間以内に、商品はニューヨーク市の得意先のもとに届いた。もちろんこういった商人は、貧民やジョージアの大半を占める奴隷向けの安物の衣類（イングランドで上っ張り〔スロップ〕と呼ばれる野良着）も一方で販売していた。既製服の最上級品は下位レベルの市場と一体になってはじめて発展できたのである。(5)

同様のことは一九世紀後半にグレート・ブリテンでも起きた。とりわけ重要なE・モーゼス・アンド・サンという会社は貧困地区イーストエンドの仕立屋で、一八四〇年代に、オーストラリアへ移住する人向けに、衣類、寝具類、洗濯道具、カトラリーを詰め込んだ収納箱を提供して資本金を集めた。遺族がすぐにも必要とし、様式がおおむね統一された上質の喪服も忘れてはならない。これを元手に企業家の能力を発揮して、同社はロンドンのシティのオールドゲイトに大きな店舗を構えることができた。一八四六年までは七軒の家が建っていた敷地は、その後さらに拡大した。この店ではさまざまな色合いの非常に高価なコート、ズボン、チョッキを販売した。まもなくロンドンのウェストエンド、ヨークシャーの二つの都市、しばらくしてオーストラリアのメルボルンにも系列小売店を開店させた。

そして下層中流階級という表現がぴったりな肉体労働者のすぐ上の人びとの市場に照準を定めて、年にスーツを二着買わせ、前年に買った一着と交換に新品をもう一着かなり低価格で提供しようと考えた。もうけは古着市場で前年のそのスーツを売却して得たのであろう。中流階級がスーツを購入したからといって、その下にいるがちゃんとした労働者が、たとえば教会に行くためのスーツをめったに買わないというわけではない。ただ、肉体労働者は中流階級の事務職の人よりも筋肉質なため、上質の既製服でも寸法が合わないという問題があった[6]。

他のさまざまな衣料品も既製品が販売された。靴下類はもちろん長いあいだ靴下編み工が製造しており、下着もイングランドのイースト・ミッドランズでまったく同じように製造されていた。シャツの製造工場はロンドンから離れたアイルランドの、とくにロンドンデリーの女性の主な就職先となった。アイリッシュ・リネンが身近にあり、ランカシャー産の綿布がアイリッシュ海を越えて船で運ばれたからである。E・モーゼス・アンド・サンは一八六〇年に、ブリテンの人口の八〇%が自社製品を買い[7]、大勢の人が古着ではなく新品を買うようになったと主張した。少なくとも男性の衣服については、この頃までに「オーダーメイドから既製服へほぼ移行し終えた」と言われている[8]。フランスでも同じ頃に移行は始まり、またもやパリが中心になった。一八四七年にパリでは二三三の衣料品製造業者が稼働しており、およそ七〇〇〇人の労働者が雇用されていた[9]。対照的に、ドイツでは制服の生産を除けば、この移行はもっと遅かった[10]。オランダでは既製服はほぼすべてドイツからの輸入品であったが、一八七〇年代以降、製造会社が数社開業した[11]。

既製服へこれほど早く移行したことは、ある意味注目に値する。それは技術革新の第一歩ではなく、経営の組織化とマーケティングが進んだためだったからである。ミシンがはじめて特許をとったのは一八四〇年代だったが、一八六〇年頃まで直線縫いしかできなかったので、衣類の製造にはあまり役に立たなかった。ミシンを使うより、裁断された布地を女性たちに、時には男性たちに渡して、縫製してもらうことがほとんどだった。一八四一年になると、男が作ったズボンはニューヨークに一着も見当たらないとの不平が聞かれた。この仕事は、請負業者が用意した作業場で行うことが多かった。女性労働者の暮らす屋根裏部屋がその典型である。ニューヨーク、ロンドン、パリといった大都市にもちろんこうした労働者が集中したが、少なくともニューヨークの衣料品業者は半径数百キロ圏内にお針子を見つけるシステムを開発していた。裁断師一人が一週間で用意した布地を、三〇〇人のお針子は縫製するのに一週間かかった。販売業者が裁断済みの布を持ち込み、数日後に出来上がった服を取りにくるか、お針子たちが製造業者から生地を受け取り、戻す際に賃金を要求するかであった。お針子はすさまじく搾取されることとなり、この搾取は社会的な地位のある人びとにも大きな影響を与えた。社会的な地位のある女性も未亡人になるか、そうでなくとも困窮すれば、針仕事で生活を賄わざるを得ない危険にさらされていたし、お針子たちも、飢えを凌ぐ唯一の方法は売春しかないと思うこともしばしばだったからである。ともあれ彼女たちはどうにか生きていくためには非常に長時間の労働を余儀なくされた。これこそ世界じゅうの多くの衣料産業を支えた（いまでも支えている）、搾取労働である。しかし、従事した者はとても多かった。一八五一年にロンドンでは、二〇歳以上の女性一二万五〇〇〇人（この年齢層の一六・三％）が衣料産業と製靴産業で生計を立てていた。これは家事使用人とほぼ同じ数である。だがこの数字には、針仕事をして世帯収入の増加に貢献した既婚女性は含まれていない。善し悪しはともかく、国勢調査員はそれを夫の収入に算入していた。[12]

かつて「決定的に革命的な機械」とカール・マルクスが述べたミシンは、[13]一八六〇年頃から導入されて、生産組織はゆっくりと変化し始めた。男性用コートには二万五二四三のかがりがあると推計されていたために、[14]ミシンを使う余地は大いにあった。ミシンの導入とともに、長く行われていた労働者の住居へ材料を運ぶよりも、労働者を製造現場につれてくるほうが得な理由は、技術的にはなくなった。針や指ぬきと同じように、ミシンも工員の手で動いた。工場を建てるには資本をたくさん集める必要があったが、個々の労働者は比較的安価にミシンを購入できた。とはいえ、工場方式が提供する品質管理や衛生状態、労働規律よりも明らかに劣るわけではなかった。温情主義的な雇用者は、このやり方のほうがかつての搾取工場方式よりもはるかに女性労働者の面倒を見ることができると主張した。[15]衣服の全製造工程はかんたんに細分化できるようになった。修行して全工程を身につけた徒弟の仕立屋とは異なり、たった一つの仕事だけできるよう訓練された労働者が各工程に割りふられた。一九〇五年頃ニューヨークでは男性用コートの製造は三九の工程に分けられ、ポケットをつくるだけの作業なら、数カ月訓練を受ければ十分であった。[16]ミシンの工業利用は衣料品製造の組立ライン化であり、自動車生産の地ならしだったと見なせるかもしれない。[17]

既製服業界はもちろん一枚岩ではなかった。ある程度均一性が求められる部門がまず成功した。ドイツでいうとまず女性用コート部門で、その後、ジャケット、下着、ブラウスが続き、世紀末になってようやくドレスと女性用スーツが参入してきた。[18]既製品の下着に関してはどこの国も男女で違いはなかったが、外衣については男物のほうが女物より大量生産が早く始まった。それは「男性の大いなる美の放棄」と関係している。

第3章で述べたように、男性の大いなる美の放棄とは、一九世紀全般だけでなく、J・C・フリューゲルがこの言葉を作った一九三〇年までの男性服に該当する[19]。つまりその間ずっと、男性は真面目さを強調するために単調な衣服を着たが、女性は望まれる衣服を身につけ軽薄に振る舞うよう強いられていた、という意味である。フリューゲルがいうように、フランス革命と産業革命で「男性は美しいと思われたい気持ちを棄てた。それ以降、実用第一となった」。こうして、女性は役に立たずとも、ただ美しくさえあればよくなった。フリューゲル自身はフロイト派にして社会・個人進歩連合と男性服改革党の両方の会員として、この現状を変えようとした[20]。彼はそうすることで、のちにジェンダーと呼ばれるものの改革に関わっていくのである。

男性の大いなる美の放棄という基本概念には注意点がいくつかある。もっとも重要なのは、社会的地位のある男性の衣服が、はたしてフリューゲルが主張したように、退屈で保守的でごく目立たないものだったのか、疑問が残ることである。美術史家アン・ホランダーのように、男物のスーツは衣服の中でもっともセクシーであるべく作られてきたし、近代社会にもっともふさわしい服(これが何であれ)であると論じる人びともいる。ホランダーにしてみれば、男性ファッションはつねに女性ファッションに先んじていた[21]。それほど話題にならなかったが、衣服で目立とうとするしゃれ男はいつの世にもいる。そういった人びとは、男性のよい着こなしの基本は控えめな上品さで、通りで振り返られるような男はひどい身なりなのだ、とするブランメルの教えに従わなかった。一九世紀にずっと女性のファッションがあったように、男性のファッションもあった。おそらく、ロンドン、パリ、ニューヨークの順番で、コートのスタイル、ズボン（かなり細めのパンタロン）のシルエットと色、ネクタイの形は絶え間なく変化した。しかし流行を追っかけたのは顧客ではなかった。増え続けるファッション誌が対象としたのはむしろ仕立て業者であり、彼らは季節に合わせて男性の身なりを整える責任を担っていた[22]。

一方、女性のほうは、問題はもう少しはっきりしていた。欧米の中上流階級の女性が一九世紀に着た衣服は、男性に対する従属を確立し、ある意味で強制したことは間違いない。モスリン製の身体の線をいかしたエンパイア・スタイルが、セントヘレナで果てたナポレオンとともに廃れると、女性は、膨らんだペティコートの上に、くるぶしまで隠れる長いスカートを着て出歩くようになった。一八五〇年代初頭にはペティコートはほぼ姿を消し、クリノリンという骨組みが輪状の下着（一八世紀の張り輪を入れてふくらませたスカートを彷彿とさせる）に取って代わられた[23]。一八六八年頃には、これも時代遅れとなり、それまでしっかりと全方向に均等だったシルエットは、長さを強調する短い幕間を挟んで、胸を突き出し、腰のうしろにバッスル〔腰当て〕をして、身体の縦のラインを強調するシルエットに移行した。バッスルで脂肪臀[24]のようになり、流行のS字形にすることができた。同じ頃、理想の女性像はヴィクトリア朝のか弱き人から、もっとたくましく、きれいに着飾った人になった。

どんな衣服が流行しようと、ヴィクトリア朝の女性は服の下にコルセットを着けた。鯨髭と布地でつくった骨組みを腰かその少し下から胸まで身体に巻き付けるのである（図3参照）。ヴィクトリア女王は肩と襟首を露出したデコルテ・ドレスを宮中服と定めたが、これはコルセットがなければ乳房を支えられないデザインだった。[25] また、くすんだ茶色のコルセットは救貧院が支給する標準衣類の一つであった。このように社会の最上部から最底辺まで、コルセットは一般的となった。だが雇用主の中には、家事使用人がコルセットを着けようものなら、それが女主人のおさがりであっても、社会秩序を乱すと考える者もいた。[26] 二〇世紀になってからもかなり長いあいだテニスなどあらゆる運動のときも使われ、競技場の更衣室には血の付いたコルセットが飾られたりした。コルセットには機能があった。第一に、スカートの下に着るクリノリンやペティコートを装着する機能である。そのためにコルセットは腰回りをかなりきつく締める必要があった。さもなければ、クリノリンやペティコートもろともにずり上がってしまうからである。[27] 第二に、見苦しい腰の膨らみをなくし、なめらかな丸みを帯びた、もっとも理想の体型に調整する機能である。

ジェンダー関連では、コルセットの役割をめぐって大きな論争がある。レイ・サマーズは誰よりも率直に、「ヴィクトリア朝の女性を管理するのに効果的な強制装置であり……男性の家父長支配を維持する手段としてきわめて重要」だったと主張した。[28] コルセットは子宮を締め付けるため生殖能力に影響を及ぼし、一九世紀に中流階級の女性の出産率を下げる原因になったと言う人もいた。だが、コルセットは性交で女性に激痛をもたらすと考えられたからこそ、女性が男性の家父長支配を逃れられない理由にもなりえた。[29] たしかに、きついコルセットを着けた女性は息切れしやすく、生理学的にもめまいを起こしやすくなり、上流階級の女性はか弱いという神話を広めることになった。その場合、コルセットが、ひいては衣服全般が、女性を公的な領域から締め出し、男性に従属するというジェンダー規範を保持する要因となった。こういった規範があったとの指摘は月並みである。ただし、月並

PETER ROBINSON, LTD.
Corset Specialists · OXFORD STREET, W.
Royal Worcester, 25/9
Bon Ton, Model 876, 45/-
Royal Worcester, 21/-

図 3　コルセットの広告。

みなものはつねに予想よりもはるかに複雑で，それほど普遍的にあてはまるわけでもないと気づくことは大切である。問題は，衣服のなかでもとくに締め付けるコルセットが，どれほどこうした規範を反映したのか，さらに強要し強化したのかである。

以上の議論は，一部の男性もコルセットを着けていたという事実により無効だと主張されるかもしれない。ヴィクトリア朝のイデオロギーでは，女性だけでなく男性にとっても虚栄心は悪であったが，理想の体型にしてくれるコルセットは，一九世紀版の脂肪吸引や脊椎保護であった。それにコルセットを付けた男性は，女性のように動きが制限されていたわけではない。二〇インチ（五一センチ）以下までウェストを締め上げる，極端にきついコルセットを着ける人はまれで，社会の方向性を定める人びとではなく（オーストリア皇妃エリザベート（シシィー）は注目すべき例外），底辺層に限られていた事実を指摘するだけでは不十分だろう。はっきりしているのは，フランス，イングランド，北アメリカの少なくとも富裕層の女性は大半が幼少時から無理をして，もしくは母親に強制されて，きわめて不快に締め付ける下着を身に着けたことである。彼女たちの女性らしさや魅力はコルセットしだいと考えられていた。ただし，あまりにきつく締め上げると，女性の健康に深刻な害をもたらすと見立てた医療専門家が多かった。とはいっても，これは，自立を主張する女性に対する，男性からなる支配層の典型的な反応とも見なされかねなかった[30]。女性はさらにコルセットの上に驚くほどたくさん，一二枚ものペティコートを着た。その後，クリノリンが導入されるとその数は減ったものの，衣服に火が付いたり，不注意で焼死する危険が格段に増した。これだけの数の下着を着ると文字通りよろめいた。合理服協会初代会長ハーバートン夫人は一八八八年に，重さ七ポンド（三・二キロ）以上の下着を一度に着ないようがよいと勧告した[31]。多くの女性はじっさいはこれよりはるかに重い下着を着けていたと思われ、ペティコート用の生地はつなげると三〇メートル以上にもなった[32]。スカートも重く裾回りがあったため（一八五〇年代には四メートルにもなっていた）、女性の動きはいちじるしく制限され、路面電車にも乗れず、百貨店の通路も通れないほど重ね着した女性を風刺する漫画が数多く現れた。こういった衣類を着るには、肩ひもでコルセットと結ばねばならない。すると袖がぴっちりしていたこともあって、腕を肩より上に上げづらかった。公的な生活へのまっとうな参加は事実上排除された。一八五〇年頃、初期のフェミニストであるスーザン・B・アントニーは「いまの格好をした女性が男性と平等の賃金を何とか稼げるような職業などない」と断言した[33]。現代から見てもまったくその通りだ。

焦眉の課題は女性服の改革であった。一九世紀半ば、ニューヨーク州と合衆国中西部の北寄りの地域（主として前者の、一部は後者の）にいたアメリカ女性の多くは、女性の権利を推進する一環として新しいタイプの衣服を開発し始めた。この活動は、奴隷制廃止運動など他の改革ともちろん関連していたが、女性に運動させる水治療法やさまざまな菜食主義とも関わりがあった。女性服改革運動はすでにニューヨーク州で既婚女性財産法を採用させており、最終的に参政権を求めるようになった。活動に携わった女性のなかには、近郊のユートピア的な宗教共同体オナイダの人びとが着ていた衣服を模倣して、膝丈のドレスの下に長ズボンをはき、くるぶしのあたりで絞ったりした。最初にこの服装を始めた女性はエリザベス・スミス・ミラーだったが、新聞『リリー』の編集長でこれを紹介した仲間のアメリア・ブルーマーの名前にちなんで知られるようになった。女性が着るズボンというよりパンタロンは、ブルーマーとして知られるに至った[34]。

反発は当然予測されていたもののやはり猖獗《しょうけつ》を極めた。聖書で定められているように、女性の衣服は男性の衣服と完全に区別しなければならなかった[35]。これは女性はスカートをはくべし、下半身が二股に分かれた衣服は男性に限ることを意味するようになっていた。ズボンをはく女性は物事の道理に対する挑戦者と見なされた。ブルーマーを着る女性は、葉巻をくゆらしたり求婚するなど、男性の特権と考えられたものをことごとく奪い取る者として漫画に描かれ、嘲笑の対象となった。それゆえ、ズボンの着用は不道徳と見なされた。ズボンは女性の下半身の線をあらわにすると考えられたせいもあるし、男性の優位性の象徴と明確に見なされていたせいでもあった。アメリア・ブルーマーの衣服はかなりゆったりしていてそのように見えなかったにもかかわらず、上半身（胸）が女性の象徴とされ注目された時代だったのだ。ランカシャーの炭鉱婦のように、肉体労働に従事する女性が仕事で賢明にも丈夫なズボンを着たのさえ不快と受け止められた。女性が無骨な労働をしていることではなく、二股に分かれた衣類を着ていることに驚いたのである[36]。合衆国で女性の権利運動に加わっていた女性は、ほとんどがスカートにもどった。衣服にこだわっては、かえって自分たちのメッセージの肝腎な部分から論点がそれてしまうと恐れたからである。その一人ルーシー・ストーンにとって、女性の「惨めな服装様式」は「いまの隷属状態の結果であって、その原因では」なかった。女性運動を「道徳的な戦争」と見なした人びとはたしかにいたが、この闘いに耐える精神力があり、改革服を着る強い個性の持ち主しか勝利できなかった[37]。とはいうものの、一八五〇年代から一九世紀末までの数十年の間に、世間では女性が自転車に乗ることが流行し、女性は二股の衣類を下着として、つまりもっとも私的な領域で身につけたのであった。[38]それでも作法は守らなければならなかった。女性がはいた新タイプの下着ドロワーズ〔膝丈の下履きでショーツの原型〕は、一九世紀にはおおむねウェストバンドに結びつける二つの筒状の布でできていたが、ガセット〔まち〕と内股の部分が縫い合わされていなかった。[39]

一九世紀末には、一見相容れないがじっさいは大いに補完的な二つの大きな傾向が見られた。第一の傾向は、パリで初めて女性向けのオートクチュールの商業化が確立されたことである。その中心人物は、一八四〇年代にフランスの首都に活動の場を移し、第二帝政期にウジェニー皇妃をはじめ宮廷のデザイナーとして名声と地位を得たイングランド人、シャルル・フレデリック・ウォルトであった。彼は前任者のローズ・ベルタンとは異なり、一八七一年にウジェニーとその夫ナポレオン三世が亡命し、大きな後ろ盾を失った後も事業を続けた。デザイナーとしての手腕と実業家としての能力を、〔流行の服をデザイン・製作・販売する〕ファッション・ハウスの創設に注いだ初の服飾デザイナーとなったのである。イングランドの仕立て技術はそれまで男性服にしか応用されていなかったが、彼の優れた技能によってフランス人女性の奢侈品と結びついた。[40]ワースは今日女性向けオートクチュールと呼ばれるものを方向づけた、デザイナー兼実業家の先駆けであった。ここから、ジャンヌ・パキーヌ、ココ・シャネル、エルザ・スキャパレリからイヴ・サンローラン、クリスチャン・ディオール、カール・ラガーフェルドへと続く。ファッション産業の先進地では新たなものが次々導入され、パリはつねにその先頭に立ったが、ミラノ、ロンドン、ニューヨークなど他の中心地もあった。男性服は女性服と同様に扱われたが、オーダーメイド・スーツが最高に優雅であることに変わりはなかった。モデルが歩くランウェイとファッションショーは宣伝の手段として開発された。一九一〇年以降は、四つの高級服ブランドが香水も売り出すようになる。にもかかわらず、衣服を一種の応用芸術として強調するこの業界の基本構造はまったく変わらずに生き残った。

第二の傾向は、社会の着実な中産階級化と軌を一にした衣服の明確な民主化であり、これはヨーロッパでも北アメリカでも、男でも女でも同じだった。三つの過程があって、うち二つは目立たなかったが、三つ目は都市住民の誰の目にも明らかだった。この三番目から説明すると、一九世紀後半には衣服や装身具の他にも多くの商品を販売する大型百貨店の展開が見られた。百貨店はそもそも生地やリボンなどを売る服地商や織物商の店として始まったが、まもなく定価販売が特徴（値引きや値切り交渉は居場所を失った）の大企業へ変わっていった。一般には、一八五三年創業のパリのボン・マルシェが最初の百貨店とされているが、ロンドンにあるW・ヒッチコック社の店舗か、マンチェスターやニューカッスルの同様の店舗の方が古いかもしれない[41]。こういった店は既製服とオーダーメイド服の両方を販売し、店員が受けた注文の服を作る膨大な数のお針子を抱えていた。たとえば、一八六三年にロンドンのトッテナム・コートロードのシュールブレッズは、おそらく当時としては最大の百貨店で、四〇〇人の店員と事務員がいたが、こうした人びともマント製造業者一〇〇軒や帽子業者一一軒をはじめ、百貨店の他の部門に関わりのある家具製造業者九五軒、絨毯仕上げ業者四〇軒などに支えられていた[42]。

パリのボン・マルシェ、ロンドンのハロッズ、ニューヨークのメイシーズやブルーミングデールズ、シカゴのマーシャル・フィールズといった大型百貨店は、こういった都市部の中流階級の女性に、当時はそれほど一般的ではなかった戸外の娯楽の機会を与えた[43]。周知のように、店に入って何も買わなくてもよかったが、とびきり魅力的で誘惑的に作られた環境にいったんおびき寄せられると、客の購買意欲はいやが上でも増した。百貨店のレストランは女性がお茶や軽食を楽しめる最初の場所となり、一人では無理だったろうが同伴者は男性でなくともよかった[44]。買い物は気晴らしの一種として認められ、女性の盗癖はこの時代に流行した病気の一つとなった[45]。百貨店で衣服を選べるようになると、選択肢も増え、まだ目新しかったが衣服による自己表現も可能になった。ウォルト自身は、百貨店が得意先を奪い、自分の創造性の価値を下げると嘆いた[46]。彼の後継者たちは、百貨店で、デザイナーズブランドのプレタポルテの服を直接販売する機会を歓迎した。

少なくともアメリカ合衆国の百貨店は、通信販売事業と連携していることが多く、一九世紀末の発展にも関わっていた。アーロン・モンゴメリー・ウォードがはじめてカタログを発行した一八七二年以降、郵便で衣服などの商品を購入できるようになった。通信販売は、アメリカの郵便小包の許容重量が四ポンドから一二ポンドに引き上げられた一九一三年以後、急速に拡大した。大きな会社はすべて、中西部の地方市場へ供給するのに好都合なシカゴにあったため、既製服や流行の服が、人口の大半を占める経済力のある人なら誰にでも迅速に届けられた。通信販売のカタログは分厚くなっていった。一九二一年頃シアーズ・ローバック社が発行したカタログは、カラー頁の多い女性服九〇頁、男性服と男児服四〇頁で、総頁は一〇六四頁もあった。売上高は驚異的で、シアーズ・ローバック社は一日で九〇〇〇着の男性用スーツを売ったと言われている。青いサージのスーツがアメリカを制覇した。[47]

先述の三つの過程のうちの二番目の大きな革新は、大量生産される型紙であった。一八六〇年代まで、仕立屋の訓練を受けていない女性は、手持ちの服の縫い目をほどき、その型に合わせて新しい生地を裁断して衣服を作るしかなかった。これでは流行を作ったり追いかけるのはとてもむずかしかった。縫製業者は紙に服の図を印刷し、そこから型を一定比率で拡大するシステムを開発したが、これは複雑すぎて熟練を要し、とうてい素人に手の届くものではなかった。このため大多数の女性は衣料品製造業者の下請けとして働くだけで、家内にミシンが大量に導入され急速に普及する機会を活用することはできなかった。[48] しかし縫製業者は一九世紀後半までに、大勢の人の体型にあった服を作るシステムを開発し、これが現在店頭で見られる「サイズ」の始まりである。こうして、最新のパリのファッションに合わせて、さまざまな製造業者に型紙を配給するのはむずかしくはなくなった。これをはじめて手がけてかなりの成功を収めたのは「マダム」エレン・ルイーズ・デモレストで、彼女は本拠地をニューヨークとしつつも代理人を全米におき、一八六〇年から繁盛しはじめた。しかしながら、マダム・デモレストは市場の上層部と、小都市でも顧客に最新流行を供給できるプロの縫製業者に的を絞り続けた。状況を大きく変えたのは、マサチューセッツ州ウスターの小売り仕立屋エベネゼ・バトリックだった。彼は一八六〇年代初頭に、最初は男性用シャツ、つぎに子供服の寸法別の型紙を薄い紙に印刷し、流通させ始めた。一八六七年に拠点をニューヨークに移し、今度は女性服市場に集中し始めた。瞬く間に会社を設立し、必要性すら認識されていなかったものの広大な市場ができあがった。バトリックは、全国に代理店——ふつうは共存関係にある織物商やミシン商人——を張りめぐらせてそれを足がかりに広告キャンペーンをうって通信販売を行い、創業して四年もしないうちに年に六〇〇〇万枚もの型紙を売るようになった(49)。

ドレスなどの型紙が販売され流通したおかげで、経済的に余裕のある女性（たいてい女性だった）は自分や家族のためにそれなりの服を家庭でつくれるようになった。この過程は、ファッション・ジャーナリズムのさらなる民主化と歩みをともにしている。型紙業者にとって、型紙ができる限り広範な市場に届くことが重要であった。バトリックもデモレストもアメリカで自らの雑誌を持っていたし、バトリックはブリテンでファッション・ジャーナリズムのいくつかの部門と緊密に提携して仕事をした。じっさい、型紙は雑誌とともに流通した(50)。

一九世紀がすぎるなか、衣服に関して技術的に大きな変化があらわれた。やや作り話のきらいはあるが、一八二五年にフランスの染色業者ジャン＝バプティスト・ジョリーは繊維から汚れを除去するのに灯油が使えることを発見した。これ以後、さまざまな会社が同様な効果のある新たな液体、とりわけガソリンを混ぜても爆発しない液体を開発し始めた。この処理はドライ・クリーニングとして知られるようになり、一八六〇年代から商業ベースで開発されたものの、大きな工場しか手がけなかった。ブリテン最大のパラーズ社（パースに本社をおくスコットランドの染色会社）は、全国から衣類を集めて送り返すのに、広がり続ける鉄道網を利用した。にもかかわらず、ドライ・クリーニングが普及したのはようやく二〇世紀になってからである。この処理が、上着の見た目、におい、色彩に及ぼす結果は甚大であった。しかしながら、一世代前にケネス・ハドソンが「いまだに誰も……まともなドライ・クリーニングの歴史を書いていないし出版もしていない」と書いたことは、こういった事例に関する歴史叙述の現状をよく表しているし、管見《かんけん》に照らしてもいまだに状況は変わっていない[51]。衣服様式の発展と世界的な拡がりを十分理解するのは、衣服の製造、保管、流通の技術過程を説明できてはじめて可能となるのである。

註

（1）　とうぜん合成繊維の生産もここに含まれるが、これは二〇世紀の発明であった。

（2）　理由は不明だが、洗浄されて南アフリカから輸出された羊毛の割合は一九世紀末に急激に落ち込んだ。William Beinart, *The Rise of Conservation in South Africa: Settlers, Livestock, and the Environment, 1770–1950*, Oxford, Oxford UP, 2003, 13–14.

（3）　Claudia B. Kidwell, *Cutting a Fashionable Fit: Dressmakers' Draftmaking Systems in the United States*, Washington, DC, Smithsonian Institution Press, 1979.

（4）　以下に引用。Claudia Kidwell and Margaret C. Christman, *Suiting Everyone: The Democratization of Clothing in America*, Washington, DC, Smithsonian Institution Press for the National Museum of History and Technology, 1974, 52.

（5）　Michael Zakim, *Ready-Made Democracy: A History of Men's Dress in the American Republic*, Chicago, University of Chicago Press, 2003, esp. 50–3, 64–72.

（6）　Stanley Chapman, "The Innovating Entrepreneurs in the British Ready-Made Clothing Industry", *Textile History*, 24 1993.

（7）　これはおそらくブリテンの成人男性の八〇％という意味だろう。

（8）　Chapman, "Innovating Entrepreneurs", 22; *Oxford Dictionary of National Biography* のエリアス・モーゼス Elias Moses の項目。Pamela Sharpe, "'Cheapness and Economy': Manufacturing and Retailing Ready-Made Clothing in London and Essex, 1830–1850", *Textile History*, 26, 1995; Sarah Levitt, "Cheap Mass-Produced Men's Clothing in the Nineteenth and Early Twentieth Centuries", *Textile History*, 22, 1991.

(9) Philippe Perrot, *Fashioning the Bourgeoisie: A History of Clothing in the Nineteenth Century*, trans. Richard Bienvenu, Princeton, Princeton UP, 1994〔フィリップ・ペロー著、大矢タカヤス訳『衣服のアルケオロジー――服装からみた19世紀フランス社会の差異構造』文化出版局、一九八五年〕, 54.

(10) Gisela Krause, "Altpreußische Uniformfertigung als Vorstufe der Bekleidungsindustrie", in *Forschungen und Urkunde zur Heeresgeschichte*, II, Hamburg, 1965; Jochen Krengel, "Das Wachstum der Berliner Bekleidungsindustrie vor dem Ersten Weltkrieg", *Jahrbuch für die Geschichte Mittel- und Ost Deutschlands*, 27, 1978.

(11) K. P. C. de Leeuw, *Kleding in Nederland 1813-1920: van een traditioneel bepaald kleedpatroon naar een begin van modern kleedgedrag*, Hilversum, Verloren, 1991, 116–17.

(12) Zakin, *Ready-Made Democracy*, 156–84; Sally Alexander, "Women's Work in Nineteenth Century London: A Study of the Years 1820–60s", in *Becoming a Woman and Other Essays in 19th and 20th Century Feminist History*, New York, New York University Press, 1995. 数字は p. 15 にあり。

(13) Karl Marx, *Capital*, Vol. I Penguin Edition, London, 1976, 601〔カール・マルクス著、今村仁司・三島憲一・鈴木直訳『マルクス・コレクション5　資本論第一巻下』筑摩書房、二〇〇五年、一四九頁〕.

(14) Zakin, *Ready-Made Democracy*, 134.

(15) Chapman, "Innovating Entrepreneurs"; *Oxford Dictionary of National Biography*, バラン家 Barran family の項目。これにはもちろん他の面もあった。たしかにフランスでは、女性や子供の就業時間を制限されないよう、衣料産業が「家内」工業に再度位置づけられる傾向があった。以下を参照。Judith G. Coffin, *The Politics of Women's Work: The Paris Garment Trades, 1750–1915*, Princeton, Princeton UP, 1996, esp. ch. IV.

(16) Kidwell and Christman, *Suiting Everyone*, 94–5.

(17) ミシンの普及については以下も参照。Coffin, *Politics of Women's Work*, ch. 3; ead., "Consumption, Production, and Gender: The Sewing Machine in Nineteenth-Century France", in Laura L. Frader and Sonya O. Rose (eds), *Gender and Class in Modern Europe*, Ithaca and London, Cornell UP, 1996; Karin Hausen, "Technical Progress and Women's Labour in the Nine-

teenth Century: The Social History of the Sewing Machine", in Georg Iggers (ed.), *The Social History of Politics: Critical Perspectives in West German Historical Writing since 1945*, Leamington Spa, Dover, NH, and Heidelberg, Berg, 1985.

(18) Hausen, "Technical Progress and Women's Labour", 264; Krengel, "Das Wachstum der Berliner Bekleidungsindustrie".

(19) J. C. Flügel, *The Psychology of Clothes*, London, Hogarth, 1930.

(20) Michael Carter, *Fashion Classics, From Carlyle to Barthes*, Oxford and New York, Berg, 2003, 97–120; Barbara Burman and Melissa Leventon, "The Men's Dress Reform Party 1929–1937", *Costume*, 21, 1987; Barbara Burman, "Better and Brighter Clothes: The Men's Dress Reform Party, 1929–1940", *Journal of Design History*, 8/4, 1995; Joanna Bourke, "The Great Male Renunciation: Men's Dress Reform in Inter-war Britain", *Journal of Design History*, 9, 1996.

(21) Anne Hollander, *Sex and Suits*, New York, Alfred A. Knopf, 1994.

(22) Zakin, *Ready-Made Democracy*, ch. 7; Christopher Breward, *The Hidden Consumer: Masculinities, Fashion and City Life, 1860–1914*, Manchester and New York, Manchester UP, 1999, ch. 2.

(23) Kimberly Chrisman, "*Unhoop* the Fair Sex: the Campaign against the Hoop Petticoat in Eighteenth-Century England", *Eighteenth-Century Studies*, 30, 1996, 5–23.

(24) 新オックスフォード英語辞典はこれを「臀部についた大きな脂肪の固まり。とくに南アフリカの乾燥地域のコイコイ人などの部族では通常の状態」と定義している。

(25) Philip Mansel, *Dressed to Rule: Royal and Court Costume, from Louis XIV to Elizabeth II*, New Haven and London, Yale UP, 2005, 135.

(26) Leigh Summers, *Bound to Please: A History of the Victorian Corset*, Oxford and New York, Berg, 16.

(27) これは，一九〇〇年頃にガーターベルト付コルセットが登場したおかげで改善された。コルセットは女性が望んだようにストッキングによってずれなくなった。

(28) Summers, *Bound to Please*, 10.

(29) Mel Davies, "Corsets and Conception: Fashion and Demographic Trends in the Nineteenth Century", *Comparative Studies in*

Society and History, 24, 1982, 628–30.

（30） 論争としては以下を参照。Helene E. Robert, "The Exquisite Slave: The Role of Clothes in the Making of the Victorian Woman"; David Kunzle, "Dress Reform as Antifemmism: A Response to Helene E. Robert's 'The Exquisite Slave: The Role of Clothes in the Making of the Victorian Woman'". 両者とも以下に所収。*Signs: Journal of Women in Culture and Society*, 2, 1977; Perrot, *Fashioning the Bourgeoisie*, 150–9.

（31） 以下に引用。Elizabeth Ewing, *Dress and Undress, A History of Women's Underwear*, London, Batsford, 1978, 93.

（32） Gayle V. Fischer, *Pantaloons and Power: A Nineteenth-Century Dress Reform in the United States*, Kent, Ohio, and London, Kent State University Press, 2001, 20.

（33） 以下に引用。Zakin, *Ready-Made Democracy*, 201.

（34） これに関しては以下を参照。Amy Kesselman, "The 'Freedom Suit': Feminism and Dress Reform in the United States, 1848–1875", *Gender and Society*, 5, 1991; Fischer, *Pantaloons and Power*, passim.

（35） 「女は男の着物を身に着けてはならない。男は女の着物を着てはならない。このようなことをする者をすべて、あなたの神、主はいとわれる」。Deut. 22: 5〔新共同訳、旧約聖書、申命記二二章五節、日本聖書協会、三九七頁〕.

（36） Aileen Ribeiro, *Dress and Morality*, London, Batsford, 1986, 133.

（37） Kesselman, "Feminism and Dress Reform", 500–3.

（38） Deborah Jean Warner, "Fashion, Emancipation, Reform, and the Rational Undergarment", *Dress, Journal of the Costume Society of America*, 4, 1978.

（39） Jill Field, "Erotic Modesty: (Ad)ressing Female Sexuality and Propriety in Open and Closed Drawers, USA, 1800–1930", *Gender and History*, 14, 2002.

（40） Diana de Marly, *Worth: Father of Haute Couture*, London, Elm Tree, 1980; Valerie Steele, *Paris Fashion: A Cultural History*, New York and Oxford, Oxford UP, 1988.

（41） Elizabeth Wilson, *Adorned in Dreams: Fashion and Modernity*, London, Virago, 1985, 146.

（42） Chapman, "Innovating Entrepreneurs", 11.

（43） 一般には以下を参照。 Geoffrey Crossick and Serge Jaumain（eds）, *Cathedrals of Consumption: The European Department Store, 1850–1939*, Alder-shot: Ashgate, 1999; Michael B. Mille, *The Bon Marché: Bourgeois Culture and the Department Store, 1869–1920*, Princeton, Princeton UP, 1981; William R. Leach, "Transformations in a Culture of Consumption: Women and Department Stores, 1890–1925", *Journal of American History*, 71, 1984.

（44） Wilson, *Adorned in Dreams*, 150.

（45） Erika Diane Rappaport, *Shopping for Pleasure: Women in the Making of London's West End*, Princeton, Princeton UP, 2000; Elainc Abclson, *When Ladies Go A-thieving: Middle-Class Shoplifters in the Victorian Department Store*, Oxford and New York, Oxford UP, 1989; Patricia O'Brien, "The Kleptomania Diagnosis: Bourgeois Women and Theft in Late Nineteenth-Century France", *Journal of Social History*, 17, 1983; Ann-Louise Shapiro, *Breaking the Codes, Female Criminality in Fin-de-Siècle Paris*, Stanford, Stanford UP, 1996.

（46） Alicia Foster, "Dressing for art's sake: Gwen John, the Bon Marché and the spectacle of the women artist in Paris", in Amy de la Haye and Elizabeth Wilson（eds）, *Defining Dress: Dress as object, meaning and identity*, Manchester, Manchester UP, 1999.

（47） Kidwell and Christman, *Suiting Everyone*, 115, 162–4.

（48） Andrew Godley, "Singer in Britain: The Diffusion of Sewing Machine Technology and its impact on the Clothing Industry in the UK, 1860–1905", *Textile History*, 27, 1996; idem, "Homeworking and the Sewing Machine in the British Clothing Industry, 1850–1905", in Barbara Burman（ed.）, *The Culture of Sewing: Gender, Consumption and Home Dressmaking*, Oxford, Berg, 1998.

（49） Margaret Walsh, "The Democratization of Fashion: The Emergence of the Women's Dress Pattern Industry", *Journal of American History*, 66, 1979.

（50） Walsh, "Democratization of Fashion"; Christopher Breward, "Patterns of Respectability: Publishing, Home Sewing and the Dynamics of Class and Gender, 1870–1914", in Burman（ed.）, *Culture of Sewing*.

（51）　Kenneth Hudson, *The Archaeology of the Consumer Society: The Second Industrial Revolution in Britain*, London, Heinemann, 1983, 69. 彼は一九三〇年代やそれ以前のドライ・クリーニング機は現存していないとも述べている。

第6章　ヨーロッパの輸出

カール・マルクスは、ミシンの発明がもたらした結果について刺激的で名高い考察を行い、ブリテンでは一八六一年までに、農業と同じくらい多くの労働者が従事していた衣料産業で、「市場」とくに「イングランド風の嗜好や慣習が行きわたっているイングランドの植民地市場」の「絶えざる拡大」による労働力搾取が増えている、と多少言及した。(1) いつもどおり、その洞察は正しかった。ただし同時代の偏見に従って、「ファッションのとても耐えがたく無意味な移り気」は道徳的な災害というより経済的な災害である、とののしった。やはり、マルクスは供給を重視する経済学者ではなかったのだ。欧米で発展してきた衣服様式は、一九世紀に世界中に広まり始めた。イングランドとニューヨークが先鞭を付けた製造と流通の過程は、当時最先端と見なされたスタイルの流行に一役買った。

それがもっとも急速に進んだのは白人が入植した地域だった。ただし、そうした地域にもそれぞれの歴史、ひいては独自の服飾史がある。白人オーストラリア（白豪）が囚人植民地として創設された歴史の起点は古い。(2) その歴史は、インド洋と大西洋を越えてブリテン本国から始まっていた。ブリテンの囚人は、オーストラリアに送還する船に乗せられる前に、衣服をすべて没収されて（その衣服は古着屋に売られたり補給係将校に横領された）くすんだ灰色と青の新しい囚人服を身につけた[3]。現在のニューサウスウェールズ州にあるボタニー湾流刑植民地の初代総督が、目立つ縞柄の布地を送ろうと一計を案じた。そうすれば、囚人服は質屋に持ち込まれなくなったであろうが、その積み荷が届いたふしはない。ひときわ厳しい重労働刑を受けた者は、不名誉の証しとして淡黄色と黒で目立つまだら模様の上着を着なければならなかった。しかし通常、囚人を見分ける特徴はコートの長さであった。執政官は少なくとも一度、フロックコートの裾を切るように命じている。しかしながら、短くなった薄い青色の上着を着ると、囚人は大勢の労働者と区別が付かなくなった。女性の囚人も一般女性と変わらない衣服を着ていた[4]。もちろん彼女たちが派手な衣服を着るとは想定されていなかった。そうしようものなら判決への不服とか、もっと広く現状に対する「日常的抵抗」の表明と見なされて当然だった。「派手集団」として知られた、タスマニア島のホバートに収監されていた女性たちは、働いていた工場の規則に抗議してイヤリングと絹のスカーフを身につけた[5]。

そのため、遅くとも一九世紀初頭に、囚人ではない富裕層は自分より社会的地位の低い人びととの差別化をはかるため努力を惜しまなかった。相応の地位ある女性が家事使用人を雇い、家の外で働かない社会では、とくに上流階級の女性は判で押したように慈善活動にいそしみ、その施しを受けざるを得なかった人びとに、権力と地位の関係を痛感させた。だがそれにともなって均衡も生まれた。刑期を満了した、いわゆる満期出獄者は社会的地位を上昇させたし、第一次流刑囚の子供のなかから一八二〇年代にシドニーの指導的な市民になる者も現れた。また、植民地エリートが最新の衣服に必要な布地や情報を入手するのはかならずしも容易ではなかったし、上流階級の女性がパリの流行や、パリよりすこし遅れたロンドンの流行を真似するのも簡単ではなかった。[6]

オーストラリアの白人男性の衣服は流行に強く左右されたという記述はなく、みすぼらしかったと言われることが多い。初期の植民地社会では、熱帯諸国のヨーロッパ人、とくにインド在住のブリテン人の慣習がよくお手本にされた。「男性の大いなる美の放棄」によって、ヨーロッパ人のエリート男性が黒めの衣服を着ていた時期に、都市部では白のスーツ（夏はチョッキなし）と絹のシャツの組み合わせが見られた。[7] しかし結局は、ヨーロッパを見倣えという同調圧力や、植民地社会の成熟度と品格を証明する必要から、メルボルンとシドニーの男性ブルジョワジーはシルクハットとフロックコートを身につけるようになった。一八五〇年代初頭のゴールドラッシュで好景気になると、一気にそうなったと言われる。[8] だが、ヨーロッパではありえない気楽な男性服という抵抗も根強かった。第一に、囚人から非エリート層に受け継がれた、オーストラリアの（白人）男性はみな平等とする「メイトシップ」の思想により、富裕層が外見で差別化を図ることはなかった。シドニーやメルボルンでは社会的な区別をしようと、これに対抗する動きはつねにあったものの、この平等思想はとりわけ地位にあこがれる人には痛手だった。第二に、オーストラリアで現実に威信と経済力を長らく有しているのは牧羊業を営む地主であり、彼らは都市に出かけたときも街の流行に合わせる必要性を感じなかった。オーストラリア人は、植民地社会の初期からずっと形式ばらないままなのである。

ラテンアメリカでは、ナショナリズム、コスモポリタニズム、エリート形成が相互作用して、スペインやポルトガルから独立して数十年で独自の服装が形作られた。革命またはそのイメージにより、固有の装いが生まれたのである。シモン・ボリーバルやホセ・デ・サン・マルティンといった独立運動の偉大な指導者たちは、宗主国スペインの支配者のきつく締め付けた衣服とは異なる、風にそよぐようなケープをまとって描かれた。[9] 独立から数年経つと、ブエノスアイレスでは、ペイネトンと呼ばれる特大の櫛でできた奇抜な髪飾りを見せびらかす女性も現れた。これは、女性が公的領域における（一時的とはいえ）地位を要求する手段と見なされたが、政治秩序の変化を男女間の関係にまで持ち込むべきではないと感じた人びとから非難されたのも意外ではない。[10] しかし、こういった革命的な異議の表明はエリート層ではすぐに消滅した。

ラテンアメリカのエリートはしだいに北ヨーロッパ、のちにはアメリカ合衆国の文化を指向するようになった。彼らは政治的なナショナリストでいる間は、同胞の大衆とは距離をおき、パリやロンドンのインテリ文化との結びつきを証明しようとした。一八四〇年代にブリテン人は、南アメリカ大陸の住民一人につき年間一〇ヤードの布地を輸出するまでになっていた。[11] 仕立屋やお針子がまだ大勢いたため、既製服はそれほど重要な輸入品ではなかった。とはいえ、一部の特殊な衣料品は現地では生産されない。たとえば、一八五九年にコスタリカの首都サンホセの商人は、「あらゆる種類の女性向けクリノリンが一五〇着」入荷したとの広告を出した。[12] コスモポリタニズムを志向し証明できる人びとは天候をものともしなかった。一八九〇年頃、リオデジャネイロのブラジル人実業家は「シルクハットを被り、黒のフロックコート姿で、極力無表情を装い、殉教者のように歩いている」と報告されている。こうした男性は靴を磨き上げており、南米では今日までこの習慣が残っている。こういった

「黒のウールのトップコートとチョッキを着たり、きついコルセットと厚いスカートを着る」白人支配階級の大半は、「あか抜けない劣等性を隠そうともせず、半裸で暮らし、浅黒くて厚かましい貧民」と一線を画そうと肝に銘じていた。[13] アーノルド・J・バウアーが指摘するように、ラテンアメリカでベストセラーになったエチケットの本は、とくに汗と制汗に注目していた。身体を律し、正しい服装をすることこそ「近代化の中心原理、野蛮から文明へいたる道」にとって大きな要素であった。[14]

港湾都市や首都を離れると、ヨーロッパのスーツやドレスにこだわる人は一部にすぎなかった。だが、一九世紀が進むにつれ、ペルーやボリビアのアンデス山系地域でも、現地の貴族はヨーロッパ人のように装いを凝らした。これを見た訪問者はヨーロッパの基準にはまるで達していないと蔑んだのだが。不景気で苦しい時期にも、りっぱな靴の方が夕食用の肉よりも優先順位が上だった。服装の作法が細かくなるにつれ、パリの流行をそのまま模倣する女性がいようものなら悪口の種となった。クスコやアレキパのクレオールは、リマやパリと似たものを着るようになり、潜在的な問題となった。ボリビア低地のアメリカインディアンの首長たちですら唇飾りは拒否して、ヨーロッパのファッションに身を包んで威信を示した。しかし、よそと同じようにここにも、万人向けの型を取り入れはしたが現地特有の衣服はあった。大量生産の衣服はこの地域には二〇世紀の遅くまで届かなかったのはたしかであり、これは着る人が個性を求め、他の人と同じ衣服はたちまち嫌ったためでもある。[15]

一九世紀の二大熱帯植民地であるブリテン領インドとオランダ領東インド（インドネシア）では、衣服の政治に特有の厳しさと複雑さがあった。この二つの領土には共通点が多く、ヨーロッパの服装を何も考えずに機械的に導入するのは不可能な気候というだけではなかった。一枚布を清浄と見なすヒンドゥーの思想に、ヨーロッパ人が到来するはるか前にイスラームの作法と服装の観念が加わった歴史をどちらも持っていた[16]。そのためどれほど肌を見せてよいものか不明確になり、これは身体に合わせて服を仕立てるときよりも布地を身体に巻き付けるときに問題になった。インド人女性はサリーの下に胴着を着けていても（宣教師が胴着を導入したという見解はいまでは誤りとされるようだ[17]）、儀式的にとくに重要な行為のために清浄になる際は脱いで料理したと思われる[18]。胴部を覆うのはジャワ人男性にとって無礼で侮辱にすらなる場合も多かった[19]。インド南部のとくにケーララ州では、ブリテンのヘゲモニーが到来する前から近代には厳格な服装規程があった。胸を覆ったまま目上の者に相対するのは不適切きわまると見なされた。ブラーフマンはよく胸をはだけたまま寺院に出かけた。ナーヤル〔ケーララ州のカースト〕の地主は、ブラーフマンが現れると男女を問わず胸をあらわにしたものだった。ナーヤルの女性は、ふだんは一枚布を下半身から胸まで巻き付けた。低カースト層は男女とも、上位の者全員に敬意を表さなければならず、腰から上と膝から下には、靴も含めていっさい衣服をまとうことも傘の携行も禁止されていた。目上の者とはあるていど距離を置かなければならず、さもなければ汚してしまうことになった[20]。ブリテン領インドとオランダ領東インドは植民地化されてはじめて国と呼ばれるようになり、インドは独立すると二度とそう呼ばれなくなった。植民地支配者はどちらの領土も苦しめた。彼らは被植民者のなかで自分を際だたせるため、もっともわかりやすい方法として衣服を使った。また両領土は、一九世紀を通じてアジア人エリートを育成し始めた。彼らは、支配者に政治的・社会的に認めてもらおうと衣服も利用したが、それほど大きな成果はなかった。

両領土には明らかな相違も見られた。インドネシアは、インドよりイスラーム化の度合いがかなり高い。これは、バングラデシュとパキスタンがインドの一部と見なされていた植民地支配期も変わらなかった。インドネシアにはモルッカ諸島やスラウェシ島北部など、キリスト教徒が多数派を占める地域もあった。いっぽうインドではキリスト教の共同体はつねに少数派だった。さらに支配者側の男がアジア人女性に子供を生ませた場合、植民地社会の対処の仕方にも大きな違いがあった。白人とアジア人の混血は、インドでは一九世紀初頭から社会の一員とは見なされなかった。しかしインドネシアではヨーロッパ人として分類され続け、少なくとも二〇世紀初頭まで植民地のヨーロッパ人社会で下層の人と見なされた。このように人種やジェンダーが相互に作用する場や、ブリテン人とインド人、オランダ人とジャワ人が接触する場では、各集団を区別する方法として衣服が広く使われた。

一九世紀初頭から、ブリテン官吏層は「東洋」風を止め、インド人と一線を画し始めた。もはや色彩をひけらかしたり御輿に担がれても威信は得られない。総督のウィリアム・ベンティンク卿は、馬に乗り、質素な身なりで「ペンシルヴァニアのクエーカー教徒のように」考え、行動するといわれた。(21) 男たちは(官吏のあだ名になることもあった)黒のスーツと黒のシルクハットを身につけ始めた。当面は、この装いが一般的に必要となった。夕食でも白い上着と白いズボンをふつうに着ていた地域では、一八四〇年代になると、もっとも暑い時期でも黒のブロード〔高級ラシャ〕が広まった。しばらくの間、黒で身を固めて夕食の席に出るのが慣習となり、ついでこざっぱりした白に変わったが、一八六〇年代までにこれも消えた。裁判官のフレデリック・ショアは、彼らの衣服について以下のように書いている。

イングランド人は私がこれまで見聞きしたなかでもっとも頑迷固陋な国民だという持論を持っていたが、彼らの衣服を見てその意を強くした。……インドの気候にそぐわない服を着ているので、こちらが助け船でも出してやらなければ、すっかり消耗しかねない。私はこの考えに則って行動している。(22)

さらに、医学的に冷えないようにいつもフランネルの下着を身につけなければならないと考えられており、酷暑の時も脱がなかったために、周囲の人にもその苦痛がいやでも伝わり、つらさが増した。E・M・コリンガムが指摘するように、まさにブリテン人の服装は、母国にこだわり被支配者との距離を守るためのものであって、適切ではなかった。

ショア自身は、インド北部の本部に勤務する同胞の目が届かないところで、現地のインド人臣民を貶める東インド会社の方針に昔ながらのやり方で対抗した。法廷でもインド風の衣服を着続け、他人にも自分の前ではインドの慣習のまま裸足でよいと主張した。敬意の表し方は、頭に何も被らないイングランド式に従ってターバンを取ってもよいし、靴と靴下を脱ぐインド式でもよい。いずれか一つがなされれば、自分は意に介さないと述べた。だが、植民地支配の機運が高まるにつれ、彼の主張とそぐわなくなっていく。東インド会社は、一八三〇年になってもまだカルカッタから指示を出していたのだが、とくにショアを対象に、公的な職場で役人はインドの衣服を着てはならないという規則を公表する必要を感じた。二四年後に同社は、インド人ジェントルマンはヨーロッパ製のブーツや靴を履いて「公的、半公的な機会に……ブリテン政府の公僕として出席する」のを許すと発表した。これがカルカッタの裁判所で抗弁する男性の一般的な慣習となった[23]。しかし、インドにおけるブリテン気質の象徴と言えば、ソーラ・トピー〔日よけ帽〕であった。このはなはだ被り心地の悪い嫌われものの帽子は、ソーラ〔革合歓〕の木のきわめて軽い髄《ピス》を原料とし（そのためピスヘルメットとも呼ばれる）、一九世紀の半ばから独立の頃まで、真昼の日差しの下、ブリテン人の老若男女がこぞって着用した。日射病を防ぐと思われていたし、実際そうだったかもしれないが、なんと言っても差異と優越性のしるしであった。ゆえに以下のことはとくに意外ではない。第一に、ブリテン兵はそれを被らずに外出すれば罰金を科せられた。第二に、ブリテン領インドの印欧混血児の多くは植民地で注目されるようトピーを被る人が多かった。第三に、外国のしかも帝国のものであることがこれほど明らかな衣料品を身につけようとするインド人は一人もいなかった[24]。

インドネシアのオランダ人は、インドのブリテン人のように服装に悩むことなく支配を強化した。まず彼らは白い衣服を着た。インドネシアに蠟けつ染めの豊かな伝統があり、白い服は喪に服す時かメッカ巡礼の時のものだった。オランダ人男性はよく白のズボンと詰め襟の上着を上までボタンをかけて着た（図4参照）。厚手のあや織り綿布（富裕層は最高級のロシア産リネン）が素材のこの上着は、洗濯が可能だったが、アイロンをかける前にあまりに硬くのり付けするために、支えなくても立つと言われた。植民地における序列をはっきりさせるべく、官僚らはさまざまな組紐や装飾を増やしていった。植民地の行政職員は、軍人と同じように特殊な縁なし帽を被った。一方、民間人は自分の好みの帽子を被った。だが、靴下と革靴はどんな人も履いた[25]。オランダ人は余暇の時には蠟けつ染めのズボンやサロン〔幅広の筒状の腰布〕を着ることもあったが、ジャワ人の着るものとははっきり違って

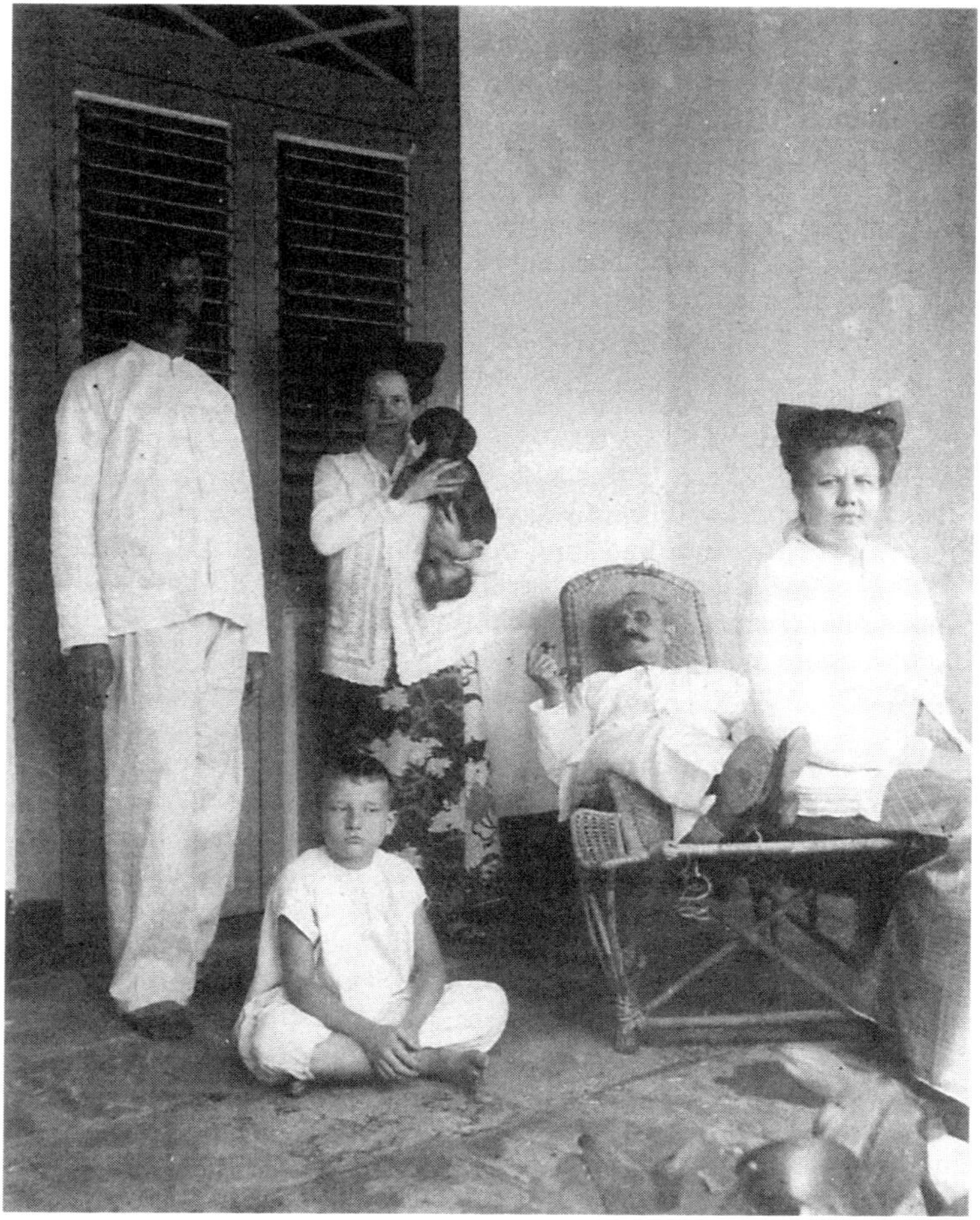

図 4　バタヴィア，デ・ヴリエ家の人びと，1915 年。Koninklijk Institut voor Taal-, Land- en Volkenkunde

いた。「インドネシア風」の服装は病人にしか許されなかった。「ヨーロッパの服を着るべき日中に、普段着つまりインドネシア風の服を着ている人は病人と言われたのである[26]」。

被植民者と植民者の区別は、女性服ではこれと同じか、もっとはっきりしていた。植民地化でまず求められたのは、男性の植民者が母国から連れてきた女性を性的に独占することだった。また、被植民者エリートが受け入れられる範囲内で現地人女性に接触すること（完全に防ぎきれるものではなかった）が同じように重要だった。衣服はこのように社会的な距離をとる手段の一つだった。かくして一九世紀の間、インドネシアのオランダ人女性（オランダ人に見られたい人びとも含む）は、少なくとも公の場では、パリ仕込みのさまざまなクリノリンとバッスルを着用した。だが私的な場や非公式の場では、上流階級のジャワ人女性と同じく、腰丈のブラウスと足首丈の蠟けつ染めの巻きスカートという組み合わせであるカイン・カバヤをよく着た。両者のいちばんの違いは、ヨーロッパ人のブラウスがおおかた白だったのに対してジャワ人のブラウスはけっして白ではなかったことである[27]。同様に、インドのブリテン人も、あらゆる策を講じて、欧亜混血や現地インド人と確実に一線を画そうとした。栄えある服を着ていなければならない時間をなるべく延ばそうと策を弄し、ヨーロッパの服とできるだけ似たものを着た。ただし、インド製の織物はヨーロッパの大都市で流行していても、インドでは許されないという点は異なった。一八二〇年代に、フェントン夫人はこう嘆いている。「インド製品を着た姿を見られるほど、はしたないことはありません。……極上品のダッカ・モスリンを買いたかった時も、これを着ているところを見られてはならないと強く思いました。だって、混血をのぞけばけっ、し、て、誰も着ないものですから。こういうドレスはロンドンで七〜一〇ポンドもします[28]」。

とはいえ、彼女が着たかったのは、おそらくかなり薄手の品だったのだろう。総督の妹は、その一〇年後もベンガル・モスリンを着ていたからである。[29] ジャワと同様「服装の乱れは心の乱れ」があてはまった。[30] 一九世紀にインドで暮らしていたあるヨーロッパ人女性がイングランドの母親に、いつもコルセットをしております、と誇らしげに手紙を書いたのは、この点を念頭においたためであった。[31]

ヨーロッパ人女性がインド人やジャワ人の衣服の着用を制約されていたとすれば、その逆はもっとはっきりと制限されていた。インドとジャワの女性は一般に公的な領域の外に置かれていたし、たいがいのヨーロッパ人女性と同様、非常に重要な式典に顔を出す程度だった。したがって一九世紀にアジア人女性はヨーロッパ様式を真似る必要も気持ちもなかった。トトク〔オランダ人女性〕やメンサヒブ〔イングランド人女性〕がオランダやイングランドの衣服を着続けたのと、それは同じである。クリノリンなどを着ても百害あって一利なしだった。着心地が悪いばかりか、私はふしだらですと言って回るようなものだった。そんなことを女性は望んでいなかったし、男連中も許さなかった。[32]

このほかにも、植民地支配が現地のジェンダー関係やヒエラルキーに影響を与える側面があった。従来のヒエラルキー体制は、社会の安定を維持するべく設計されていた。しかしインド南部では、社会的上昇を果たしてこの秩序に異議を申し立てる集団も現れた。とくに、シャナールと呼ばれるパーム糖採取業者は裕福になり、もとのカーストより上位のナーダルを名乗りはじめた。その活動の一環として、彼らの大半は、一八〇六年にこの地にはじめて創設されたロンドン伝道協会の布教教会に参加した。改宗者らは、宣教師が受け入れやすいように慎みの証しとして胸部を覆うよう求められた。一八一二年以降、これらの新規のキリスト教徒は、同地のシリア人キリスト教徒がずっとしてきたように、綿製の長袖ブラウスで胸部を覆う許可を得たが、〔上位の〕ナーヤル・カーストの女性が着ける上半身用の布は認められなかった。ロンドン伝道協会の女性宣教師も、教会などで着用できる、慎ましい上着を作った[33]。

これに意図はまったくなかった。「慎ましい衣服」を着た改宗者を見て「その隣人、とくにナーヤルの人びとは不快に思った。彼らは改宗者を市場や道ばたでさまざまにあざけり、いじめ、虐待し始めた[34]」。宣教師は改宗者の女性は胸部を覆ってもよいとする判決を勝ち取った。だが、改宗者たちは、第一に高位のカーストの抑圧からみずからを解放すること、第二に高い地位の象徴としてキリスト教を利用することを目論んでいた。彼らは社会革命家ではなかった。自分たちより低位の人びとが信徒になると、脱退したのである[35]。宣教師のデザインした衣服は、イングランドの救貧院に相当すると考えられ、イングランドの女性がクリノリンを着るのと同じ、「より上品に見えるから」という理由で、改宗者は上着より「上半身用の布」を好むとさえ言う宣教師もいた。ただし、この布ではとうてい覆いきれないと不平を言う宣教師もいた[36]。原則として閉じた体制で立ち上がろうとする集団は、社会的ヒエラルキーに異議を申し立てる際に衣服には大きな意味があると考えていた。一八五八年に、トラヴァンコール藩王国反乱が続発したのも、まさにそのせいである[37]。ナダールの女性は公の場で衣服を剝ぎ取られ、一二の礼拝堂が焼け落ちた。宣教師が扇動し、この騒擾《そうじょう》のせいで藩王国は完全に併合されかけた。ブリテンは藩王に胸当ての布の禁止は「現代にはあわないし、開明的な藩王にもふさわしくない」とはっきり言い渡した。トラヴァンコール藩王国はついに次の布告を発布した。

シャナール女性が（キリスト教徒のように）上着を着ようと、（すべての宗派のように）粗布を着ようと、ムッカヴァッティガル［低いカーストの女性漁師］のように粗布を巻き付けようとかまわない。高位のカーストの女性とは異なり、胸部を何らかの方法で覆っても差し支えない[38]。

この布告の最後の部分が、本当の目的だった。宣教師はインド南部の社会制度の枠内で社会の成熟をはかるのに慣れていた。胸を隠す女性は、植民地でスーツとネクタイを身につける男性と概念的に同じだった。舞台および性が異なるだけである。

一般に、植民者が支配する公的領域で地位や野心をもつ人、とくに男性は、ヨーロッパ人とインド人ないしジャワ人が受け入れられる衣服の妥協点を見つけなければならなかった。彼らはさまざまなことを強いられた。たとえば、植民地軍の兵士は植民地政府が定めた制服を着用しなければならなかった。ブリテン領インド軍の制服はもちろん、ブリテン連隊とはっきり一線を画すため、若干エキゾチックにされた[39]。植民地軍への入隊は概して、新兵の身体を（文字通り）むりやり不自然な衣服に押し込むことを意味した。オランダ東インド会社軍が抱えた問題の一つは、幼少期から、靴をはき慣れたオランダ人の足に合わせた木型をもとに作られ、オランダから送られてきたブーツが原因だった。幅広の小さな足をしたインドネシア人はそれまで一度も窮屈なはき物を履いた経験がなかったから、おそろしく痛かったに違いない[40]。

兵士でない人にとっても、ヨーロッパ様式の衣服を着るのはやはり苦痛だったかもしれないが、それは前述の通り、近代化を前提した戦略の一環であり、対等と認めるよう植民地当局に対する要求でもあった（たいてい認められなかった）。そのため、インドでもインドネシアでも、ヨーロッパの衣服を着た現地の男性は、反植民地ナショナリズムの勃興期に見られ、終息する頃にはかならずしも見られなかった。

ヨーロッパの衣服が選ばれる過程は、当初、けっして順調ではなかった。アジアのさまざまな衣類にまず上着、ついでシャツが加わった。その結果、少なくとも一八七〇年代の初めに、たとえば、ベンガル人エリート（ブハドロコック）の間では、以下のような新しい組み合わせが見られるようになった。

ヨーロッパ式の地味なドレスシャツはそれだけで男性の正装になった。富裕層は、糊付けした胸当て、金やダイヤモンドのボタン、カフス、ときには金の鎖をつけて、こういったシャツを着て人を訪問しパーティにも出かけた。それに、極上の綿モスリンと同じくらい薄手で上品な襞付きドーティ、リボンの付いたエナメルの靴を履いていたので、たいそう人目を引いた。(41)

同様にジャワでも、二〇世紀初頭には、サロンとヨーロッパ式の上着という組み合わせが、たとえばバンドンの公務員学校に通う学生の標準服となった。一九〇三年に撮影された写真では、学生たちはサロン、上着、頭に巻いた布、多様なネクタイを身につけている(42)（図5参照）。

このような学校に通う若者は、同世代のなかでとくに政治に進歩的だったとは考えにくい。たとえそうだったとしても、教育を受けキャリアを積むためには本心は少なくとも一時封印していたであろ

図 5　インドネシア人ナショナリストたち。Koninklijk Institut voor Taal-, Land- en Volkenkunde

う。より強硬な反植民地的な人びとは、西洋式の衣服を着る傾向が強かった。一九一六年に開催されたイスラーム同盟の第一回大会で、出席者は、ディナー・ジャケットに白の蝶ネクタイか、タキシードに黒の蝶ネクタイのいずれかを着ていたと言われる(43)。これがインドネシアを独立に導いたナショナリストたち新世代の姿である。彼らのなかにはかつてオランダに留学し、その国の服装をしたエリートもいた。スカルノもつねに染み一つない清潔なヨーロッパ式の衣服を着ていたし、彼のまわりにいる人びとも身だしなみに気を配ったことで知られる。それは威信を獲得する方法であった。スカルノの場合、唯一の例外は、ジャワの大衆との連帯を表そうと被った黒い帽子ペシである。ペシは英語で「縁なし帽子 cap」と訳される(44)、オランダ語ペジエ petje を由来とする。聖書にあるコヘレトの言葉「なんという空しさ、すべては空しい」

〔新共同訳、旧約聖書、コヘレトの言葉第一章第二節、日本聖書協会〕がぴったり当てはまる植民地の歴史の一場面と言えるだろう。

インドでも頭の被り物がもっとも変わりそうもなかった。よく言われる通り、インド亜大陸では頭部は純血が宿る場所とされ、頭の被り物はカーストや宗教、地域など帰属するものをいちばんよく表すと考えられた。男性が、清潔なヨーロッパの衣服に、ターバンや帽子を合わせるのはごく普通のことだった。麦わら帽子やシルクハットを見せびらかす者は「おごれるブリテン風を吹かせている」としばしば非難された。ブリテン人にとってそれにあたるのが前述したソーラ・トピーで、この帽子はブリテン人という正当なカーストの証しであった。[45]

仕事のためある時期にヨーロッパの衣服を着たインド人も、気楽にそうしたわけではなかった。ヨーロッパ式の衣服は、特定の状況にあった服装と見なされることが多く、状況が変われば脱いだ。ヨーロッパや職場でヨーロッパ式の衣服を着て、インドや自宅、生まれ故郷に戻ると、そういったものは脱ぎ捨てる。ラマヌジャンは以下のように回想している。

一九四〇年代、父は年に一度故郷のケーララ州に帰省し、州境の町アルバに着くとしかたなく西洋のスーツを脱いだ。あるとき、スーツを脱ぐのを忘れると、どこに行ってもあざけりの対象となった。彼に仕える人びとは、このスーツを着ると、無礼な行為にあたります、と伝えた。[46]

もちろんこの頃、インドの反植民地ナショナリズムは全盛期を迎えており、当初から政治だけでなく服装が重要な問題となっていた。遅くとも一九〇五年には、このような抗議が、ベンガル地方分割の提案（と実施）に反対するベンガル人の抵抗とボイコットのなかで起きていた。モティラル・ネルーはこの運動についてこう述べている。

ベンガル人はベンガル中を掌握していた。ベンガル人はドーティとチャドル〔頭巾〕を身につけ裸足で職場に行き、解雇の危険をかえりみずイングランド製品はいっさい使わない。雇用主はベンガル人がいなくては何もできず、勝手にさせるしかない。ベンガルの最高裁判事、法廷弁護士、事務弁護士、貴族、商人はみなイングランドの衣服を脱ぎ捨てた。幾千もの地元産業が立ち上がった。われわれはブリテン領インド史上もっとも重大な時を迎えようとしていた。(47)

この興奮が収まると、ドーティに対する熱意も冷め、ヨーロッパ式の衣服を着ようとしないのは、数人のインド人政治家と熱心なヒンドゥー教ナショナリストにとどまった。ヨーロッパ式の衣服がふたたび、ブリテンのインド支配にとって大きな問題となるのは、ガンディーが民族自決〔ナショナリズム〕運動の中で注目を集める一九二〇年以降のことである。

註

（1） Marx, *Capital*, Penguin edition, I, 601〔カール・マルクス著、今村仁司・三島憲一・鈴木直訳『マルクス・コレクション5　資本論第一巻下』筑摩書房、二〇〇五年、一四九頁〕.

（2） 構成上の理由から、オーストラリア先住民の服飾史は本章末〔正しくは次章、一四六〜一四七頁〕で触れる。

（3） Robert Hughes, *The Fatal Shore*, New York, Alfred A. Knopf, 1987, 139. あらゆる収容施設で、被収容者を意気消沈させるための制服の使用はよく知られている。たとえば以下を見よ。Erving Goffman, *Asylums*, Garden City, NY, Doubleday, 1961, 20–1. 以下にも複数例あり。Mary Ellen Roach and Joanne Bubolz Eicher, *Dress, Adornment and the Social Order*, New York, London and Sydney, John Wiley & Sons, 1965, 246–7.

（4） Jane Elliott, "Was there a Convict Dandy? Convict Consumer interests in Sydney", *Australian Historical Studies*, 25, 1995, 373–92.

（5） Margaret Maynard, *Fashioned from Penury: Dress as Cultural Practice in Colonial Australia*, Cambridge, Cambridge UP, 1994, 16–27. 以下の数段落の情報と解釈の多くは同書から得られた。

（6） Penny Russell, *A Wish of Distinction: Colonial Gentility and Femininity*, Melbourne, Melbourne UP, 1994.

（7） 白い服は洗濯の手間や維持費がかかるからといって、白い服を着ること自体に意味があるとは考えるべきではない。

（8） 植民地の慣習全般については、以下を見よ。Kirsten McKenzie, *Scandal in the Colonies, Sydney and Cape Town, 1820–1850*, Melbourne, Melbourne UP, 2004.

（9） Regina A. Root, "Introduction", in Regina A. Root (ed.), *The Latin American Fashion Reader*, Oxford and New York, Berg, 2005, 3.

（10） Regina A. Root, "Fashioning Independence: Gender, Dress and Social Space in Postcolonial Argentina", Ibid., 31–44.

（11） Arnold J. Bauer, *Goods, Power, History: Latin America's Material Culture*, Cambridge, Cambridge UP, 2001, 130.

（12） Patricià Vera Jiménez, "From Benches to Sofas: Diversification of Patterns of Consumption in San José (1857–1961)", in Benjamin Orlove (ed.), *The Allure of the Foreign: Imported Goods in Postcolonial Latin America*, Ann Arbor, University of Michigan Press, 1997, 79.

（13） Jeffrey D. Needell, *A Tropical Belle Epoque: Elite Culture and Society in Turn-of-the-Century Rio de Janeiro*, Cambridge, Cambridge UP, 1987, 140. 以下に引用。Bauer, *Goods, Power, History*, 158.

（14） Bauer, *Goods, Power, History*, 136–7 は以下を引用。Manuel Antonio Carreño, *Manual de urbanidad y buenas maneras*, 41st edn, Mexico City, 1987, and Beatriz González Stephan, "Escritura y modernización: la domesticación de la barbarie", *Revista Iberoamericana*, 60, 1994.

（15） Thomas Krüggeler, "Changing Consumption Patterns and Everyday Life in Two Peruvian Regions: Food, Dress, and Housing in the Central and Southern Highlands（1820–1920）", in Orlove（ed）, *Allure of the Foreign*, 31–67; Erich Langer, "Foreign Cloth in the Lowland Frontier: Commerce and Consumption of Textiles in Bolivia, 1830–1930", Ibid., 97, 102.

（16） これは、アナール学派の始祖であるフランスの歴史家リュシアン・フェーヴルに、歴史家たるもの「ボタンの起源と流通といった」問題に没頭したいものと言わしめた、長い論争の一部であった。この発言は以下に所収。Claude Lévi-Strauss, "Histoire et Ethnologie", *Annales ESC*, 38/2, 1983, 1217. ここで、レヴィ＝ストロースは、ボタンによって、掛け布のレジームと縫われた物のレジームという二つの大きなレジームの違いがはっきりし、諸文明の差異が拡大したと説明し続けた。

（17） Mukulika Banerjee and Daniel Miller, *The Sari*, Oxford and New York, Berg, 27, 85. しかし以下を参照。Emma Tarlo, *Clothing Matters: Dress and Identity in India*, London, Hurst, 1996, 28.

（18） Bernard S. Cohn, "Cloth, Clothes and Colonialism: India in the Nineteenth Century", in Annette B. Weiner and Jane Schneider, *Cloth and Human Experience*, Washington, DC, and London, Smithsonian Institution Press, 1989, 332.

（19） Kees van Dijk, "Sarong, Jubbah, and Trousers: Appearance as a Means of Distinction and Discrimination", in Henk Schulte Noordholt（ed.）, *Outward Appearances: Dressing State and Society in Indonesia*, Leiden, Koninklijk Instituut voor Taal-, Land- en Volkenkunde, 1997, 49.

（20） 乳房を露出すると性的に応じる合図になったかどうかは不確かである。冒瀆の懸念についてはありそうもない。以下を参照。Eliza F. Kent, *Converting Women: Gender and Protestant Christianity in Colonial South India*, Oxford and New York, Oxford UP, 2004, 212–16. 以下も参照。Robert L. Hardgrave, *The Nadars of Tamilnad: The Political Culture of a Com-*

munity in Change, Berkeley and Los Angeles, University of California Press, 1969, 56–7.

(21) 以下に引用。E. M. Collingham, *Imperial Bodies: The Physical Experience of the Raj, c. 1800–1947*, Cambridge, Polity, 2001, 61.

(22) 以下に引用。Ibid., 65, 176.

(23) Cohn, "Cloth, Clothes and Colonialism", 310, 336–7.

(24) その例外の一人は、驚いたことに、一九一七年に陸軍に入隊したガンディーであった。一般には以下を参照。Collingham, *Imperial Bodies*, 89–91. トピーの長所をたたえるものの、なぜインドの国民的な被り物とはなり得なかったのか説明するガンディーの後のコメントは以下を参照。Tardo, *Clothing Matters*, 87.

(25) この段落は以下に基づいている。Dorine Brinkhorst and Esther Wils, *Tropenecht: Indische en Europese kleding in Nederlands-Indië*, The Hague, Stichting Tong Tong, 1994.

(26) J. M. J. Catenius-van der Meijden, *Ons huis in Indië: handboek bij de keuze, de inrichting, de bewoning ende verzorging van het huis met bijgebouwen en erf naar de eischen der hygiëne, benevens raadgevingen en wenken op huishoudelijk gebied*, Semarang, Masman & Stroink, 1908. 以下に引用。Brinkhorst and Wils, *Tropenecht*, 46.

(27) Jean Gelman Taylor, "Costume and Gender in Colonial Java, 1800–1940", in Schulte Noordholt (ed.), *Outward Appearances*, 101–8.

(28) 以下に引用。Collingham, *Imperial Bodies*, 65.

(29) Jayne Shrimpton, "Dressing for a Tropical Climate: The Role of Native Fabrics in Fashionable Dress in Early Colonial India", *Textile History*, 23, 1992, 55–70, esp. 59.

(30) Collingham, *Imperial Bodies*, 62.

(31) Ibid., 214.

(32) たとえば以下を引用。Nandi Bhatria, "Fashioning Women in Colonial India", *Fashion Theory*, 7, 2003, 327–44.

(33) Dick Kooiman, *Conversion and Social Equality in India: The London Missionary Society in South Travancore in the 19th Century*, New Delhi, Manohar, 1989, 148–52; idem, "Christelijke zending, sociale mobiliteit en geweld: een klerenconflict in Travancore",

Sociologische Gids, 30, 1983; Clifford G. Hospital, "Clothes and Caste in Nineteenth-Century Kerala", *Indian Church History Review*, 13, 1979; Robert L. Hardgrave, "The Breast-cloth Controversy: Caste Consciousness and Social Change in Southern Travancore", *Indian Economic and Social History Review*, 5, 1968.

（34） 以下に引用。 Hardgrave, *Nadars of Tamilnad*, 60.

（35） Kooiman, *Conversion and Social Equality*, 173.

（36） Ibid., 159; Eliza F. Kent, "Books and Bodices: Material Culture and Protestant Missions in Colonial South India", in Jamie S. Scott and Gareth Griffiths (eds), *Mixed Messages: Materiality, Textuality, Missions*, New York, Palgrave Macmillan, 2005, 77.

（37） トラヴァンコールを理論上は、現在のケーララ州の大半と重なるインドの独立国家と考えると、植民地としての変化に関する私のコメントは厳密に言えば不正確である。しかしながら、トラヴァンコールはこの段階までブリテン人総督代理の許可なくして重要な措置をとれなかった。他方、ブリテン人総督代理は代々トランヴァンコールの平和と秩序の保持を最優先させた。

（38） 以下に引用。 Hardgrave, *Nadars of Tamilnad*, 67, 69.

（39） Thomas Abler, *Hniterland Warriors and Military Dress: European Empires and Exotic Uniforms*, Oxford and New York. Berg, 1999; Cohn, "Cloth, Clothes and Colonialism", 322–6.

（40） C. A. Heshusius, "Het Schoeisel van de KNIL militair", *Stabelan*, 17, 1991, 32–42. 以下に引用。 Van Dijk, "Sarong, Jubbah and Trousers", 53.

（41） Nirad Chaudhuri, *Culture in the Vanity Bag*, Bombay, Jaico, 1976, 6. 以下に引用。 Tardo, *Clothing Matters*, 50. ドーティとはヒンドゥー教男性の間で広く着用された襞付きの腰布である。

（42） 写真は以下より。 Van Dijk, "Sarong, Jubbah and Trousers", 66.

（43） Ibid., 63.

（44） Rudolf Mrázek, "Indonesian Dandy: The Politics of Clothes in the Late Colonial Period, 1893–1942", in Schulte Noordholt (ed.), *Outward Appearances*, 117–50.

(45) インドが一九四七年に独立し、帰国の途についた最後のブリテン兵はポート・サイード〔スエズ運河の地中海側にある港市〕を通過する際、トピーを地中海に放り投げる儀式を行った。Tardo, *Clothing Matters*, 57.

(46) M. Ramanujan, "The Language of Clothes: An Indian Perspective", *Media Perspective*, 4, 1984, 32. 以下に引用。Tardo, *Clothing Matters*, 53.

(47) M. Nehru, *Selected Works of Motilal Nehru*, ed. R. Kumar, 4 vols, Delhi, Vikas, 1982, I, 91. 以下に引用。Tardo, *Clothing Matters*, 61.

第7章　正しき心でお召し替え——キリスト教の布教と衣服

身体を規律・訓練《ディシプリン》するために衣服を用いたのは、とくに宗教共同体が多かったし、いまでもそうである。キリスト教徒に限定しても、修道士と修道女の服装は自分の職業をつねに意識するようデザインされていた。一八八一年にバチカンはマリスト修道士会を認可したが、その規約にはこうある。「衣服の形、質、着方まで、わがマリスト修道士会の服装はすべて完全に統一すべきである」。そうすれば「悪魔の世俗的な誘惑」から聖母マリアが守ってくれる。(1) 地味な黒い服に、ネクタイをせずに白い詰め襟をつけていれば、たいていの英語圏ではプロテスタントの聖職者だと一般に認識された。ただし、詰め襟は当初、ローマ・カトリックの改革と見なされ、高教会派から低教会派、さらには非国教徒にいたるまで抵抗した。詰め襟は役目を終えると付ける人もいなくなり、牧師と保守的な服装をする中流階級の男性は見分けがつかなくなった。一九世紀に南アフリカでは、アフリカーナー教会のオランダ人牧師は、教会の外でも中でも、特殊な形の帽子を被り、腰に白い帯を巻くことが多かったが、その後いつも黒いスーツを着るようになって、地元の他の指導者層とほとんど区別が付かなくなった。[2] 彼らも他の国のプロテスタントの聖職者も、説教壇に立つ時しか宗教的な務めにふさわしい衣服を身につけなかった。

カトリックもプロテスタントも、ふつうの信徒には特殊な制服を強制しなかった（カトリックの初聖体拝領式のような特別な儀式は別だが）。だが制服ではないが特定の形式の衣服を着るようには求めた。信仰心には一定の文明が必要であり、文明を証明するのは衣服だった。それは、高潔な生活を表す外見的な証しである。もちろんどんな証しも、人は偽ることができるのだが。プロテスタント福音主義派が華美な服装を危惧していたのは、前述した通りである。遅くとも一九世紀初頭から、各宗派はキリスト教の中心地で文明化に本腰を入れていた。[3] これは、特定の行動規範を人口の大半に押しつけようとするものだった。ブリテンでは、禁酒運動、動物虐待防止協会、日曜学校など社会の道徳的向上を目的とする活動がさまざまあり、きちんとした身なりはその一環であった。[4] それは奴隷制廃止運動や布教活動を通じて、世界中に広めるべき規範でもあった。

宣教師は広い意味で文化帝国主義者にならざるを得ない。[5] 自分たちの信仰の正しさについて人びとを説き伏せることが、その最大の関心事である。信者になると、何らかの形で行動を改めるのは当然とされる。宣教師が求めることは場所や宗派によってかなり幅はあるものの、みずからの行いは、真に道徳的行動ひいては神の意志と同じだと考えるのがふつうだった。宣教師はみずからの規範を聖書の解釈とキリスト教の戒律の解釈におくが、いずれも神の恩寵と見なした。その結果、一八世紀末以降の布教活動は、ヨーロッパの道徳観、とくにヨーロッパ式の衣服を世界中に広めていく主な方法の一つとなった。

近代的な布教が始まってから、この方法は時間はかかったものの、布教活動の重要な一環と見なされるようになった。初期のプロテスタント布教団が世界でもっとも成功を収めた重要な地域だった南アフリカでは、文化の政治学が効果を上げるには時間を要した。一方には、モラヴィア兄弟団があった。この団体は政治的には保守的で穏健な男女からなり、ケープタウンからおよそ一〇〇キロ離れたところに、ヘナンデルダルという村を創った。これがアフリカ最初の布教基地であった。住民と改宗者には厳しい規律が課され、地元のヨーロッパ人農場主のために働いて得た金はきちんとした衣服に使うようあらゆる努力をした。入植の数年後訪ねた人は、兄弟団によって「野蛮な風習はことごとく文明化されて」おり、コイコイ人の住民は羊の皮と服を交換するようになったと述べている(6)。その一五年後に訪れたイングランド人の聖職者は、礼拝の様子を書いている。「信者はみなきちんとした清潔な日曜日用の衣服を身につけており……女性の多くがきれいな白いガウンを着ている。男女とも日曜日の教会にふさわしく一張羅ではなく、華美な装いは見られない(7)」。

宣教師の第一世代でもっとも著名なオランダ人ジョハーネス・ヴァン・デア・ケンプ博士は、これとは異なる傾向を指摘した。ヴァン・デア・ケンプは、宣教師には珍しく同僚よりもはるかに高い社会的地位の出身ながら、社会のどこに位置づけられようがまったく関心がなかった。彼の関心を示す証拠は矛盾している。一方では、現在の東ケープ州ポート・エリザベスに近いベセルスドープの改宗者のために衣服を送ってほしいとオランダとブリテンの両方に手紙を書き、メリメ種の羊を購入して、住民が羊毛を紡いで織れるようにしたと言われる。他方では、ベセルスドープでは現地民を文明化するために何もしていないとの不満が絶えなかった。近隣の農場主やブリテンとオランダの官僚は、これでは現地民は入植者のために最低賃金で働かなくなると受け止めた。ヴァン・デア・ケンプはこう主張した人物として、死後も人びとの記憶に残った。「彼ら［コイコイ人］が動物の毛皮《カロス》よりいい身なりをしている姿など見たくもない。いかなる文明も悪魔の産物である」[8]。彼自身は「倹約どころか禁欲を押し通し、風采にはいっさい構わず」、けっして帽子を被らず、宣教師たるもの「衣服とリネンはいま着ている物しか持って」はならないと信じていた。「先住民を自分たちのレベルまで引き上げるには、［宣教師は］非難すべき行為を除いて、彼らの方に合わせなければならない」と考えたのだった。この意見に賛同する宣教師は一人もいなかったし、むしろ、他の宣教師は「［それが］誤りであることは経験が証明しているではないか」と主張した[9]。

布教の思想的基盤を定めたのは、ジョン・フィリップ博士だった。ロンドン伝道協会の南アフリカ支部長を長く務めた人物である。彼は、コイコイ人を誹謗する陣営に乗り込んで異議を申し立て、布教を台無しにしたりコイコイ人を抑圧し続けようとする企みを阻止しなければならなかった。布教によって、コイコイ人をまともで何より勤勉な社会の一員に育てることができ、植民地の利益になると主張した。フィリップが書いたように、「わが同胞の多くが「文明」という言葉に与えた意味はたいていすこぶる曖昧で、衣服や作法に関する自分たちの考え方に合致していることを表すにすぎない」。チャールズ・サマセット卿［一八一二年から一八二七年までケープ植民地総督］は文明化の問題があった。後に個人的に「われわれと政府の間には文明の基準を、人びとがナイフとフォークを使うかどうかにおいた」と簡潔に述べている[10]。この基準にシャツ、ズボン、ジャケット、ドレスを着るかどうかも加えたかもしれない。他方、フィリップにとって、文明はキリスト教と切り離せないし、キリスト教は世界の文明の本質であり、物質的な進歩をもたらすものであった。こうして需要の創出は改宗に不可欠となった。彼は書いている。

私は、無数の明白な事実より、未開の民族に文明生活の技術と慣習を伝えなければ、恒久的なキリスト教社会はけっして維持できないと確信する。また、同じく明白な根拠に基づき、宣教師が信仰心を失い、単なる機械工に身を落としてしまうならば、文明化と道徳の向上という務めは急速に後退すると断言する。(11)

ここでは、道徳性、作法、またフィリップにとっては文明的ふるまいという理由で、衣服が鍵となる。それどころか、(彼の目に適う)教団を創設しなければ、衣服は管理されず、何着も持つ必要から贅沢が横行し、針と指ぬきはゴミ箱行きになるだろうと主張するのだ。(12)

ベセルスドープの住民はその教えに従った。一八二五年までにベセルスドープでは「羊の皮は姿を消し、大人も子供もすばらしい身体にブリテン製の衣服をつけた」(13)。五年後、フィリップを称え、ケープ植民地でコイコイ人に法的な平等が認められたことを祝う大晩餐会が催された際、出席していたフレンチ・ユグノーの宣教師は次のように書き留めている。男性は綿のズボン、縞のキャリコ製のチョッキか、背広の上下で、「パリの流行に則ってスカーフを本結びにし、スカーフの角は交差させるか、先端がきらきらするピンで留めた」。女性も「白い靴下と小さな黒い靴、キャリコの柄物のドレスを着て……全員が頭にはなめらかな絹のハンカチ、または赤と黄色の綿のスカーフを被っていた」。

しかしながら、この報告がパリに送られると、編集者は改宗者の華美な様子を描いた一文をカットした。教団の基金に寄付した人びとが期待するようなお金の使い道ではなかったからである。[14]

南部アフリカのほか太平洋諸島も、ロンドン伝道協会とウェスリー派の影響を強く受け、まったく同じ過程をたどった。伝道、とくに教会にはっきり親近感を抱く近代史研究者は、教会が太平洋諸島の住民に衣服を着たり肌を隠すようヴィクトリア朝の理想を押しつけたやり方に関し、擁護する傾向がある。[15]だが、多くの島々で、キリスト教の受容とヨーロッパ式の衣服の受容が結びついていたのは明白である。太平洋諸島ではやがて住民の大半がさまざまな形でキリスト教に改宗し、敬虔な信者や原理主義になる人もいた。それにともない、この地域ではほぼ全面的に装いが変わったのである。

もちろん宣教師が来る前も、島の人びとは例外を除いて（通常の意味で）野蛮でもなければ裸体でもなかった。主たる例外はオーストラリアにいたようだ。彼らは服を着るヨーロッパ人の慣習をばかばかしいと考えたが、自分たちも毛皮の外套をはおり、男女で身体装飾ははっきり異なっていた。[16]君たちは裸であり、恥を知りなさいと彼らを教育するやっかいな任務がブリテン人入植者に押しつけられた。一八一七年にシドニーに到着した宣教師は以下のように回想している。

当時、アボリジニーは男も女も一糸まとわず通りを闊歩するのが習わしで、文明社会の真ん中でこのような場面を……いやおうなく見せられるのは衝撃だった。ある日、何人かの入植者の女性と連れだって歩いていた折、素っ裸の先住民の男女の一団と出くわしたが、この見苦しい遭遇をうまく回避する策を講じるのになんの後ろめたさも感じなかった。しかし、彼らが古くからの知人として扱うよう主張し、私の友人たちとの会話に親しげに入ってくると、この習わしは急速に姿を消した。[17]

この状況を「改善」する試みは、当初大きな問題を引き起こした。当局が男女の区別なしに衣服を指定しようとし明らかに侮辱を与えたのも一因だったし、裁断、縫製した衣服よりも多目的に利用できる毛布をオーストラリア人が好んで受け取って着たのも一因であった。[18]この格好では、ヨーロッパ人が十分満足するほど裸を隠したわけではなかった。だが、ヨーロッパ式の衣類は、オーストラリア人が地位を示す方法としてゆっくりと受け入れられていった。そのやり方にヨーロッパ人がびっくりすることもよくあった。たとえば、一八四〇年頃に、ルイーザ・メレディスは「燕尾服だけでも立派な衣装と考えられていたが、さらに、執事の着る燕尾服にボタンまでつけてやれる主人の誇りと威厳にはものすごいものがあった」と書いた。[19]同じような報告は他にもたくさんあり、ヨーロッパ人は明らかにばかばかしいと思ったが、本人たちはそうは考えなかった。この場合、風雨からの保護、慎みの保持といった衣服の機能は重要ではなかった。身体の装飾と地位の証明だけが重要であった。

他の太平洋地域では、ヨーロッパと接触する以前から、身体装飾の伝統はオーストラリアよりも洗練されていた。ポリネシアの多くの島では、タトゥーの技術が広く普及しており、非常に複雑な身体装飾も生まれた。「タトゥー」という言葉は、ポリネシアを最初に探検したクック船長らブリテン人により英語になった。『オックスフォード英語辞典』は、クック船長をこの言葉を初めて使ったブリテン人と認めている。[20] そのうえ気候が温暖なためペニスケースのほかには何も身につける必要がなかった。ペニスケースはタコノキの葉を編んで作ったものでとくにバヌアツでは一般的で、男たちはズボンをはくようになってからもずっと愛用した。植民地期にはニューヘブリディーズ諸島の女性は、タコノキや樹皮布のスカートをはいた。スカート丈は配偶者の有無を示し、婚約すると長くし、未亡人（と服喪期間）になるとまた短くして、結婚市場にふたたび参入した。[21] 概して樹皮布には聖なる性質がやどると見なされた。樹木から剝いだ髄を打って平らにする準備作業は、タヒチの女王を含めあらゆる社会階層の女性がたずさわる仕事であった。[22] そのせいか、儀式で着る衣服は膨大な量となった。ハワイでは、ヨーロッパ人が到来する以前、女性は、平民は腰から下の、王族は胸から下の、樹皮布でできたラッパー〔腰蓑〕を着ていた。カジノキの繊維をふやかしたたいて作るこの布は、重くて着心地が悪く洗濯もできないが、それでもハワイの歴代女王は、特別な時は七二ヤードもあるラッパーを身につけた。とても硬くて厚い布だったせいで、女王は腕をじっと伸ばしておくしかなかった。[23] 欧米製の綿布の長所について説明する合理服協会は必要とされていなかった。

だがロンドン伝道協会は、ある意味、合理服協会の役割を果たした。女性を樹皮布の重さから解放したのではなく、罪から解放したのだが。宣教師にとって、問題は男もだがとくに女性の服は簡素すぎて肌をすべて覆っていないことだった。ところが、島社会には慎みの規則があり、水泳する若い女性でも性器を人目にさらさないようにしていることを彼らは認識していなかった。[24] 彼らが地球を半周して太平洋に持ち込んだ特殊な規則を、あくまで普遍的だと考えたことこそ問題だった。

宣教師からすると、改宗した人は一目瞭然だった。宣教師自身はつねに（少なくとも他人の目にさらされるときは）厚着しており、主に布地を贈り物としていた[25]。島を出て久しぶりに戻ってきた宣教師は、信者がヨーロッパ式の衣服を着ているのを見て喜んだ。ロンドン伝道協会のジョン・ウィリアムズがある儀式で述べたように、「最下層も含めすべての人が、ガウン、ボンネット、ショールを所有したがった。そのうちキリスト教徒の女性のように見えるだろう」[26]。クック諸島アイツタキの男性たちは、対抗勢力の「異教徒の被り物」と一線を画すのにヨーロッパ式の帽子を被った[27]。同諸島のラロトンガでウィリアムズはこう記した。「私が初めて訪ねたときの身なりと比べると、彼ら［その共同体］は「衣服を着ており正しい精神をしている」。女性はみなボンネットを被って白い布地に身を包み、男性は地元産の衣服を身につけ帽子を被っていた。このような変化が現れてきわめて喜ばしい」[28]。太平洋諸島でもかなり温暖な気候のラトリンガで暮らしていたウィリアム・ジルも、ロンドン伝道協会の基金に寄付する人びとを啓発するために、以下のように説明した。

彼らの衣服は、イングランドやアメリカ産の薄手の綿布をヨーロッパ式にゆるく仕上げたものだった。女性たちは地元産の布地のラッパーを下着とし、その上に長くゆったりとしたローブ（外衣）をはおった。靴は履いていなかったが、細かく襞をとり、外国製のリボンできれいに縁取りしたボンネットは完璧な装いに欠かせないと見なされている。男性はシャツ、ズボン、チョッキ、コートを着ており、ほとんどの人は平日には丈夫なイグサの帽子、特別な日にはもっと上質の帽子を被り、二〇人に一人は靴下と靴を履いて正装とする[29]。

人びとは、宗教が変わったから衣服も変わったのだと受け入れた。一八五四年にフィジー諸島の支配者の一人ザコンバウは多くの臣民ともども改宗した。ウェスリー派の宣教師ジョセフ・ウォーターハウス師は、こう記している。

そこで父祖から伝わる愚かしい伝統をキリスト教に代えるべしと決定された。地元産キャリコの入った梱《こり》は、着たい人びとのために開けられ、分けられ、配られた。……人びとの変化はめざましかった。誰もが顔を洗い、適切な身なりとなったし……首長たちは、礼拝が始まる前に、うやうやしく純白のターバンをはずした。……翌日、あちこちの寺院で装飾品が略奪された。「新しい宗教はザコンバウを救ってくれない」と誰かが叫んだ。「これは時間稼ぎする新手の企てにすぎない。彼は地位を取り戻したら、衣服なんか脱ぎ捨てるだろう(30)」。

改宗の動機や誠意はこの段階では重要ではなかった。はっきりしているのは、キリスト教とヨーロッパ式の衣服の受容がいかに密接に関連していたか、だけである。ロンドン伝道協会の宣教師ジョン・ウィリアムズによれば、サモアでもヨーロッパ式の衣服は、改宗するいちばんの理由だった。ヨーロッパ人について、こう言われていた。「彼らの神はわれわれの神よりも優れているのは知っての通りだ。彼らは全身を覆っており、われわれは裸だ」。このウェールズ人たちのすばらしい技術も称えられた。「彼らには立派な船があるのにわれわれにはカヌーしかない。彼らにはさまざまな色の美しく丈夫な衣服があるのにわれわれにはセンネンボクの葉っぱしかない。彼らにはするどいナイフがあるのにわれわれには割った竹しかない」[31]。

改宗者が着る衣服はある程度地域によって特色があった。男性はいくつか例外をのぞけば、シャツ、ズボン、帽子を身につけ、きちんとするときにはジャケットも着た。一方女性は、「マザー・ハバード」と呼ばれ、「布教の啓発を受けた服でもっとも有名な様式」と評された、ゆったりしたスモック〔シュミーズ〕を着るようになった。明らかに、女性の体型を隠すようにデザインされた衣服で、イスラームの衣服に収束進化する珍しい例となった[32]（図6参照）。これは、ニューカレドニアのフランス人に「ローブ布教」と呼ばれた[33]。一九世紀末には以下のような記述がある。

ふつうの民族衣装にはヨーク〔切り替え布〕が使われる。女性の夜間着のようなものだが、もっと短く七分袖である。ガラテア〔丈夫な綾織りの綿布〕か捺染布でヨークを入れたすてきなガウンが作られる。裾幅は二倍、丈は四分の三ヤードで膝下まである。首と両腕はややむき出しと言ってよい。トルコ赤の縁取りか組紐を付ければ仕上げは完璧だ。現地民は明るい色をことさら好む[34]。

正しく指摘されているように、布教関係者か否かにかかわらず、これは太平洋諸島に暮らすヨーロッパ人女性が身につける衣服の様式でなかった。「現地民」のキリスト教徒の衣服であった。どれだけ目的を達成したのか、まったくわからない。残念なことに匿名の観察者はこう述べている。「［ポリネシアの］少女が着た衣服は、一生を裸で過ごすのは当たり前と考えていた男たちを魅了した」[35]。身体を覆うことが、布教で改宗した人びとの「道徳性」をじっさいに改善したのかも、宣教師の価値体

図6　マザー・ハバードをまとった少女たち。

系の中ですら、まるで不確かである。ともあれ、宣教師やその妻たち、ヨーロッパ人の支援者らはよい気分になったことであろう。身体の規律《ディシプリン》・訓練の長い過程、および多くの宣教師の妻が支えたお針子階級は、やがてその影響を受けたかもしれないが、それを数値化するのはむずかしい[36]。

この過程の常として、結果は皮肉なものだった。各々は状況に応じて衣服を変えた。タヒチの女王まで、議会で議題が布教関連から島内の政治に移るや、服装をヨーロッパ式のものから樹皮布に着替えた[37]。サモア人男性は今後もいまとかわりなく、日曜日の教会の礼拝のあとに開かれる首長会議では、敬意の証しとして入れ墨の入った胸をはだけさせるであろう[38]。

ヨーロッパ式の衣服だけが広まったわけではないし、それを普及させたのもヨーロッパ人に限らなかった。伝道の現場では多くの場合、すでに改宗した人が中心的な役割を担わないとうまくいかない。一八二〇年代をとおしてポリネシアの大半で、この役を担ったのは、タヒチ人であった。彼らはソシエテ諸島で大規模なキリスト教への改宗が起こった際、それに従っていた。宣教師らは、洗礼の儀式を代わりにやってくれるようタヒチ人に頼んだ。

男性はティプタというすねまでの長さのガウン、女性はフ・ティパノイという足下まで届くガウンを着た。一八一九年にはこの装いで最初の一四人が洗礼を受けた。……一〇〇〇人を超す人びとは、身体にくまなく油を塗る安息日を除き、従来の服装を守っていた。しかし、その日以来、あらゆる人が少なくとも安息日にはこの一四人と同じ衣服を着て、今日に至るまで装いを向上し続けている[39]。

宣教師は、クック諸島とサモア諸島に新しい宗教とともに、新たな装いを持ち込んだ。ソシエテ諸島では以前から男女とも胸部を隠すのが普通だった。通常、現代のポンチョにそっくりな、頭を入れる穴のあいた樹皮布を被った。当時、新興のキリスト教団体も他の島々で広く採用していた服装である。[40]文化的にタヒチの影響を強く受けたクック諸島では、樹皮布よりもはるかに手間をかけずにすむ、ヨーロッパ製キャリコの導入は「繁栄の民主化」を意味した。かつてポンチョは、富と結びついた地位の証しであった。[41]他方、フィジーに導入されたのは、スールーと呼ばれる、男女共用の長い樹皮布のスカートであった（図7参照）。それはキリスト教が入ってくる以前に男性が腰に巻いていたただの布に代わるもので、[42]いまでもフィジーの民族衣装である。明らかに創られた伝統の一例であるが、現在は綿などの織布製である。フィジーの貴族ならば、正装として、燕尾服やネクタイとともに細い縦縞のスールーを着るであろう。[43]

ハワイではもう一工夫された。一九世紀初頭から欧米の貿易業者はさまざまな消費財、とくに布地とある程度の既製服を持ち込んだ。アメリカンボード（米国海外伝道委員会）が軌道に乗った一八二〇年頃には、男性の首長はたとえば「きちんとした白のディミティ〔浮畝縞のある平織りの綿布〕のジャケット、黒の絹のチョッキ、パンタロン、白の綿の靴下、靴、クラヴァット〔首巻き〕、品のよいイングランドの帽子」を身に着けていたであろう。[44]白檀の交易で成り上がったハワイの貴族はそうして自らの地位を誇示した。マーシャル・サーリンズはこれを「権威の政治経済学」という。[45]しかしながら、貿易業者が持ち込んだ布地を仕立てる技術は、宣教師の妻や全員お針子の訓練を受けた女性宣教師がやってくるまでなかった。彼女たちの最初の仕事の一つは、カラカウ皇太后のためにドレスを

図 7　フィジー，ラトゥ・サー・カミセセ・マラとラブカ将軍。

作ることだった。皇太后は、大柄でふくよかなことをよしとする文化にふさわしく、体重およそ一三〇キロはありそうな堂々たる体格をしていた。(46) これは拒めない注文だった。ニューイングランドから来た女性たちは、ウェストをぴったり絞る当時の流行は「ポリネシア人の体型」にはそぐわないと一目で悟った。そこで彼女たちは、数日して、後にホロクと呼ばれる新たな様式を考案した。これはヨークから下はくびれのないドレスで、ゆったり流れる型は島の気候にいっそう合うと考えられた。ただし一八一九年に後にした母国北米の流行に譲歩して、袖はしっかり絞っていた。このドレスは、皇太后が所有していた、一反の白のキャンブリック〔細い綿糸で目のつんだ薄手の平織物〕で作った。(47)

ハワイの男性の衣服は一八一九年のニューイングランド式のままだったが、ホロクはハワイの民族性の象徴となり、ポリネシア出身の人びとと、人口の大半を占めた日本と欧米から来た移入民との差異を示した。(48) もちろん、ある衣服が民族性のしるしとなるのはまったくめずらしくないし、「伝統」と見なされるしるしが比較的最近になって作られた(「創造された」)こともよくある。やや変わっているのは、この創造の日にちや人物まで特定できることである。一八二〇年四月四日、カラカウ皇太后と、宣教師の妻であるルーシー・ターソンとルシア・ホーマンが創造したのだった。

最後に、二〇世紀の第二・四半期の南アフリカに話を戻すと、すでに男性はシャツ、ジャケット、ズボン、女性はブラウス、スカートと誰もが西洋の衣服をまとっていた。しかし、ここに至るまでは長い紆余曲折があった。東ケープの一部を征服したブリテン人は、コサ人にヨーロッパ式の衣服を押しつけようとしたが、無駄に終わった。(49) むしろ、ファッションの変化はさまざまな社会の変化とともにに始まった。とくに一八五〇年代にようやく始まったキリスト教への改宗によるところが大きい。ただしこれはコイコイ人やケープ植民地の元奴隷、きわめて少数のコサ人やツワナ人には当てはまらない。北アメリカの田舎の教会の復興礼拝には信仰に不安を抱えている人が座る「信仰不安者席」があった。南アフリカのアメリカ人宣教師にすれば「ズールー人のシャツはこの求道者席と同じ意味を持った」[50]。

二枚の写真がそれをよく表している。一八八〇年代に現在のクワズールー＝ナタール州マリアンヒル駅周辺で、ローマ・カトリック教会の宣教師が撮ったものである。写真にはそれぞれ「異教者の村」「キリスト教徒の村」と書き込まれている。家屋の構造は異なり、ハチの巣箱のような「伝統的な」家の戸口は低いが、キリスト教徒の家には、立ったまま出入できるドアが設えてある（図8参照）。人びとも、撮影した宣教師が望んだ通り、キリスト教徒として（顔、首、両手を除けば）肌を露出させず、さまざまな衣類をまとっていた[51]。この地域ではしばらく、西洋の衣服はキリスト教のしるしであった。それは他の地域でも同様だった。南西トランスヴァール州（現北西州）の奥地ラマリアーネのある改宗者は、「すてきな衣服」をまとった人びとで一杯な天国を夢見ていた[52]。

アフリカ人が着る衣服には、新旧の意味が微妙なバランスで含まれることがあった。現在のボツワナ南部にいたバクウェナ族首長セチェレは、古くからアフリカのいたるところで権力の象徴だったヒョウ皮でヨーロッパ式のスーツを仕立てた[53]。他の人びとも宣教師の妻たちの指導のもと、長年培ってきた皮の加工技術を、ヨーロッパ製の生地に生かした。ドイツのヘルマンスブルク修道会の宣教師ベーレンスは一八六五年、プレトリア北西部のベタニーに駐在し、よく見られたであろう光景を書き留

図8　クワズールー＝ナタール州マリアンヒル駅近くのキリスト教徒の村。
Museum voor Volkenkunde, Leiden

めた。

洗礼を受けた人びとは衣服をほしがるが、どうやって手に入れればよいかは知らない[54]。端切れやあらゆる素材を集めている。彼らに衣服を売ったり、入手させるのは骨が折れる。わが修道会本部は八、九着分の生地を送ってくれたが、二日以内に売り切れた。一二着分を送ってくれたとしても、羊や山羊、現金と引き替えに完売しただろう。こうした人びとの救済のために安価な服を手に入れられないのが残念だ。ドイツで要らなくなった、とくに質のよい古着があれば、わが信者たちの見栄えも格段に上がり、裸体を隠せるものを。生地は売れ切れてしまい、わが修道会の建物の前には仕立屋の喧噪だけが残った。妻は忙しそうに布を裁ち、女たちに縫い方を教えており、いつまでもまともな縫い方を覚えず飲み込みの悪い［アフリカの］女どもに憤慨している。しかし妻は、苦労しつつも、毎日楽しく仕事に取り組んでいる。大半の人は、きちんとした格好をして教会に来る。男たちは自分の妻の普段着を縫うようになり、本当によくやっている。要するに、すでに洗礼した人や洗礼を待つ人びとはみな切実に衣服を望み、裸の状態や古くさい獣の皮、腰に巻いたものなどとは縁を切りたいのだ。[55]

改宗と洗礼の儀式では衣服に特徴がある。結婚や成人の際にもらった装飾品を取り、キリスト教徒の証しであるヘッドスカーフを着け、つぎに（少なくともヘルマンスブルク・ルター派では）洗礼の儀式用に宣教師から白い衣服を受け取る女性の話は数多い。[56]

宣教師は、布地やヨーロッパ式衣類の入手を管理できる限りでは、教区民の服装にまあまあ満足していた。しかし一八七〇年あたりから、様相は変化した。一八七〇年代にキンバリーでダイヤモンド鉱山が見つかって以降、南アフリカ内陸部のアフリカ人社会の現金収入は急増し始めた。現リンポポ州は昔から沿岸部の湾港に労働力を提供してきたが、新興の鉱山都市が大きな雇用先となったために、とうてい間に合わなくなった。[57] しばらくは、アフリカ人鉱夫はヨーロッパ人鉱夫より多くないにしても、同額の賃金を得ていた。稼いだ金は、まだ征服されていない政治組織を守るために銃と弾薬の購入にあてただけでなく、消費財、とりわけ衣類に消えた。鉱山都市でも、出稼ぎから戻った故郷の村でも、男たちは高価な衣服で身を固めた。キンバリーにはズボンと燕尾服を、必ずしも両方いっしょではないが、まとう男たちがいた。[58] ソル・プラーチエ〔南アの作家・政治家、一八七七〜一九三二〕とエリザベス・ムベレはどちらもキリスト教エリートだったが、二人の結婚式の際プラーチエは、花婿付き添い人とともに「シルクハット、モーニングコート、白いチョッキ、薄い生地のズボン、エナメル靴」を身に着けた。この勘違いはベルリン宣教師協会で育まれた[59]。田舎でも、同協会の宣教師カール・ベンヤミン・リヒターが報告するように、「われわれは、黒のスーツの上下、懐中時計の鎖が付いていないチョッキ、……頭に帽子を載せたモスート人に出くわす」が、彼の足は、オランダ東インド会社の兵士の足のように、靴に合っていなかった。アフリカ人首長の中には白人の慣習――ズボン――を取り入れてはならないと考えた者もいて、すでにキリスト教に改宗していた人びとしかあえてそれに異を唱えなかった。とはいえ、若者たちは「すぐわかるヨーロッパ式の慣習を取り入れたがるものだ」。とくに、色彩豊かな傘は彼らの成功の象徴となった。「お昼から午後遅くまで若いジェントルマンが傘をさしてぞろ歩くのが見られた。若い男性は望みをかなえた。注目されたかったし、世間もこぞって彼を見つめた[60]」。

もちろん、ひけらかしたいのは若い男性に限らなかった。教団に所属するとくに都市の女性信者は、機会があれば自分が洗練していることを示そうとした。これはルター派で顕著だった。一八七五年にフリードリヒ・グリュンベルガー師はプレトリアに説教に呼ばれたおり、こう感じた。

クリノリンの間違った使い方が黒人の間に広まっているようだった。この流行から抜け出そうとした女性もいたが、ためらう人も多かった。「あなたがクリノリンの着用を禁止するのだったら、イングランド国教会に改宗します。だって、あっちは誰も気にかけていませんから」と言ってのけた女性までいた。そこで私は強硬措置を取らなければならなかった。二人の長老を伴い、ひどく扱いにくい女性の家を皮切りに家々を回り、クリノリンをすべて没収して燃やしたのである。見物していた人びとは歓喜して笑った。(61)

修道会はクリノリンを焼やした後、社会秩序を維持し、罪深い贅沢を阻止するために、よそではことごとく失敗に終わった独自の奢侈禁止法を発布した。絹と繻子は禁止された。花嫁が絹のガウンを着て現れるとそれだけで結婚できなくなった。衣服は宣教師の妻に監視される覚悟が必要であった。だが宣教師の家族にはもっとさまざまな織物が許されていた。彼らは本心ではキリスト教における兄弟姉妹と絶対に見なさなかった人びとに対して、ヨーロッパ人の優位を露骨に確保しようとしたのだった。(62)

これは衣服の福音を説くには脅威であった。ヨーロッパ式の衣服を着た人びとは慎みのためばかりか、贅沢をはばからず誇示するためにも使った。それはプロテスタンティズムの目的につきものの問題であった。宣教師は勤勉を説いておきながら、実際は西洋が適切と考える通商関係を採用するよう勧めた。しかし、これはあくまで最終目的とすべきものだった。少なくともその目的は来世にあり、現世にはなかった。彼らは、多くの人が年中せっせと働く動機(富や地位を求める気持ちも含まれる)にどう対応してよいか、わからなかった。ハワイ諸島では、遅くとも一八四〇年代末までに、このジレンマに気づいた宣教師がいた。その人はこう書いている。

新たな欲求が生じなければ、勤勉の向上はそれほど期待できないだろう。動機がなければ誰が働くだろうか。とはいえ、儀式が過度にならないように、宣教師の側も大いに用心しなければならない。先日ハウラで［節酒の］儀式の際、靴のリボンから白手袋まで、完璧なセンスで決めた若者を目にした。儀式が終わった後に、彼が豪華な衣装をどこに預けることができたか知って私は驚いた。

宣教師は、この若者がニューイングランドの規範を取り入れていない教団施設に住んでいると知り、ショックを受けたのである。彼の目には、この傾向は間違っており、罪深く映った(63)。

次の二つの事例はもっとうまく説明できるだろう。最初の例はガーナとトーゴの国境南部にまたがるエウェランドに関するものである。ここはケンテ〔派手な色の手織り布〕生産が昔も今も盛んな地域である。色鮮やかな模様のついた幅一〇センチ未満の細長い布を織機でつくり、次にそれを縫合してひじょうに美しい大きな布にする。男性も女性もさまざまなやり方でこの布で身体を覆う。北ドイツ伝道協会の宣教師は、到着して身を落ち着けた頃（当初の仕事は奴隷の子供を市場で買い上げて解放することだった）、特殊な文明観を教え込もうとした(64)。服装の決まりで、女性は腰まわりだけでなくとくに乳房は視線を避けて布で覆わねばならず、男性も西洋式のスーツが推奨された。なかでも黒いコート、白いシャツ、ネクタイは教員のしるしとなった。おそらく他の地域と同様、男性の上着は既製服の大市場から輸入され、女性の衣類や、男もののシャツ、下着は地元で生産された。女性の宣教師は女たちに縫い方や仕立てに重要な布の裁ち方を教えるのに忙しかった（細長い布を縫い合わせるのは男の仕事だった)。

エウェ人初の改宗者は同胞のなかでも金持ちで個人主義だった可能性がある。しかし、彼らは、個人財産を利己的と見なされるとか、そのせいで魔術をかける対象になるかもしれないと心配しなくてよかった。宣教師が満足した通り、彼らはまったく怠慢ではなかった。宣教師D・バヴェンダムが述べたように、問題は以下だった。

美しい服と美食を彼らは理想とし、そのために働く。アウグスティヌスならこう言うだろう。「世俗の快楽こそ、彼らの標語である。だがパンではなく石を受け取るだろう」と。彼らはパンを探していないからだ。日曜日に教会の礼拝を終えると、私は彼らにかけよって話しかける。精神的な話をしているさなかに、誰かが、あなたの帽子、燕尾服、靴はいくらですかと聞く。さもなければ、ひまな時間に私の写真アルバムを見たいという。私が許すと、彼らはすべての頁をつぶさに見たあげく、いちばんよい襟、いちばんよいネクタイを着けたジェントルマンを正確に探しだし、その写真を指さして、こんな襟やネクタイをクリスマス用に注文してくださいと私に言う。

伝道は多くの場合、世俗の贅沢に反対するので、これは問題だった。一方で、このような国では、キリスト教の条件である慎ましい服装とは「地味ではない衣服、昔よりよい衣類」を着ることを指す。他方で、これは、同じ教えを持ち込んだ人びとには理解できないレベルの世俗性であった[65]。

第二の事例は、現ナミビアのとりわけ中心部に暮らしたヘレロ人に関連する。もともとヘレロ人の服飾史は多くの点で、アフリカ南部の諸集団の服飾史と酷似していた。先駆的な宣教師の妻エマ・ハーンは、一八四六年に裁縫教室を開設した。当初夫婦は改宗者を獲得できなかったが、エマたちはヨーロッパの衣服が理想であることを周囲の人びとに教え込むのに成功した。どこでも同じように、ヨーロッパ式の衣服はすぐさま全面的に輸入されなかったものの、男たちが略奪してきた衣服を着ているのがときおり見られた。遅くとも一八七〇年代にはナミビア中央高地の指導者層がヨーロッパ式の衣服を着るのは一般的となった。男はヨーロッパ製の上着、ズボン、靴、シャツ、帽子を着こなし、女はこの地域の人びとと同じように、長い綿のドレスを、少なくとも写真の撮影中は着用した。これは、突起が三つある被り物など、かつてヘレロ人女性が身につけていた革製の衣類に代わるものだった。その後、ヨーロッパの服を着るようになったヘレロ人女性は、当初は、アフリカ南部の人びとと同様ヘッドスカーフをしたが、後には被り物に代えた(66)。

これは、プロテスタントの影響を受けた他の地域やアフリカ南部の衣服の歴史からすると、驚くべきことである。一八八〇年代の様式が今日でもまだ生きており、完全にヘレロの「伝統」となっているのは注目に値する。身ごろ、スカート、エプロン、被り物といった各要素には、ヘレロ語の名前がついている。ヘレロ人女性は成人すると必ず長いドレスを着る。この服装は薪集め、水運び、料理といった仕事に最適とは言えず、洗濯やアイロン（通常は木炭のアイロン）に何時間もかけないと見栄えも悪い。本体だけで布地はゆうに一〇ヤードあり、そのうえ厚い綿のペティコートも加わる大変な衣類である（図9参照）。また、一九世紀と二〇世紀初頭の各指導者の支持者が組織する、ヘレロ人社会のさまざまな政治的派閥は、少なくとも公的な場では、女性の着るドレスの色（男性の支持者の振る旗と同じ色）で相互に区別をはかっている。こうしてマヘレロの一派は赤い旗で女性は赤いドレスを着るし、ムバンデル指導者の支持者は緑の旗で緑のドレスを着るのである。[67]

この保守主義はなにに由来するのか。ヘレロ人の女性性を象徴するに至ったことは疑いない。女性は、この特殊なドレスによって特有な振る舞いをすると考えられている。ヘレロ的な美の観念はまた完璧な体型に重きをおく。これを着て体型を引き立たせるのである。[68] とはいえ、そうした観念があるとしても、なぜ、ナミビアやボツワナで、よく似た身体の美学や伝道の服飾史を有するツワナ人女性がこの服装をしないのに、ヘレロ人女性がこれを着続けるのか、説明できない。[69] 一九〇四年から一九〇八年までドイツ人入植者が繰り広げたヘレロ人大殺戮によってヘレロの二〇世紀の歴史が方向づけられた、というのがその答えである。そのせいで、ヘレロ人の五人に四人が死に、生き残った人の大半は現ボツワナへ逃げ込んだ。その多くが南西アフリカ（ナミビアの旧称）へ帰還したのはかなり時間が経ってからだった。[70] このような事情でいったんなくなりかけたアイデンティティの維持が、ひじょうに重要な問題となった。ナミビアでもボツワナでもヘレロ人は長いドレスを着ることで、自分と先祖の生存を確認するのだ。集団的トラウマへの独特な対処法といえる。

ヘレロ人女性が保守的な衣装で自分のアイデンティティを主張するとしたら、ヘレロ人男性もドイツ風の制服を着たり、ドイツ陸軍（後にはブリテン陸軍）で階級を上げたりしてアイデンティティを主張する。[71] しかし、これは民族儀礼のような特別な場合に限られた。男性は流行の西洋の衣服を着て富を誇示した。大殺戮前の風潮に戻ったのだった。この傾向は、ナマ語話者（もともとヘレロに属していたが、戦争中にエスニシティを変えた人びと）がシルクハットを被って教会に行き、ドイツ人宣

図 9　ダンスをするヘレロ人女性。The Namibian National Archive

教師を刺激した直後から見られた。[72] 現在まで続く一種の大胆な挑戦であり、この植民地に生きるすべての人は平等だとの主張である。ナミビアの首都ヴィントフークのインディペンデンス通りにしゃれた男性用品店を構えるオットー・ミュールは、ヘレロ人男性向けの高級スーツだけを扱う。[73] だがより広い視野で見ると、植民地社会の服飾史は、アフリカと同様、アジアやラテンアメリカでも、植民者との平等を主張する政治的な必要によって動いた。そうしたのは、ヘレロ人男性だけではなかったのである。

註

（1） 一例として、以下を参照。William J. F. Keenan, "Clothed with Authority: The Rationalization of Marist Dress-Culture", in Linda B. Arthur (ed.), *Undressing Religion: Commitment and Conversion from a Cross-Cultural Perspective*, Oxford and New York, Berg, 2000, 83–100.

（2） この情報に関して Mw. Nettie Tichelaar に感謝する。以下も参照。M. J. Aalders, *De komst van de toga: een historisch onderzoek naar het verdwijnen van mantel en bef en de komst van toga op de Nederlandse kansels, 1796–1898*, Delft, Eburon, 2001.

（3） Susan Thorne, "'The Conversion of Englishmen and the Conversion of the World Inseparable': Missionary Imperialism and the Language of Class in Early Industrial Britain", in Frederick Cooper and Ann Laura Stoler (eds), *Tensions of Empire: Colonial Cultures in a Bourgeois World*, Berkeley, Los Angeles and London, University of California Press, 238–62.

（4） M. J. D. Robert, *Making English Morals: Voluntary Association and Moral Reform in England, 1787–1886*, Cambridge, Cambridge UP, 2004.

（5） 以下参照。Ryan Dunch, "Beyond Cultural Imperialism: Cultural Theory, Christian Missions, and Global Modernity", *History and Theory*, 41, 2002; Andrew N. Porter, "'Cultural Imperialism' and Protestant Missionary Enterprise", *Journal of Imperial *and Commonwealth History*, 25, 1997.

(6) Bernhard Krüger, *The Pear Tree Blossoms: A History of the Moravian Mission Stations in South Africa, 1737–1869*, Genadendal, Genadendal Printing Works, 1967, 80; A. M. Lewin Robinson with Margaret Lenta and Dorothy Driver (eds), *The Cape Journals of Lady Anne Barnard, 1797–1798*, Cape Town, Van Riebeeck Society, 1994, 339. 以下も参照。 John Barrow, *An account of travels into the interior of Southern Africa in the years 1797 and 1798: including cursory observations on the geology and geography... with a map constructed entirely from actual observations*, London: Cadell and Davies, 2 vols, 1801–4, I, 352–3.

(7) C. I. Latrobe, *Journal of a Visit to South Africa in 1815 and 1816, with Some Account of the Missionary Settlements of the United Brethren near the Cape of Good Hope*, New York, James Eastburn & Co., 1818, 74.

(8) F. A. Steytler (ed.), "Minutes of the First Conference held by the African Missionaries at Graaff Reinet in August 1814", *Hertzog-Annale van die Suid-Afrikaanse Akademie vir Wetenskap en Kuns*, III, 1956, 111. カロスとは毛皮の外套で、コイコイ人の標準服であった。

(9) Eugene Casalis, *My Life in Basutoland: A Story of Missionary Enterprise in South Africa*, trans. J. Brierley, London, Religious Tract Society, 1889. Casalis は同書で一八三三年にベセルスドープを訪問した際に伝聞したことを詳述している。

(10) John Philip, "A Narrative written for Buxton", LMS archives, School of Oriental and African Studies, London, Africa Odds, Philip Papers, Box 3, folder 5.

(11) John Philip, *Researches in South Africa, Illustrating the Civil, Moral and Religious Condition of the Native Tribes*, 2 vols, London, James Duncan, 1828, I, 219.

(12) Ibid., 210–11.

(13) Ibid., 222.

(14) Journal of Samuel Rolland, 17. 2. 1830, Archives of the Paris Evangelical Missionary Society, Bibliothèque nationale, Paris; *Journal des missions évangeliques*, V, 1830, 241–4.

(15) たとえば John Garrett, *To Live among the Stars: Christian Origins in Oceania*, Geneva and Suva, World Council of Churches

in association with the Institute of Pacific Studies, University of the South Pacific, 1982.

(16) Margaret Maynard, *Fashioned from Penury: Dress as Cultural Practice in Colonial Australia*, Cambridge, Cambridge UP, 1994, 61–2.

(17) Lancelot Threlkeld, *Australian Reminiscences and Papers of L. E. Threlkeld, Missionary to the Aborigines*, ed. Neil Gunson, Canberra, Australian Institute of Aboriginal Studies, 1974, 44. 以下に引用。Anna Johnston, *Missionary Writing and Empire, 1800–1860*, Cambridge, Cambridge UP, 2003, 167.

(18) Maynard, *Fashioned from Penury*, 61–8.

(19) Louise Meredith, *Notes and Sketches of New South Wales during a Residence in that Colony, 1839–44*, reprinted Harmondsworth, Penguin, 1973, 99–100. 以下に引用。Maynard, *Fashioned from Penury*, 72.

(20) たとえば、以下を参照。Nicholas Thomas, Anna Cole and Bronwen Douglas (eds), *Tattoo: Bodies, Art and Exchange in the Pacific and the West*, London, Reaktion, 2005.

(21) Lissant Bolton, "Gender, Status and Introduced Clothing in Vanuatu", in Chloë Colchester (ed.), *Clothing the Pacific*, Oxford, Berg, 2003, 120.

(22) Anne D'Alleva, "Elite Clothing and the Social Fabric of Pre-Colonial Tahiti", in Susanne Küchler and Graeme Were (eds), *The Art of Clothing: A Pacific Experience*, London, UCL Press, 2005, 53.

(23) Linda B. Arthur, "Hawaiian Women and Dress: The *Holukū* as an Expression of Ethnicity", *Fashion Theory*, 2, 1998, 270.

(24) Serge Tcherkézoff, "Of Cloth, Gifts and Nudity: Regarding some European Misunderstandings during Early Encounters in Polynesia", in Colchester (ed.), *Clothing the Pacific*, 72.

(25) たとえば、以下に収録された、ジョン・ウィリアムズ師が南バヌアツに到着した時の写真を見よ。Nicholas Thomas, "Technologies of Conversion: Cloth and Christianity in Polynesia", in Artah Brah and Anne E. Coombes (eds), *Hybridity and its Discontents: Politics, Science, Culture*, London and New York, Routledge, 2000, 206. ところで、ロンドン伝道協会の文書館員イレーヌ・フレッチャー氏がかつてうれしそうに教えてくれたのだが、ウィリアムズは、ほんと

うに食べられてしまった数少ない宣教師の一人だった。人食い人種は相手のブーツが厚すぎると喰わないという有名なジョークにはあまり信憑性はない。

(26) John Williams, *Missionary Enterprises in the South Sea Islands*, London, J. Snow, 1837, 582. 以下に引用。Johnston, *Missionary Writing and Empire*, 147.

(27) Johnston, *Missionary Writing and Empire*, 147–8.

(28) Williams, *Missionary Enterprises*, 114. 引用は ibid., 148.

(29) William Gill, *Gems from the Coral Islands; or Incidents of Contrast between Savage and Christian Life of the South Sea Islanders*, vol I: *Western Polynesia*; vol. II: *Eastern Polynesia*, London, Presbyterian Board of Publication, 1856, II, 96. 以下に引用。Niel Gunson, *Messengers of Grace: Evangelical Missionaries in the South Seas, 1797–1860*, Melbourne, Oxford UP, 1979, 275–6.

(30) J. Waterhouse, *The King and the People of Fiji: Containing a life of Thakombau ... previous to the Great Religious Transformation in 1854*, New York, AMS Press, 1866, 258–61. 以下に引用。Chloë Colchester, “Objects of Conversion: Concerning the Transfer of *Sulu* to Fiji”, in Küchler and Were (eds), *The Art of Clothing*, 40–1.

(31) R. Moyle (ed.), *The Samoan Journals of John Williams, 1830 and 1832*, Canberra, Australian National University Press, 1984, 68, 237. 以下に引用。Thomas, “Technologies of Conversion”, 207.

(32) Charles W. Forman, *The Island Churches of the South Pacific: Emergence in the Twentieth Century*, Maryknoll, New York, Orbis, 1982. 以下に引用。Johnston, *Missionary Writing and Empire*, 147.

(33) Patrick O’Reilly and Jean Poirier, “L’Évolution du costume”, *Journal de la Société des Océanistes*, 9, 1953, 152.

(34) 以下に引用。Bolton, “Gender, Status and Introduced Clothing in Vanuatu”, 129.

(35) Garrett, *To Live among the Stars*, 47.

(36) 一般には以下を参照。Margaret Jolly, “‘To Save the Girls for Brighter and Better Lives’: Presbyterian Missions and Women in the South of Vanuatu: 1848–1870”, *Journal of Pacific History*, 26, 1991, 27–48; Richard Eves, “Colonialism, Corporeality and Character: Methodist Missions and the Refashioning of Bodies in the Pacific”, *History and Anthropology*, 10, 1996, 85–138.

（37） D'Alleva, "Elite Clothing", 47, 55–6.

（38） Tcherkézoff, "Of Cloths, Gifts and Nudity", 66, 73.

（39） Letter from Charles Barff to the LMS, 26. 7. 1865. 以下に引用。 Gunson, *Messengers of Grace*, 275.

（40） Thomas, "Technologies of Conversion", 205–1; Susanne Küchler, "The Poncho and the Quilt: Material Christianity in the Cook Islands", in Colchester（ed.）, *Clothing the Pacific*, 99.

（41） Küchler, "The Poncho and the Quilt", 104.

（42） Colchester, "Objects of Conversion", 34–5.

（43） たとえば，以下の追悼記事に添えられた写真を見よ。 Ratu Sir Kamisese Mara, *Guardian*, 23. 4. 2004.

（44） Sally Engle Merry, *Colonizing Hawai'i: The Cultural Power of Law*, Princeton, Princeton UP, 2000, 61 は以下を引用。 *Missionary Herald*, 1821, 115.

（45） Patrick V. Kirch and Marshall Sahlins, *Anahulu: The Anthropology of History in the Kingdom of Hawaii*, vol. I: *Historical Ethnography*, Chicago and London, University of Chicago Press, 1992, 57–82.

（46） Ibid., 78.

（47） Linda B. Arthur, "Cultural Authenticatron Refined: The Case of the Hawaiian Holokū", *Clothing and Textiles Research Journal*, 15, 1997, 131–2.

（48） Linda B. Arthur, "Fossilized Fashion in Hawai'i", *Paideusis: Journal for Interdisciplinary and Cross-cultural Studies*, 1, 1998, A-15-28; ead., "Hawaiian Women and Dress: The *Holokū* as an Expression of Ethnicity", *Fashion Theory*, 2, 1998, 269–86.

（49） Alan Lester, *Colonial Discourse and the Colonisation of Queen Adelaide Province, South Africa*, London, Historical Geography Research Series, no. 34, 1998, 44–54.

（50） J. Tyler, 1868. 以下に引用。 Norman Etherington, "Outward and Visible Signs of Conversion in Nineteenth-Century KwaZulu-Natal", *Journal of Religion in Africa*, 32, 2002, 435.

（51） Linda Roodenburg, *De Bril van Anceaux: volkenkundige fotografie vanaf 1860,* Zwolle, Waanders for the Rijksmuseum voor

Volkenkunde, Leiden, 2002.

（52） Kirsten Rüther, *The Power Beyond: Mission Strategies, African Conversion and the Development of a Christian Culture in the Transvaal*, Münster, Lit Verlag, 2001, 108.

（53） John Comaroff and Jean Comaroff, *Of Revelation and Revolution: The Dialectics of Modernity on a South African Frontier*, II, Chicago and London, University of Chicago Press, 244. ツワナ人にさまざまな手本を示した宣教師ロバート・モファも、意識してかどうかはともかく、ときおりヒョウ革のチョッキを着て出かけた。Ibid., 249.

（54） この宣教師は、すでに洗礼を受けた人びとはたいてい若く家畜を持っていないと説明した。

（55） 以下に引用。Rüther, *The Power Beyond*, 204–5. 残念ながら Rüther は、ヘルマンスブルク修道会に四人いたベーレンス宣教師のどの人がこの頁の著者なのか言及していない。

（56） Ibid., 205–6.

（57） Peter Delius, “Migrant Labour and the Pedi, 1840–1880”, in Shula Marks and Anthony Atmore (eds), *Economy and Society in Pre-Industrial South Africa*, London, Longmans, 1980, 292–313.

（58） Patrick Harries, *Work, Culture, and Identity: Migrant Laborers in Mozambique and South Africa, c. 1860–1910*, London, James Currey, 1994, 60, 176.

（59） Brian Willan, “An African in Kimberley: Sol. T. Plaatje, 1894–1898”, in Shula Marks and Richard Rathbone (eds), *Industrialisation and Social Change in South Africa: African Class Formation, Culture and Consciousness, 1870–1930*, London, Longmans, 1982, 254 は以下を引用。*Diamond Fields Advertiser*, 26. 1. 1898.

（60） C. B. Richter in the *Berliner Missionberichte*, 1882, 57–8. 以下に（翻訳の上）引用。Rüther, *The Power Beyond*, 215.

（61） Rüther, *The Power Beyond*, 199. 一八七五年まで、クリノリンはヨーロッパではすでに流行遅れとなっていたが、プレトリアの宣教師もアフリカ人女性も知らなかった。

（62） Ibid., 218. cf. Philip Prein, “Guns and Top Hats: African Resistance in German South West Africa, 1907–1915”, *Journal of Southern African Studies*, 20, 1994.

（63） Kirch and Sahlins, *Analulu*, I, 163–5 は以下の報告書を引用。the Rev. John C. Emerson, in 1848; Haula は Haole と綴られるべきである。

（64） まもなく北ドイツ伝道協会の理論家たちは、普遍的な「文明」と、これと衝突しない限りで奨励される民族固有の「文化」の魅力的な区別を開発した。以下を参照。Birgit Meyer, “Christianity and the Ewe Nation: German Pietist Missionaries, Ewe Converts and the Politics of Culture”, *Journal of Religion in Africa*, 32, 2002, 167–99.

（65） Birgit Meyer, “Christian Mind and Worldly Matters: Religion and Materiality in Nineteenth-Century Gold Coast”, *Journal of Material Culture*, 2, 1998, 311–37. 引用箇所は 328. 伝道についても同著者の文献を参照。*Translating the Devil: Religion and Modernity among the Ewe in Ghana*, Edinburgh, Edinburgh UP, 1999.

（66） Hildi Hendrickson, “The ‘Long’ Dress and the Construction of Herero Identities in Southern Africa”, *African Studies*, 53, 1994.

（67） Hildi Hendrickson, “Bodies and Flags: The Representation of Herero Identity in Colonial Namibia”, in Hildi Hendrickson (ed.), *Clothing and Difference, Embodied Identities in Colonial and Post-Colonial Africa*, Durham, NC, and London, Duke University Press, 1996, 213–44.

（68） Deborah Durham, “The Predicament of Dress: Polyvalency and the Ironies of Cultural Identity”, *American Ethnologist*, 26, 1999, 389–411.

（69） たとえば以下の写真を見よ。Comaroff and Comaroff, *Of Revelation and Revolution*, II, 261, 265.

（70） Jan-Bart Gewald, *Herero Heroes: A Socio-Political History of the Herero of Namibia, 1890–1923*, Oxford, James Currey, 1999; idem, *“We Thought We Would be Free”: Socio- Cultural Aspects of Herero History in Namibia, 1915–1940*, Cologne, Rüdiger Köppe, 2000.

（71） Wolfgang Werner, “‘Playing Soldiers’: The Truppenspieler Movement among the Herero of Namibia”, *Journal of Southern African Studies*, 16, 1990, 485–502; Hendrickson, “Bodies and Flags”.

（72） Prein, “Guns and Top Hats”, 99–100.

(73) Jan-Bart Gewald からの個人的な情報。

第8章　身体の再編、精神の改革

男性と女性が身に着けるあらゆる形式の衣服の中でも、制服はそのメッセージがもっとも曖昧でなく、権力者がそれを使って自分の意志を押しつける成果がかなりはっきりと現れる衣服でもある。制服は、きわめて多様で明確な目的をたくさん持っている。いちばんの基本は、「やつら」と「われわれ」を区別することである。兵士は誰を殺し誰を助けるかを知らなければならない。サッカー選手は誰が味方か誰にボールを出すべきか知る必要がある。クリケット選手は、ゲームの性質上、味方と敵をたやすく判別できるので、全員が同じ白い無地を着ている（少なくともかつては着ていた）。また、同じ作用の延長で、制服は特定の地位あるいは職業を表すのにも使われる。その昔、貴族の使用人はお仕着せを着たものだったし、大きなお屋敷はよその使用人と区別するために制服を支給した。たとえばバスの車掌とか飛行機のスチュワーデスが会社の制服を着るのも同じ伝統の一環であり、だから人びとはその人の正体がわかるし、彼らの勤務する会社のイメージがもたらされるのである。企業は先端的で野暮ったいと思われないように、定期的に制服を更新する。だが、古風とか民族調とまではいかなくとも、老舗の信用あるイメージを従業員の服に込める場合もあるかもしれない。

しかし航空会社や空港近くの国際ホテルといったグローバル企業は、後者の例に含まれない。どの国でも上級管理職は国際的なビジネススーツを着るし、航空機の乗組員はパイロットの服装をする。飛行機の中でパイロットがサロン〔ジャワ人の腰布〕を着ているのを見て安心できる人がいるだろうか。ところが、下級職員は通常、その国の民族衣装のような制服を着ている（制服はそもそも創作されるものだが）。自分はいまどこの国にいるのか忘れてしまう人は、これで再確認できるわけである。

だがこうした機能も、たいていの制服におけるいくぶん矛盾しつつも補完的な特性に比べると、たいしたことではない。軍隊、学校、看護など多くの施設で、制服は、画一性を強いると同時に差異を明らかにする。差異から先に述べると、いかなる階層的組織も、幹部とその他を区別する方法がある。遅くとも一八世紀以降、どのヨーロッパの軍隊も記章で、誰が兵卒で中尉で大将なのかを明示している。戦場では指揮官しか変わった格好は許されなかった。それにいつも許されるわけではなかった。たとえば、第二次世界大戦中バーナード・モンゴメリー将軍は、ときどきベレー帽とジャンパーを着た。その独特な装いのおかげで、ブリテン第八軍司令官という地位がさらに強調されたのだった。制服のあるブリテンの学校ではどこでも、例外という特権を求めて競争が繰り広げられた。私の場合は、あるクラス以上になると学生帽は被らなくともよくなり、体育の好成績と監督生を表す派手な縞柄のネクタイ、奨学生がボタンホールにつける銀の魚の飾りをもらった。典型的な例はおそらくイートンであろう。いまだに一八二〇年に死去したジョージ三世の喪中と言われ、制服を着る伝統があるブリテンでもっとも古い学校である。生徒会の役員「ポップ」に選ばれた生徒は、ひときわ目立つ派手なチョッキを着る。最上級生になると制服は強制ではなくなり、個性を取り戻す。

だが制服の補完的な機能とは、まさにその個性を抑えることである。一七世紀以降のヨーロッパの軍隊でこれが初めて明確になった。イングランド内戦でクロムウェルの指揮のもと、新型軍は兵士全員に同じ赤いコートを着せようとした初の試みだった。だが、切迫した戦闘で多くのコートがぼろぼろになり、戦場における忠誠を一様には証明できなかった[1]。にもかかわらず、一七世紀末から、兵士の衣服は、新たな規律を教え込む主な方法となった。それが必要な理由はいくつかあった。マウリッツ・ファン・ナッサウ〔オランダ総督、オラニエ公。一五六七〜一六二五年〕が、オランダの軍隊を専門職化したことと関わるが、彼は制服を導入していない。兵士に滞りなく賃金が支払われ、傭兵主体で構成されなくなると、兵士に定期的に同じ衣服を支給する方が合理的となる。この頃マウリッツは新しい戦術を導入した。歩兵大隊に一斉射撃をさせ、間断なく発射する反転行進射撃を行わせたのである。しかしヨーロッパの軍隊がみなこの戦術を採用すると、結果は破壊的どころか自殺行為に近かった。一七、一八世紀のヨーロッパの戦争は、史上もっとも残酷なものだった。連射能力を保持し、大量の死傷者を出しても規律を保てるよう、軍隊は徹底的に鍛える必要があった。これにともない部隊に強い団結心が生まれた。同じ衣服を着たからこそ強まったのである[2]。

ルイ一四世やブランデンブルク＝プロイセンの大選帝侯をはじめとする一七世紀末の軍事的な君主にとって、召集兵・徴集兵は文字通り玩具の兵隊のように、非人間的な単位だった。彼らは君主の前で、時間の面でも服装の面でもきわめて規律正しく行進した。フランス軍では、太陽王の治世から、きちんとした装備をするよう心がけていた。太陽王のもと、兵士は三年ごとにチョッキとコート各一着、毎年半ズボン二着、二年ごとに帽子一ケを支給された。その他の支給品は以下である。

シャツ三枚、白いディミティー〔浮畝縞の綿布〕の襟二枚、……靴二足、ゲートル三足、靴下二足、ハンカチ二枚、襟の留め金一ケ、靴の留め金一組、ゲートルの留め金一組、髪粉一袋とパフ、櫛・歯ブラシ・服ブラシ各一ケ、靴ブラシ二ケ、真鍮磨きブラシ一ケ、……糸、針、古布と古リネン数枚。(3)

兵士を少しでもよい服装や装備で戦場に送り出す軍隊は、戦闘が終わっても傷病兵や脱走兵をあまり出さず、長い目で見れば勝利を収めると信じられていた。支給服が過酷な戦闘（とくに敗け戦）に耐える質かどうかはまったく別の問題だが、観兵式場では彼らの衣服は印象を残した。また、連隊にはある程度統一性が求められたが、細部の違いはもちろん不可欠で、エリートの近衛兵や騎兵隊はとくに華やかで目立った。白はフランス軍、青はプロイセン軍、赤はブリテン軍の色だった。(4) 彼らはよく訓練され規律がとれた組織になった。

衣服と規律の関係、衣服と各行動様式の関係をみて、権威主義的な支配者は間違った結論を導くことが多い。全体的には権威主義的な社会工学の一環として、個別には「後進」国の近代化のために、軍隊に強いる規律を社会全体に拡げようとした。特定の服装様式が近代性の証しになったら（どんな時に何を意味するのであれ）、その格好をせよと命じれば臣民を近代化できると考えたのだった。これとは逆にある衣服を因習的で反進歩的と見なせば、そうした衣服を駆逐し、旧慣も禁じようとする。

こうした議論は間違っており、一種の共感呪術〔原因と結果に相互作用があるという考え〕に依拠していることを明らかにすべきだろう。衣服とその他の社会的・経済的・政治的行動様式との因果関係は一方通行である。人はさまざまな理由で衣服を着る。いまの自分にふさわしいからとか、そのような人間と思われたいからというのもひとつの理由である。しかし特定の装いをした人が、いつもそういう服を着るとは限らない。法律などにより服装が定められている場合は、なおさらそうである。外見は内面を映しだすかもしれないが、必ずというわけではない。

この議論に若干のニュアンスをもたせる必要がある。近代化政策は服装だけにとどまらない。住民は行政措置の幅広い圧力を認める限り、命じられた衣服を着る程度の覚悟はあるし、いくらか誇らしげに近代化の証しとしても着用する。しかし、道徳、宗教、愛国心に反すると人びとが感ずるような衣服を押しつけても、逆効果になりかねない。

近代化路線を徹底して進めた先がけは、ロシアのピョートル大帝であった。彼は、当時の基準からすると、遅れて貧しいだけでなくきわめて多様性に富んだ国の支配者であった。モスクワ市民の家財目録に関する研究によると、一七世紀には一四三種類ものカフタン〔長袖で足首まであるガウン〕があり、少なくとも一〇の基本カテゴリーに分類できた(5)。ピョートル大帝は一六九八年に西欧の視察から帰ると、自らの帝国をドイツやイングランドの宮廷、オランダの造船所と同じ水準にしようと取りかかった。まず取り組んだのが、身近にいる人びとの外見の改革だった。ロシア正教総主教と一定の年齢の人を除いて、男性はみな髭を剃るべしと彼は命じた。これは愛国者や宗教者の感情を逆撫でした。ある論説はこう警告した。

キリストの再臨の肖像を見よ、キリストの右側に立つ立派な人びとは全員、あご髭をはやしているではないか。その左側には、イスラーム教徒や異端者、ルター派、ポーランド人といった髭を剃ったり、犬猫のような頬髭をはやした人びとがいる。どちらを見倣うべきか、左右どちらの側に立つか心に留めるがよい。(6)

この頃、ピョートルは、モスクワ市臣民の服装改革に着手し、布告を出した。

商売のためにやってくる農奴も含め、モスクワ市のすべての住民はドイツの衣服を着用すること（ただし聖職者と農業労働者は除く）。男性はフランスかサクソンのコートの下は袖付きのチョッキ、ズボンを着て、ブーツか短靴、ドイツ製の帽子を身に着けること。……聖職者の女性や将校・マスケット銃兵・兵卒の妻など階級にかかわらず女性とその子供はみなドイツのドレス、帽子、スカート、靴を着用すること。本日より、何人もロシアの衣服、コーカサスのカフタン、羊皮のコート・ズボン、ブーツを着てはならない。……最後に、職人は［これらの製品の］製造・販売をしてはならない。(7)

ピョートルは、田舎からやってくる人びとに着るべき服を示すモデルをモスクワの城門に配置し、コートの丈が長すぎる人に罰金を科し裾を切る査察官を市内全域に派遣した。身体の線を隠す女性の衣服も消えた。宮廷では、襟ぐりの深いデコルテ・ドレスが流行し、きゅっと絞ったラインで腰が目立つようになった。髪を覆う被り物もなくなった。[8] このような装いをした女性は男性とうち解けやすく、男女を別にする宮廷の古い慣習も消えた。

しだいに高級官僚になりつつあった貴族の衣服は、西洋化されたうえ厳しく規制された。軍隊だけでなく行政機関でも、階級を明確にするために、制服を着用した。職場の地位が上がれば、記章が与えられた。出世すると男性のズボンは白から黒に、リボンは赤から青に、モールは銀から金になり、その地位をたたえた。宮廷という競争社会における成功と失敗が明らかにされたのである。[9]

そのあげく、ロシアは近代国家というより精神分裂ぎみの国家になった。貴族や宮廷の人間は西洋人になろうとして西洋の衣服を着たり、フランス語を話すようになった。ピョートルの布告後も、ツァーリが市内にいないときなど、伝統的な衣服に戻る女性もいたが、まもなく見られなくなった。田舎は対照的に、違法のカフタンがいつまでも見られ、ロシア的なままであった。このきわめて階層化された社会における二つの民族ははっきり区別できた。ピョートルは過去を否定し、社会を統合する象徴的な絆を断ち切り、法的な絆だけを保持した。

とはいえ、やがて経済が成長し西ヨーロッパと接触する機会が増すと、ロシア社会の基盤が変化してきた。徐々に農奴と貴族の国、旧来のロシアと見せかけのヨーロッパの国ではなくなるにつれて、ピョートル大帝による近代化政策とは反対の効果が生じ始めた。都市化し工業化した社会の都市新住民、最終的には解放農奴や小農たちも、西洋の模倣の一環として、地方で発達した既製服産業の製品である西洋式の衣服を着るようになった。小農の女性は嫁入りの際、羊毛や絹、綿のドレス、毛織物か毛皮のコートとケープを持参した。それは手製ではなく、女性は民族衣装を縫う技術を失った。一八七三年にあるジャーナリストは、ポドリスク市からこう報告している。

下着を除く衣類はすべて機械製である。靴は、足にぴったり合うように縫製され、品質が向上した。手作りの麦わら帽子は暑い日にしか被らない。ふだんは縁なし帽子である。悪天候の日には市販のフェルト帽を被る人はあまりなく、冬には一・五ルーブル以上はする地元製の羊の皮の帽子を被る。若い男性は麦わら帽子に毛織りのリボンを付ける。リボンは折り襟のネクタイとして使うこともある。近頃はどこでもチョッキを着るようになった。女性はキャリコのスカートとエプロンを身につける。民族衣装は高齢の女性しか着ない。一般に女性の衣類は手製ではなく工場製である。その傾向は都市や砂糖工場の近郊でとくに顕著である。小農は工場製の服を着るうえ、リネンも購入する。じっさい、どの小売店にもこうした魅力的な製品が並んでいる(10)。

例によって、これは反発を呼んだ。ノヴゴロド市の役人は不平を述べている。「衣服に贅を尽くす人はあきれるくらい多い。小農が妻に一〇〇ルーブルの衣服を買い、自分も都会の服できめたせいで、家庭が荒廃するのは珍しいことではない(11)」。すでに貴族はこれより前に近代化の過程で(彼らから見れば)失われたロシアの本質を取り戻そうとしていた。ある回顧録作者は一九世紀初頭に貴族はダーチャ〔とくに夏場に使う田舎の別荘〕で休暇を過ごすとき、「ロシア人らしさを意識して」ロシア式の衣服を着たと書いている(12)。プーシキンもトルストイもおもにロシアの衣服を着た。母なるロシアのロマン主義的な理想を衣服で表現したのである。じっさい、ロマノフ朝末期に、小農の衣服をいつも着ていたほぼ唯一の職業集団は、貴族の乳母であった。高い身分の一族の子弟に、母乳といっしょにロシア人らしさを文字通り吸収してもらうわけにもいかず、これは次善の策にすぎなかった。[13]

ピョートル大帝は、支配下の諸国に西欧の模倣をさせ発展させようとした、つまり強制的で加速度的な「近代化」をもたらし臣民の外見を大きく変えようとした、最初の独裁者だった。一九世紀末以降、このような体制はいくつかあった。もっとも急進的で、長期にわたってもっとも成功したのは、明治維新後の日本だった。これによりもちろん天皇は数世紀ぶりに最高統治権者に復帰したが、明治維新によって廃止された徳川幕府（一六〇三～一八六八年）期と同様、実質的な権力はほとんどなく、政府の方針や着るように要請された服装を気に入らなかったであろう。日本の新たな支配者は、欧米の影響を拒絶する旧来の攘夷政策の失敗に懲りて、西洋との平等をめざし、西洋式の経済・社会改革に、急いで着手した。驚くほど短期間で郵便と通貨のしくみが再編されて、最初の鉄道が開通し、子供の義務教育が導入された。この上からの再編のひとつに、完璧に実施された人びとの全面的な衣更えがあった。この転換は上意下達で始まった。明治維新以前から、幕府の陸軍も海軍も徐々にヨーロッパ式の毛織物を着はじめていたが、牧羊業がなく、新しい素材に対応する仕立屋を早急に養成しなければならないこの国はそのせいで大混乱に陥った。じじつ一八六〇年代には同国の輸入額の二〇～四〇％を軍の毛織物が占めた。[14] 一八六八年に明治維新が起こると、状況は急展開した。一八七一年一〇月に服制改革内勅（華族が対象）、一八七二年一一月に燕尾服を文官の礼服とする太政官布告第三三九号（文官と非役有位者対象）が発布された。一八七一年に天皇は以下のように宣言した。

朕惟フニ風俗ナル者移換以テ時ノ宜シキニ随ヒ国体ナル者不抜以テ其勢ヲ制ス今衣冠ノ制中古唐制ニ摸倣セシヨリ流テ軟弱ノ風ヲナス……神武創業神功征韓ノ如キ決テ今日ノ風姿ニアラス豈一日モ軟弱以テ天下ニ示ス可ケンヤ朕今断然其服制ヲ更メ其風俗ヲ一新シ祖宗以来尚武ノ国体ヲ立ント欲ス汝近臣其レ朕カ意ヲ体セヨ(15)

〔国体は不屈だが、風俗習慣は改変できる。わが宮廷の制服は中国の慣習に倣って制定され、様式、性格においてきわめて軟弱となっているのは大いに遺憾である。……日本を創設した神武天皇、朝鮮を征服した神功皇后は今の様式の衣服を着ていなかった。われわれはもはや軟弱な格好をして人びとの前に現れてはならないし、全面的な衣服規制の改革を決断した〕

固有の服(裃)や身分を示す髪型など、武士階級の最後の特権は廃止された。綿や絹の民族衣装を着た旧幕府軍のクーデターは、毛織物の軍服を着た新政府軍に破れて、失敗に終わった。天皇は陸軍元帥の軍服を着て、同時代のヨーロッパ人男性のように断髪にした。一八七六年の布告によって、文官の通常服はフロックコートと定められた(16)。ほぼ同じ頃日本人エリートは、西洋人に裸と見られかねないとして男性の褌一丁を人前では禁止する法律を公布した(17)。一八八〇年代に文部省は、国公立の大学、専門学校の学生は西洋式の制服を着るべしと通達を出した。私立の大学、専門学校、高校が洋服の制服を採用するまでにはもう少し時間がかかり、女学校は二〇世紀になってもしばらくは着物と洋服の間を揺れ動いた(18)。

洋服への転換は、当初は男だけの問題だった。この一〇年ほどの間、皇族の男性はフロックコートか軍服、女性は伝統的な着物姿であった。しかし一八八〇年代末になると、皇后は袖口に刺繡が入りウェストを絞ったバッスルドレスという、パリで流行の装いでいるのを目撃され、描かれる。[19]上流社会は当時最新の形で近代化され、それがゆっくりと庶民にも広がっていった。

男女ともすでに馴染んでいた着物から上着、シャツ、ズボンまたはドレスに変わる過程は緩慢だった。おそらく、「伝統的な」衣服の素材として、サージ〔綾織りの毛織物〕などが新たに導入されたため、遅れたのだろう。日本人は、仕事をはじめ外出先から帰宅するとすぐにスーツやドレスを脱いで着物に着替えるのが長年の習慣であり、いまでもそうかもしれない。[20]一九二〇年代までは東京でさえ、男性は大半が町中ではヨーロッパ式の服装をしていたが、女性はほぼ全員着物を着ていた。[21]大勢の女性が町中や職場に進出するようになって、ようやく洋服が普及し始めたのである。スーツやドレスなどは私的な世界とはかけ離れた新しい公的な世界の衣服と見なされた。遅くとも一九二〇年代以降、賃金労働者は、現在の地位にふさわしいヨーロッパ式の服装をするよう求められた。制服を着るばあいも、西洋式の制服だった。サラリーマンはダークスーツに白のワイシャツ、地味なネクタイを着用し、OLは「会社の堅苦しい制服」、暴力団員ですら派手なスーツにけばけばしいネクタイというように、決められたも同然の服装をするようになる。子供は、幼いときから学校には制服を着て通う。[22]日本では他のどこよりも、衣服に住民の規律、少なくとも秩序ある社会の規律を表す意味があるのだろう。

明治以前の和服は、いまでも大工や庭師、あるいは陶芸家のような芸術家など伝統的であると自負する人びとや、茶道や書道の席で目にすることができる。[23]だが日本の首相は、神社で儀式を行うときは、もう一つの礼服であるフロックコートと縦縞の入ったズボンを着用する。日本人は結婚式や葬式、卒業式といった人生の大きな行事でこの服装をする。女性は男性よりも頻繁に、たとえば東京証券取引所の大発会など、職場の行事であでやかな着物を着ることが多い。つまり一八七二年の布告に反して、日本人であることを強調したい場合に限り、和装をするのである。しかしここに学ぶべきこともある。デパートはかつて洋服の着方教室を開いていたが、いまやでは着物の着付けと所作を教える講師を用意しているのである。(24)

日本をそっくりまねて服装改革し、近代化を押しつける試みは他にもあった。シャム王国ではチャクリー改革という近代化政策が実施され、専制君主である王族がその一環としてわかりやすい服装改革を率先して行った。その主たる推進者チュラロンコン王(ラーマ五世、在位一八六八〜一九一〇年)は、ヨーロッパの陸軍元帥をモデルにした軍服を着て、一八九七年にヴィクトリア女王を訪問した際はスーツを着た。雑誌『テイラー・アンド・カッター』はこのとき「国王の衣服はイングランドの仕立屋によるものであることが一目でわかった。服だけ見れば典型的なイングランドのジェントルマンのようだ」と解説した。ただし、襟の絹の見返しにはやや批判的だった。シャム王妃はヨーロッパ人の好みにあった絹のドレスを召していたとあるが、(25)これは明らかにタイ北部の衣装に着想を得たものだった。幼い皇太子たちはセーラー服姿だった。もっと後の、一九四〇年代になると、首相(にして事実上独裁者であった)ピブーンソンクラーム元帥は、タイ社会強化政策の一環で、ズボンからシャツを出した者に罰金を科し、男性はみな外出時に帽子を被るよう要求した。(26)こうして警察の手入れ中は、現地の露天商に帽子を借りられるという滑稽な状況が生まれた。当然ながらその後の政権も、服装の件を含め、タイの栄えある伝統を強調することに心を砕いた。

西アジアの国々、とくにトルコとペルシャは、さらに全力を注いだ。「他人を真似る者はその仲間である」「信心と不信心の境界はターバンである」という二つのマホメットの教えに鑑みると、衣服の政治学はひじょうに敏感な問題だった。とりわけ被り物は、当初は男性にとって後に女性にとっても、篤い信仰心の証しと見なされた。トルコ語で「帽子を被る」は、「イスラーム教を捨てて」キリスト教徒になることを意味するようになった。[27] 夫がヨーロッパにいる間に帽子を被った、だからイスラーム教を捨てたのだという理由で、妻は離婚を要求できたと言われている。[28] その結果、この地域は世界中でもっとも宗教と政治と衣服の関係が先鋭化し血なまぐさくなったのである。

オスマン帝国内の衣服は長いこと緊張と政争の原因であった。一六世紀中葉、スレイマン立法帝は、それまでターバンを巻くだけでよかった官吏や軍人、宗教指導者、「普通の諸階級」の被り物のために個別の規則を設けた。スレイマン自身もスルタンにしか許されない被り物をつけた。[29] その後数世紀にわたって、差異を強調し目立たせる法令がつぎつぎと公布された。帝国の被支配者共同体は国家の承認と保護を求めるために、また各共同体のエリートは隷属的なみずからの支配を確実にするために、こうした法令を利用した。ドナルド・カタートは、そういう人びとが規制を「定め施行するよう」国家に促したと述べた。[30] どのスルタンも正常な社会秩序の回復を願い、イスタンブールのエリートたちの虚飾や贅沢を規制しようとしたが、おおむね失敗に終わった。イブからこのかた、贅沢と地位を追い求めて夫を破滅させると責められ、非難の的となるのはつねに女性だった。就任してまもない権威の低いスルタンは、手始めにそうした支出抑制策を採るのがふつうだった。だが抑制策はイスタンブールの発展する商業をつぶそうとする無駄な試みだった。スルタンの統制は届かないが、現場に近い役人らが甘い汁を吸える範囲はますます拡大していった。

セリム三世とマフムト二世の二人のスルタンは、一七九〇年代以降、帝国のとくに軍事力を、新式の軍服を着た新式の軍隊を導入して再編しようとした。だがセリムは改革を実行できず、陸軍に新しい帽子を被せることはできなかった。そのあげく一八〇六年に反乱が起き、死刑宣告に等しい廃位を招いた。マフムト政権も当初は脆弱だった。しかしかつてオスマン帝国の柱で徐々に保守派の牙城となっていたイェニチェリ（歩兵軍団）を彼の新式軍がついに壊滅させ、政府クーデターを実現した。ついでマフムトは一八二九年、イスラーム教の導師（ウラマー）の助力を得て、スレイマン時代以来ほぼ化石化していた服装規定を徹底的に見直し始めた。贅沢を抑制するため、宗教的官吏・世俗的官吏を問わず、乗馬服も含めてランクを少なくとも一七に分けた詳細な一覧表を作成したのもその一環だった。世俗的官吏はフロックコート、糊の効いた襟付きの白いシャツ、ズボン、ネクタイなど西洋の服装をしなければならなくなった。マフムトは顎髭を剃り、官吏らにも剃るように命じた[31]。男性はみな、堅いフェルトでできた、上部が平たい円筒形で、赤い絹の房を垂らした帽子、フェズ（トルコ帽）しか被ってはならないとされた[32]。

フェズにつばがないのは重要で、被ったままでも地に額をつける礼拝ができる。だが、どんな宗教の人もみなフェズを被った。被るのを拒否したのはウラマーだけである。マフムトの改革の標的だったエリートだけでなく、ムスリムの特権が減れば打撃をうけるイスタンブールの職人層も、当初は拒否していた。フェズの導入をめぐる暴動では一〇人ほどが殺されたと言われる。国の圧力や譲歩の結果、これらの集団もすぐにフェズを採用した。フェズは、イスラームの証しというよりスルタンの臣民の証しとなり、他の信仰や、階級など地位を理由に差別される人びとに人気があった。キリスト教徒やユダヤ人の金持ちの商人はムスリムと衣服で競いあえたし、下層民も衣服で劣等と判断されなくなった。マフマトの改革と、フェズや西欧ブルジョワジーのフロックコートとズボンの採用は、もはやたんなるイスラーム教徒のカリフではなく、全臣民の指導者スルタンに対する忠誠、新しい帝国の証しとなった。(33)

マフマトの服装改革は、とりわけ軍事的に西欧と競合できるように、オスマン帝国を再編する計画の一環であった。これはその後のスルタンもつねに関心を払い、新たな世界に対処できる軍部と官僚の一団をつくろうとした。西欧式の教育や風習を学んだ人びとは、きわめてナショナリスト的な青年トルコ党を創設し、近代化を希求した。同じ頃、商業の発展や西欧と接触する機会が増えて、商業ブルジョワジーが活気づいた。これは服装にも現れた。青年トルコ党員はフェズを被らなくてもよくなると脱ぎすて、もちろん西洋式のスーツを着た。この運動に参加した女性ももっと世俗的な衣服に着替え始めた。私的な空間では、ウェストがくびれたコルセット（この国では解放の象徴だった）に、だぶだぶのズボンをやめてスカートなど、西洋の衣服を着た。公的な場では、「きわどい」ヴェールを被り、表に薄手の絹をつけたオーダーメイドのコート姿という女性も現れた。一九〇八年に青年トルコ党は蜂起すると、腕や脚をむき出しにして男性に直接話しかける女性支持者に対する非難を抑えるために、軍隊をイスタンブールへ派遣した。(34)こうした歴史を考慮しないと、フェズが導入後一〇〇年も経たないうちに、なぜ禁止されたのか理解できないだろう。フェズは後進性の象徴であり、国を近代化するうえで払拭すべき旧体制のシンボルだったのである。トルコ共和国を建国したムスタファ・ケマル(アタチュルク)が、この政策を推し進めた。彼自身、フェズを被った人とともにヨーロッパを旅行して恥をかき、パリに着いてまず西洋式の帽子を買った経験があった[35]。一九二四年三月にカリフ制を廃止し、権力の座に着いてから数カ月後、彼はシルクハットを被って公の場に現れた(図10参照)。一九二五年八月にはこう演説している。

トルコ共和国を建国したのは、文明が進んだ国民です。しかし、ほんとうに文明的であることをトルコの国民は証明しなければなりません。洗練した世界標準の服はわが国民にふさわしいですから、これを着ましょう。ブーツないし靴を履き、ズボン、シャツとネクタイ、ジャケットとチョッキを身につけ、つばの付いた被り物をつければ、完璧となります。はっきり言いましょう。この頭の被り物は「帽子」と呼ばれております[36]。

すべての公務員に「世界の文明国に共通する衣服」、スーツと帽子の着用を命じる政令が九月四日に発布された。数カ月後の一九二五年一一月二五日には「帽子の着用に関する第六七一号法」が発布され、フェズを禁止し、すべての男性につば付きの帽子を被るよう義務づけた。アタチュルクはその際、男性は異教徒を真似てはならないという以外に、コーランとハディース(マホメットの教えをまとめた書物)にはどんな服を着るべきか書いていないとした当時の宗教局幹部の支持を得ていた[37]。これはおそらくアタチュルクの狙いどおりであった。彼の信じる二〇世紀、すなわち近代世界へトルコ

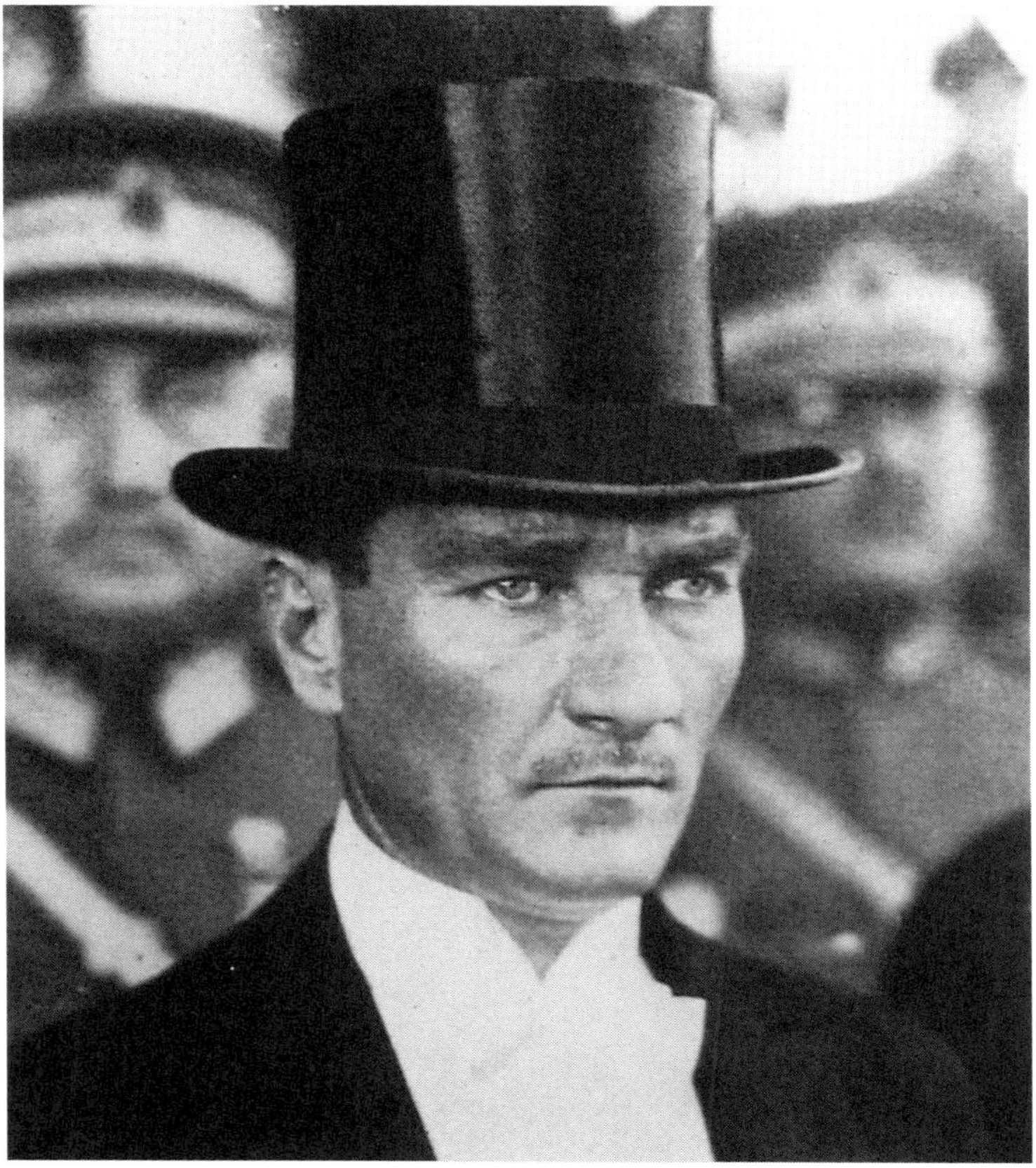

図 10　ムスタファ・ケマル・アタチュルク。

を引きずり込む総合計画の重要な一角を服装改革は占めていたからである。後進性の象徴を除去するのは不可欠だと考えた。

近代化を進める西アジアの専制君主で、ペルシャのシャーを自称したレザー・シャー・パフラヴィーもアタチュルクを手本とした。トルコと同じように、イラン人男性も一九世紀にヨーロッパに旅行するようになると、自意識にめざめて、ヨーロッパ風の服装をするようになり、じっさいムハンマド・シャー・カージャール（在位一八三四〜四八年）治下のペルシャ軍の軍服はヨーロッパ式だった。もっとも、これはペルセポリス遺跡のレリーフにある古代の服を応用したもので、ヨーロッパとイスラーム教が登場する前のイランは祖先が同じだったという言い訳が付いていた。[38] イラン社会は、近代化と見なされるものを受け入れ、一九二〇年代頃テヘランに店を構えたパリの仕立屋をひいきにしたような人びとと、旧来のやり方に固執すべきと考えた人びととの二つに分岐し始めていた。将来法律家になろうと考える人は（男でも女でも）西洋の衣服は避けるほうが得策だった。[39]

レザー・シャーは即位するとすぐに、国の近代化に着手した。服装規定の一新もそのひとつだった。レザー・シャーの政治的盟友で著名な知識人アリ・アクバル・シャシーは、その理由をこう説明した。衣服を一種類に決めれば国内のさまざまな民族性が統合できるかもしれないし、少数派の非ムスリムも相互の関係やムスリムとの関係に不安を覚えなくなるかもしれない。

〔しかし〕この政策の主な根拠、社会問題は、ペルシャ人のヨーロッパ化であった。［ヨーロッパ人の］外見を真似ると［ヨーロッパの］考え方を採り入れやすくなるように思えた。ペルシャ人は長いローブ、マント、ボンネットといった伝統主義の象徴・よりどころをすべて捨てて、西洋文明の進歩を全面的に受け入れ、その後は恥も外聞もなく夢中になってしまったのである。じっさい、短い上着につばの付いた帽子を被って、まんざらでもなさそうに近代化に向けて闊歩したようだ。(40)

おそらくシャシーは腹に一物あったにちがいない。レザー自身は無宗教ではなかったが、アタチュルクもレザー・シャーも、政策的には世俗の反聖職者で、ウラマーの権力を削ごうとしていた。この政策を実施する過程で、レザー・シャーは、一九二九年にイラン人のすべての男性臣民に、ヨーロッパふうのスーツである「制服ドレス」とパフラヴィー帽、〔フランスのケピ帽〔軍帽〕によく似たもので、後にフェルト製のフェドーラ〔中折れ帽〕に代わる〕の着用を義務とした。これを免除されたのはイスラーム教・非イスラーム教を問わず聖職者だけで、レザーはこの「ターバン・ライセンス」を与えた人びとを厳重に監視し、主たる敵を制御しようとした。(41)

トルコでもイランでも、女性の衣服は男性の衣服と同様、論議の的であり続けている。近代化は、過去の衣服の秩序との決別を求め、とくにかつては布地で覆われた女性の身体を一部露出させると考えられた。女性は一般的に身体のラインや髪、顔を親族ではない男性から隠すような衣服を着るよう求められていた。実際には公の場でヴェールを被ることを意味する。スルタン制が終わる以前から、イスタンブールの都市中流階級の女性はヨーロッパ式の衣服を着て人前に出るようになっていた。(42)アタチュルクが権力の座につくと、その近代化政策は、けっして統一性を強制したわけではなかったが、トルコ人女性の着替えをともなった。アフメト・マムクは、だいぶ後になって、当時の状況を説明した。

わが国の女性は権利を獲得すると、中世の衣服を脱ぎ捨てた。近代的な衣服に身を包んで、男性のそばに場所を得た。わが国の女性がいやいやながら着た……この奇妙な衣服は、まもなく自然消滅した。トルコのさまざまな改革はこの件に関して強制しなかった。女性たちはみずからの権利を主張し、この自尊心を傷つけるものを廃止した。(43)

ものごとはイデオローグが言うほどわかりやすくはないが、一九六〇年代までに世俗国家が拡大し正当化されるなか、トルコ人女性がヴェールをとる動きはたしかにあった。

イランでは状況はかなり異なった。あらゆる面で権威主義的だったレザー・シャーは、イラン人女性のヴェールをとらねばならないと痛感した。レザー・シャーの統治が、イラン人女性の地位の向上と、教育の機会や少なくともウラマーの権力から解放される機会の付与に貢献したのは疑う余地がない。ヴェールをはずすことは、その一環だった。王族が、はじめてヴェールをはずしたまま人前に現れたのが教育大学の開校式だったのは、象徴的な意味において恰好の事例だった。シャー自身はむずかしいと考えていた。王女はかつて、父親は「国に進歩をもたらす利益のためには個人的な強い感情を脇におかなければならなかった」と述べている。皇后は夫が「妻を被り物もないままによそ者にさらさなければならない人生より」死んだ方がよほどましである「が、他に選択肢もない。そうしなければイラン人は野蛮で遅れた民と見なされるであろうから」と語ったという[44]。おそらくこのため、彼はイラン人女性の頭と身体を覆う物をヨーロッパ式の帽子やコート、スカートに代えようと必死になったのであろう。もしそれが恥だとしたら、分かち合うべきものだった。

重要なのはもちろん、イランの近代化には宗教的な権威を排除するのが必要なように思えたことだった。その政策は明確であった。一九三六年初頭から地方官吏は、徹底的に、すべてのイラン人女性に王族を真似させるようにと命じられた。国家公務員には妻に新しい衣服を買うための手当が出た。公式歓迎会に（ヴェールをはずした）妻を同伴しない者は叱責を受け、首になった。ヴェールを被った女性が商店、浴場、映画館に入ったり、車や馬車に乗ったり、公立病院で治療を受けたり、給料を引き出すのは違法となった。ひとつだけ、例外があった。奢侈禁止法のよき伝統で、ヴェールをはずす義務のない唯一の集団は売春婦であった。H・E・チェハビによれば「美徳の象徴は悪徳の象徴となった」のである[45]。

反発は激しかったが、鎮圧された。帽子の決まりとヴェール禁止に対する反対派の中心は、アカ・ホセイム・クオミが指揮するマシャドのガウハーシャッド・モスクであった。一九三五年七月にデモ参加者がここに集まると、軍隊に蹴散らされて多くの死者が出た。強制的な衣服の変更は、強制的な信仰の変更であり、死に値すると見なされた。同様に近代化は抹殺すべきものと見なされたのだった。これは、レザー・シャーが一九四一年に退位を余儀なくされ、その息子の在位中もずっと、イランで記憶されつづけた事件であった。モハンマド・シャー・パフラヴィーは父親を教訓に徐々にヴェールの禁止を緩和したにもかかわらず、一九七九年にイマム・ホメイニ師の帰還によって革命が始まると亡命した。新しい体制になるとすぐに、一九三六年に禁止されたことが義務となった。もう一つは四四年前にガウハーシャッド・モスクの襲撃を指揮し、その時八〇代になっていたイラジ・マトブイ将軍の逮捕、追放であった。H・B・チェハビが素っ気なく言うように「革命の正義には時効はない」のである(46)。

註

(1) Geoffrey Parker, *The Military Revolution: Military Innovation and the Rise of the West, 1500–1800*, Cambridge, Cambridge UP, 1988, 70–1.

(2) W. M. McNeill, *Keeping Together in Time: Dance and Drill in Human History*, Cambridge MA, Harvard UP, 1995; Olaf van Nimwegen, *Deser landen crijchsvolk: het Staatse leger en de militaire revoluties, 1588–1688*, Amsterdam, Bert Bakker, 2006. この文脈における団結〔フランス語の corps〕の二重の意味——文字通りの身体という意味と兵士の集合という意味——はいずれにせよ示唆的である。

(3) Daniel Roche, *The Culture of Clothing, Dress and Fashion in the Ancien Regime*, trans. Jean Birrell, Cambridge, Cambridge UP, 1994, 233. 本節はこのすばらしい本の第九章にかなり依拠している。

(4) 同様に、フランス軍の外国人部隊に所属するアイルランド人、スイス人その他にも、それぞれ独自の色があった。Ibid., 247.

(5) Richard Hellie, *The Economy and Material Culture of Russia, 1600–1725*, Chicago and London, University of Chicago Press, 1999, 355–8.

(6) 以下に引用。Lindsay Hughes, *Peter the Great: A Biography*, New Haven and London, 2002, 53–4.

(7) 以下に引用。Christine Ruane, “Subjects into Citizens: The Politics of Clothing in Imperial Russia”, in Wendy Parkins (ed.),

Fashioning the Body Politics: Dress, Gender, Citizenship, Oxford and New York, Berg, 2002, 49.

（8） Lindsey Hughes, "From Caftans into Corsets: The Sartorial Transformation of Women during the Reign of Peter the Great", in Peter I. Barta（ed.）, *Gender and Sexuality in Russian Civilisation*, London, Routledge, 2001; Hughes, *Peter the Great*, 59–60.

（9） Orlando Figes, *Natasha's Dance: A Cultural History of Russia*, London, Allen Lane, 2001, 18.

（10） 以下に引用。Ruanne, "Subjects into Citizens", 62–3.

（11） 以下に引用。Ibid., 62.

（12） 以下に引用。Figes, *Natasha's Dance*, 108.

（13） Ibid., 124.

（14） Keiichirō Nakagawa and Henry Rosovsky, "The Case of the Dying Kimono: The Influence of Changing Fashions on the Development of the Japanese Woolen Industry", *Business History Review*, 37, 1963.

（15） 以下を引用。Ibid., 62.

（16） Hirakawa Sukehiro, "Japan's turn to the West", in Marius Jansen（ed.）, *Cambridge History of Japan*, V, Cambridge, Cambridge UP, 1989, 471; Ildiko Klein-Bednay, "Kimono und Cul de Paris: der Einfluss des Westens auf die japanische Kleidung im 19. Jahrhundert", *Waffen- und Kostümkunde: Zeitschrift der Gesellschaft für Historische Waffen- und Kostümkunde*, 1996, 46–8.

（17） Satsuki Kawano, "Japanese Bodies and Western Ways of Seeing in the Late Nineteenth Century", in Adeline Masquelier（ed.）, *Dirt, Undress and Difference, Critical Perspectives on the Body's Surface*, Bloomington and Indianapolis, Indiana UP, 2005, 150.

（18） Nakagawa and Rosovsky, "Case of the Dying Kimono", 63; Brian McVeigh, *Wearing Ideology: State, Schooling as Self-Preservation in Japan*, Oxford, Berg, 2000, 105–8.

（19） Klein-Bednay, "Kimono und Cul de Paris", 54.

（20） Nakagawa and Rosovsky, "Case of the Dying Kimono", 63.

（21） Edward Seidensticker, *Low City, High City: Tokyo from Edo to the Earthquake*, New York, Alfred A. Knopf, 1983, 277–8. 西洋の服装をした最初の職業集団は明らかに看護師である。

(22) Brian McVeigh, "Wearing Ideology: How Uniforms Discipline Minds and Bodies in Japan", *Fashion Theory*, 1, 1997, 191.

(23) Anna Beerens からの個人的な通信から。また以下を参照。Masami Suga, "Exotic West to Exotic Japan: Revival of Japanese Tradition in Modern Japan", in Joanne B. Eicher (ed.), *Dress and Ethnicity: Change across Space and Time*, Oxford and Washington, DC, Berg, 1995, 96–8; Klein-Bednay, "Kimono und Cul de Paris", 66; McVeigh, "Wearing Ideology", 191.

(24) Millie R. Creighton, "The Depâto: Merchandising the West while Selling Japaneseness", in Joseph J. Tobin (ed.), *Re-made in Japan: Everyday Life and Consumer Taste in a Changing Society*, New Haven and London, Yale UP, 1992, 54. 以下に引用。Suga, "Exotic West to Exotic Japan", 98.

(25) Maurizio Peleggi, *Lords of Things: the fashioning of the Siamese Monarchy's modern Image*, Honolulu, University of Hawaii Press, 2002, 62–9.

(26) Bas Terwiel からの個人的な情報。

(27) Patricia L. Baker, "The Fez in Turkey: A Symbol of Modernization?", *Costume*, 20, 1986, 74, 81.

(28) C. E. Padwick, *Call to Istanbul*, London, Longmans, Green, 1958, 49. 以下に引用。John Norton, "Faith and Fashion in Turkey", in Nancy Lindisfarne-Tapper and Bruce Ingham (eds), *Languages of Dress in the Middle East*, London, Curzon in association with the Centre of Near and Middle Eastern Studies, SOAS, 1997, 160.

(29) Donald Quataert, "Clothing Laws, State, and Society in the Ottoman Empire", *International Journal of Middle East Studies*, 29, 1997, 405–6.

(30) Ibid., 408–9.

(31) Fatma Müge Göçek, *Rise of the Bourgeoisie, Demise of Empire: Ottoman Westernization and Social Change*, New York, Oxford UP, 1996, 83.

(32) Baker, "Fez in Turkey", 73–5; Quataert, "Clothing Laws", 413–14.

(33) Quataert, "Clothing Laws". 当然ながら、この理想の包括策は、臣民の分断を強化し強制して権力を維持しなければならない後世の支配者により矮小化された。その結果、オスマン帝国末期には民族抗争どころか大量虐殺がひんぱんに起こることになる。

(34) Selçuk Esenbel, "The Anguish of Civilized Behavior: The Use of Western Cultural Forms in the Everyday Lives of the Meiji Japanese and the Ottoman Turks during the Nineteenth Century", *Japan Review: Bulletin of the International Research Center for Japanese Studies*, 5, 1994, 170–1; Göçek, *Rise of the Bourgeoisie*, chs. 2 and 3; Nancy Micklewright, "Tracing the Transformations in Women's Dress in Nineteenth-Century Istanbul", *Dress*, 13, 1987, 33–43.

(35) Esenbel, "The Anguish of Civilized Behavior", 180.

(36) 以下に引用。Houchang Chehabi, "Dress Codes for Men in Turkey and Iran", in Touraj Atabake and Erik J. Zürcher (eds), *Men of Order: Authoritarian Modernization under Atatürk and Reza Shah*, London, I. B. Taurus, 2004, 213. 以下も参照。Norton, "Faith and Fashion", 157–62.

(37) Chehabi, "Dress Codes for Men", 214. ここで彼は、一九〇三年の「トランスヴァール・ファトワー」に対する、エジプトの近代化論者で宗教指導者のムハンマド・アブドゥフの意見に従っている。テキストと文脈については以下を参照。Charles C. Adams, "Muhammed 'Abduh and the Transvaal Fatwa", in *The Macdonald Presentation Volume, Princeton*, Princeton UP, 1933, esp. p. 17.

(38) Houchang E Chehabi, "Staging the Emperor's New Clothes: Dress codes and Nation-Building under Reza Shah", *Iranian Studies*, 26, 1993, 209, 223–4. ヨーロッパの三つ揃えのスーツは、イングランドのチャールズ二世治下で導入された際にペルシャの衣装と見なされたので、ここには皮肉が含意されている。

(39) Patricia L. Baker, "Politics of Dress: The Dress Reform Laws of 1920s/30s Iran", in Lindisfarne-Tapper and Ingham (eds), *Languages of Dress*, 179–80.

(40) Ali Akbar Siassi, *La Perse au contact de l'occident: étude historique et sociale*, Paris, Ernest Leroux, 1931, 205–6. 以下に引用。Chehabi, "Dress Codes for Men", 227.

(41) Chehabi, "Staging the Emperor's New Clothes", 213–15, 221.

(42) Norton, "Faith and Fashion", 157–8.

（43）Ibid., 163.

（44）以下に引用。H. E. Chehabi, "The Banning of the Veil and its Consequences", in Stephanie Cronin (ed.), *The Making of Modern Iran: State and Society under Riza Shah, 1921–1941*, London, Routledge Curzon, 2003, 200. 以下も参照。Jamine Rostam-Kolayi, "Expanding Agendas for the 'New' Iranian Woman: Family Law, Work and Unveiling"; Shireen Mahdavi, "Reza Shah Pahlavi and Women: A Re-evaluation". 以上の二論文とも同書所収。

（45）Chehabi, "Banning of the Veil", 201–2.

（46）Chehabi, "Dress Codes for Men", 230. イランのこの後の服飾史、ヴェールをめぐる論争については、本書の第11章を参照。

第9章　植民地ナショナリズムの衣服

若き人類学者モニカ・ハンターは、一九三〇年に、南アフリカ・トランスカイのポンドランドで、ヨーロッパ人が所有する商店に住みつつ、野外調査を行っていた。彼女は情報の入手方法の一つをこう記述した。

店主の女房はポンド人女性の着る綿のスカートを作った。客は朝やって来てスカートを注文し、出来上がるまで待ったものだ。この女たちは、とても人望ある女主人とのおしゃべりに夢中で、まるで彼女の妹のように私にも好意を示してくれた。私は店の隅に座って、ゴシップに耳を傾け会話に加わった。(1)

そして、女たちの衣服は、皮革からヨーロッパからの輸入物に完全に取って代わったが、一九三〇年代の大恐慌のせいで多くの人はまた革に戻った、と続けて述べている。

西ポンドランドではどこでも異教徒の女性は、朝顔形に広がり、白あるいは黄土色に染めた綿のスカートを着る。最大で三六枚にもなる編み飾りを付けた。裁ち方にはことにうるさい。この店に来る女性たちは満足がいくまで一〇着以上試着してみる。夫たちも試着した服の点検に来た。男たちは「パリ・モデル」を買いにたびたび三〇マイルも歩いた。何人かの女の子にモデルになってもらって、スカートを丹念に調べる。幾何学的なデザインで黒い刺繍がついた、白い幅広モスリン製の胸当て布とマントで、ニャンダ人女性の衣装は完璧となる。

異教徒の男性は「綿の腰布、肩からかける毛布、フェルト製の帽子」を着ることが多い。しかしながら、キリスト教徒ではないということもあって、ヨーロッパ式の衣服を完全にとり入れていなかった農村部の人びとでさえ、イースト・ロンドン〔現在、南アフリカ共和国東ケープ州アマトーレ郡バッファローシティーにある地区〕の町に移り住んだら「ズボンと何らかの身体の覆い」を着けなければならなかったし、「女性もヨーロッパ式のドレスを着た」。既婚女性はドレスを競いあい「派手な格好で通りを闊歩した。ある日曜日、どちらがいい身なりをしているかで争っていた二人が出くわしけんかしていた」(2)。

一九三〇年代末に、モニカ・ハンターはゴドフリー・ウィルソンと結婚した。二人は、ブローケン・ヒル（ザンビアにある現在のカブウェ）という亜鉛採掘の町で野外調査をした。ゴドフリーは鉱夫の生活に関する報告書で、彼らの現金収入の半分以上が服代に消えた（食料と宿は雇用主から支給された）と記した。「あなたが故郷を離れた理由は何ですか」という質問に対する回答は、たいてい

「あそこは裸だったから」であった。すばらしい一節がある。

アフリカ人男性はどの社会集団であれ、みな格好良く着飾って、町を練り歩いたり、暇をみては訪ね歩いたりする。とびきり目立つ新しいジャケットやズボンを着て、世間を驚かせるのを好む。女性も同様で、服飾費をいくらくれるかで夫や恋人の品定めをする。服の話題は果てしなく続く。素朴な村人が家畜の話をするのとまったく同じである。服はそれは大切に扱われ、夜には丁寧に箱にしまわれる。人びとはたいがい服をためこんで蓄えとしている。衣服は……田舎の親戚に義理を果たす主要な手段ともなっている。ブロークン・ヒルのアフリカ人は、家畜の民でも、山羊の民でも、魚の民でも、木を切る民でもない。彼らは服を着る民である。

衣服を買うのはヨーロッパ系やインド系の人びとの店だった。こういった店には（少なくとも第二次世界大戦以前の）日本やアメリカ、ヨーロッパ製の品があった。カブウェのアフリカ人に、通信販売すなわち「代金引換え」で衣服を売ったイングランドの会社もあった。こうした品はクラブの舞踏場など多くの場所で展示された[3]。これはヨーロッパ式の衣服が、一九三〇年代に鉱業を襲った不況をものともせずに、すでにザンビアの田舎まで深く浸透していることを示す。宣教師は、悪いのはまじめに学校に通うかわりに、町に出かけてはけばけばしいばかりで組み合わせがばらばらな服を着て戻ってくる若者だとの訓話を書いていた。J・メール・デイヴィスはこの国を旅行した一九三〇年代初頭にこう記した。

昔は全裸か樹皮布の衣服だったが、今は肩から膝まで身体を覆い尽くす、さまざまの派手な輸入物の綿の衣類、冷え込む夜間は毛布になった。近年はこれに、鉱山労働者や家内労働者が持ち帰る地味な古着や工場製の安物の衣服が加わった。

移民労働者が購入した品を詳しくみると、服をどれだけ重視しているかが浮かび上がる。[4]

二〇世紀初頭の優れた民族誌学者であるウィルソン夫妻は、一八八〇年代（南アフリカの数地域ではもっと早く）から一九五〇年代までにアフリカの南部と東部の物質文化に起きた大きな変化の一部を叙述していた。ただし、この変化はアフリカ大陸の大半ではそれ以前に完了していた。つまり、大陸の半分がほぼ完全に着替えをすませたということであり、とくに住居と家内装飾やボディーケア〔身体の手入れ〕などさまざまな消費財は全体的に再編された。驚いたことに、この変化はいままで歴史家にまったく注目されていないのである。[5]

ドレスや布に着目すると、アフリカの湿地帯では樹皮布を製造し着る伝統があった。[6] アフリカ東部沿岸地域では綿布が製造されていたところもあった。コモロ諸島では、精巧なラフィア〔ラフィアヤシの強くてしなやかな繊維〕布が織られ、ケニア北部のパテ島では絹の衣類をほどいて織り直していた。[7] スワヒリ人の海辺の町では、これらの布はイスラーム社会に合わせて、輸入物と併用された。貴族の成人はしっかり肌を覆い、最新のファッションと男性用の絹製ターバンなど衣服で富を誇示できた。奴隷は男女とも腰に一枚の布をまとっただけであった。[8]

一九世紀以降、東アフリカの貿易による富は増えつづけた。（ワニスの原料となる）ゴム・コーパル樹脂と獣皮の輸出も重要であったが、何よりも象牙貿易がもたらした成果であった。この結果、同地域では、とくにセーレム（マサチューセッツ州）産のメリカニという無漂白綿の輸入が激増した。東アフリカ市場が開拓され、セーレムでは、最大規模の綿工場それもアメリカ合衆国で最初の蒸気を動力とする工場が建設された。しかしながら、アメリカ南北戦争のあと、ニューイングランドの商人は、アフリカ東海岸で首位の座を、ムンバイ（ボンベイ）を拠点とするインド人に奪われた。当初インド人は主として、メリカニとよく似たイングランドの無漂白の幅広モスリンを再輸出していたが、しだいにムンバイと亜大陸の工場がこの綿布の生産を増やした。一八八八年までにイングランド製と地元産を合わせておよそ一五〇〇万ヤードの布がムンバイからザンジバルに輸出された。東アフリカはインドの工業製品の主たる輸出先となっていた(9)。

遅くとも一八九〇年代以降は、メリカニは黒と赤（もっと後になるとあらゆる色）でウッドプリントされ、カンガと呼ばれる二枚一組で売られる派手な色の布となり、主として女性が身体に巻いたり、赤ん坊を運んだり、就寝用シーツなどに使った。その多くにはスワヒリ語のさまざまなことわざが印字されており、これを着た女性と夫や恋人、あるいはもっと一般の男性との、口には出さないものの文字を使ったコミュニケーションを可能とした。これは衣服によるコミュニケーションの、やや特殊な事例の一つであり、現代の西洋のTシャツのように、狭義の言語が服という広義の言語に組み込まれた主流でない伝統の一つである(10)。

東アフリカ沿岸部を除くほとんどの地域には、二〇世紀になるまでイスラームやキリスト教のいずれの衣服の現物も原理も届いていなかった。ケニア西部からヴィクトリア湖にかけて昔も今も暮らしているルオ人の事例がもっともわかりやすい。一九〇六年にキスムまで鉄道が敷設されて、ヨーロッパの植民地化が及んだとき、ルオ人には複雑な服装規定と身体装飾があった。既婚男性は「山羊の皮の端切れ」を着け、既婚女性は腰布をしっぽのような紐で結んだ。既婚の男女ともその格好をせずに、夫あるいは義母（妻の母親のことだが、おそらく夫の母親に対しても同じ）の前に出るのは非常に不作法と見なされた。身体装飾には瘢痕傷身、派手なダチョウの羽の頭飾り、ボディーペイント、針金の腕輪などがあった。ケニアの気候ではあまり身体を保護する必要はなかったので、これは装飾であり十分慎ましいと見なされた(11)。

植民地化が進むにつれて、役人からも宣教師からも男女とも裸を隠すよう圧力がかかるようになった。しかし、とくに男性はヨーロッパ式の衣服を着なかった。むしろ、ルオ人首長にはロンドンの国王＝皇帝の衣服ではなく、ザンジバル王室風の服装をするよう期待された。首長には、綿製で膝丈の寝間着のようなカンズー、刺繍を施した上着とフェズ〔帽子〕が支給された。ブーツもはいた。ヨーロッパ人は、アフリカ人をもはや下品ではないにしても、依然としてエキゾチックな存在であり、しかも黒いヨーロッパ人ではないと見ていたのは明白だった。宣教師の本部にいた女性たちは腰に巻く布に魅せられ、すぐに簡単なドレスの縫い方も教わったが、カンガを身に着けるよう奨励された。とりわけ、瘢痕傷身などの身体装飾はもうしないよう要求された(12)。

ヨーロッパ人が西洋の服を着たアフリカ人に抱いた不信感は、アフリカ人どうしで石けんであれ服であれ身につけた同胞に「伝統主義者」が不信の目を向けるようになると、さらに強まった。石けんで洗った体は臭いと考えられた。体を隠す真の目的は、もっぱら恐ろしい病気あるいは魔術の痕跡を隠すためであった。また、衣服のせいで正しい社会秩序が崩れた。服を着た女性は夫や父親の権威を受け入れないと言っているのも同然だった。じっさい夫の多くは妻に服を買ってやらなかったし、妻が買ってきたら引きちぎりもした。あるヨーロッパ人女性の観察によると、「現地の女性がヨーロッパ式のドレスを着ようものなら、道徳を捨てたも同然と広く考えられている」[13]。政府は年寄りの裸の男たちより、少しは学のある、カンズーを着た若い男たちに肩入れし始めた。これは、「真の教養人」たるジョコヨ人にも、キリスト教徒は面白くないと思っていた若者にも、しばらく受け入れられなかった。しかし、将来を託されたのは近代化を推進する、服を着る民ジョナンガ人であった。第一に、彼らはカーキ色の布製半ズボンとシャツを着る移民労働者になりそうだし、布教の「助手」でもあった。その結果、一世代も経たないうちに、ケニア西部のほぼすべての成人がヨーロッパ風の衣服に身を包むようになった。一九二七年頃、ミシンで主として女性用衣服をつくる仕立屋が七二軒あると言われた（男性は既製服を購入する傾向があった）。一〇年後、中央カヴィロンド地区の地区弁務官が行った調査によると、ルオ人の中心地である同地区では全消耗品購入費の六割弱が衣類であり、鋤、農具、漁網といった生産財に使う経費を除けば、七割以上にもなった[14]。ルオ人は服を着る民となった。一九八〇年代頃に教育を受けたルオ人の若者は、博物館の写真を見て「僕らが生まれた頃、一糸まとわぬ全裸」だったのを知ってショックを受け、「僕らルオ人が恥も外聞もなく裸で歩き回っていたなんて信じられない[15]」と述べた。

この物語はある問いを投げかける。なぜあれほど宣教師も植民地官僚も、ルオ人の貴族と改宗者は標準的なヨーロッパ式の衣服を着るべきではないと思ったのか。反対に、なぜルオ人は着たのかと問い直すとずっと答えやすくなる。ルオ人がシャツ、靴、靴下、ズボンを身に着けたのは、これらを近代性の証しと見なしたからである。かつてはその逆で、宣教師であれ植民地官僚であれ、ブリテン人はアフリカ人が近代化するのを望んでいなかった。ブリテン人は、二〇世紀初頭には、「伝統的な」アフリカ社会と人びとに十分満足していた。前植民地期社会にもともとあった制度を維持して、ブリテン人がアフリカを間接支配する思想の形成段階では、これは一般に適切な運営方法であった。(16)

こういった「間接支配」を確立し、さまざまな土着性、すくなくとも非ブリテン性を大切にしようとする試みは、ブリテン帝国体制下に入ると主張する、南アフリカと西アフリカの現地エリート集団が登場した結果でもあった。彼らは、初期のブリテン人入植者の教えを完全に理解し、教育を受け、キリスト教徒にもなった集団であった。ただし、このカテゴリーには、ケープタウンのムスリム、ラゴスのヨルバ教信者も含まれていた。ケープでもシエラレオネでも、奴隷の末裔であった。シエラレオネには、奴隷船から再捕獲されこの沿岸に上陸していた人びとの末裔たるサロ〔Saro. シエラレオネ Sierra Leone の省略形〕人がいた。そのほかに西アフリカや東ケープにキリスト教徒への改宗者か、その第二世代がいた。ゴールドコーストにはイングランドやオランダの貿易商とか役人を父親とする混血児の末裔がおり、多くはヨーロッパの姓を持っていた。彼らは各植民地で黒人初の医者、弁護士、ジャーナリストとなり、遅くとも一八八〇年代以降はナショナリスト・エリートの中核を形成した。

これらのエリートはブリテン帝国内での平等を政治的に求め、服装でもそうした。一九世紀末の写真を見ると、彼らは一様にイングランドのジェントルマンとレディーの身なりをしている。アンドレ・オデンダールの『ヴカニ・バンツー！――一九〇二年までの南アフリカの黒人抗議政治の開始』

に掲載された写真はその好例である。[17] 同書には書名からわかるように、二〇世紀初頭の南アフリカの大物黒人政治指導者（あくまで植民地社会の枠内で行動した人びと）全員の写真がある。[18] 男性は例外なくダーク・スーツ、白いシャツ、ネクタイ、磨いた黒の靴、靴下の姿で写真に収まっている。彼らは社会的な地位が高く、無害なイメージを放っている。ここがまさに重要である。彼らは主としてケープ植民地出身なので、選挙権を持つ。抗議運動の目的はケープ内と一九一〇年に南アフリカ連邦を形成する他の州の両方における、白人との平等であった。自分たちが活動する広範な植民地社会の考え方にしたがって、自らの文明のレベルを示すと同時に、ヨーロッパ文明からの贈り物を着ない「粗野な外衣」のままのアフリカ人とは一線を画した。無害を装ったのは、計算した政治的レトリックだった。しかし相手方に看破され退けられた。

オデンダールの本には、帽子、シャツ、襟と、三つ揃えのスーツらしきものに身を包んだズールー王ディニズールー・カ・セッツワヨ〔一八六八〜一九一三年〕の写真もある。歴代のズールー君主が近代化を担う権力者であることをヨーロッパ人に示す明確な戦略の一環であった。君主たちは、出世した政治家がしたように象徴を使うだけでなく、カメラや文字で表象化するなど、イメージの操作に長けていた。[19]

西アフリカでも、フリータウン、ラゴス、アクラなどの都市にエリートが出現し始めたとき、同じ過程が見られた。フリータウンでは、遅くとも一八六〇年代には、女性はクリノリンを着てハイヒールのブーツを履き、男性は『アフリカン・タイムズ』に広告を載せていたロンドンの仕立屋にスーツを注文していた。それ以外の人は地元の仕立屋が作ったもので間に合わせるしかなかったが、こうした男性は、熱帯の気候にはどれだけ不向きであろうと、幅広ウール地でダークスーツを作った[20]。アクラでは、一八八〇年代までに「フロックコート階級」として知られる西洋式教育を受けたエリート弁護士が出現し、ゴールドコーストの首都の伝統的な「服装」と違いを見せつけた[21]。ラゴスでも、聖書とネクタイは同時期に誕生したと言われた。宣教師は、キリスト教徒の衣服はアフリカ社会の他の人びととは一線を画す「区別の象徴」であり、改宗のさまたげにもなるとさえ主張した[22]（これはイスラームの開放性とは対照的だった）。ベティ・M・ウォスは、植民地官僚や公的部門に就職した、ラゴスのエリートで教育あるキリスト教徒の家族を研究し、一九〇〇年までにヨーロッパ式の衣服が一般的となり、第二次世界大戦まで保持されたことを示した。たしかにエリートが他のアフリカ人から距離をおく方法の一つは「ヨーロッパ式の衣服や家具といった有形・無形な物の消費」である[23]。派手な結婚式での衣服の誇示はことさら人目を引いた[24]。イングランドの文化は優れていると世間は考えるので、「簡素でゆったりした現地の布、トーガ、サンダル」は「高価でぴったりしたドレス、ブーツ、靴、帽子」と交代しなければならなかった[25]。

この戦術は、ブリテン帝国内では、結局、期待どおりの成功はみなかった。植民地アフリカのエリートはブリテン人を自任し、人にもそう見られたがった。彼らはブリテン人のように礼拝に出かけ、ブリテン人のように書き、ブリテン人のように衣服を着た。ところが、一九世紀末以降のブリテン植民地主義によって、アフリカ人はブリテン人とは見なされなくなった。ケープ植民地以外の南アフリカでは言うに及ばず、ますます反自由主義的になるケープでは、白人社会は、東ケープのキリスト教徒のコサ人、ケープタウンのキリスト教徒とムスリムでカラードの知識人の出世をとざした。南アフリカ戦争（一八九九～一九〇二年）が起こり、南アフリカ全土がブリテン帝国に組み込まれると、集団としてブリテン帝国民として認められたいとの希望は、まともに考慮されなくなった。帝国主義者の見立て通り、アフリカーナーを古巣に戻し、オランダ語と英語を話す白人がともに希望した政治的・社会的分断を押しつけるほうが重要とされた。西アフリカでもキニーネのおかげで沿岸部でヨーロッパ人が生存可能となるにつれて、植民地社会は分断が進んだ。クレオールは公務員から排除された。一九〇〇年頃に生まれた間接支配の考えは、「部族」社会を拒否したようなアフリカ人に居場所を与えなかった。いまやブリテン人は「部族」社会をてこに帝国を支配しようとしていた。こういったアフリカ人に居場所が与えられなかったのは、みずからを法に背かない存在と見なす「部族」社会の人びと[26]、および自身の衣服と衣服がらみの儀式を通じてその不可侵性を立証しようとする人びと[27]との支配に挑戦できるほど練達の弁護士である場合だった。間接支配を考案した中心人物のフレデリック・ルガード卿は、改宗者にヨーロッパの衣服を勧める宣教師にはとくに不満で、ルオ人のような解決法に満足したことは間違いない[28]。

アフリカ南部と西部の現地人エリートはこの政治的な裏切りに、まったく同じように、ナショナリズムの政治で反応した。とはいえ、衣服の戦略は異なっていた。二〇世紀的の暮らしに合うような民族衣装のない南部では、アフリカ人ナショナリストは、二〇世紀初頭の平等の主張に忠実なまま西洋の服を着る人がほとんどだった。このことは南アフリカ人ばかりか世紀半ばのジンバブエ人にも当てはまった（ただし世界の動向に合わせてそれほど格式張らない服だった）[29]。これは一九九〇年代に南アフリカの政治が大転換するまで続いた。「一九九一年のへまとして伝えられる話がある。この年、ニューヨーク市長のデイヴィッド・ディンキンズとその側近らが、長く派手なカフタンをまとって、ウィニー・マンデラ〔一九三六年～、当時ネルソン・マンデラの妻〕邸のカクテルパーティにやってきた。（アフリカ民族会議の）エリートはいつもの黒のビジネススーツを着て一行に会った」。このニューヨーカーたちは、あなた方はカメルーンにいらしたおつもりか、と聞かれたという。[30] アパルトヘイト後の南アフリカでは、移り変わりの激しいとくに女性服をアフリカ化する試みがなされてきた。半ば聖人の地位にあるために通常の政治家以上の自由が与えられているネルソン・マンデラは、いつもカラフルな絹のシャツを着ているが、彼ですら特別な儀式の際にはビジネススーツに戻っている。[31] 前述したように彼の後継者たちは、ビジネススーツ以外の姿でいることはめったになく、若手の黒人エリートも「アルマーニ社会主義者」として知られるだけのことはある。

英語使用圏の西アフリカでは事態はまるで異なっていた。ナショナリズムは、アフリカ的な衣服に誇りを持つ面もあった。早くも一八八七年に服装改革協会が、西アフリカの文化的ナショナリストで有名なエドワード・ブライデンの庇護のもと、フリータウンのクレオールの間で創設された。彼はブリテン式のスーツに代わるゆったりした綿のローブの着用を推進した。しかしながら、これは根付かなかった。フリータウンの女性は、そんな流行遅れで古めかしい衣服を着たがらなかったためと言われる。[32] 対照的にラゴスとアクラでは、衣服ナショナリズムの方策は深く根付いた。

衣服ナショナリズムの第一条件は、将来の文化ナショナリストが共鳴できる織物と衣服の深い伝統であった。ガーナでもナイジェリアでも、生地は綿が中心だった。ナイジェリアでは藍で染め、巧みな防染〔あらかじめ生地に防染糊を印捺した後、地染めして模様をあらわす染色法〕を施し、複雑な模様をあみ出した。一八六一年に旅行者にしてブリテン領事のリチャード・バートンはラゴス北部のアベオクタを訪ねたとき、「人びとはとてもよい身なりをしております。服装に凝る男たちはショゴト、つまり膝丈のゆったりした綿のズボン下を腰のあたりで締めて着ています。胴は格子柄の肩掛けのような上品な布で覆われています」と記した。(33)

偉大なヨルバ人歴史家のサミュエル・ジョンソンは、著書『ヨルバ人の歴史』で、収入に応じてじつに多様なヨルバ人男女の衣服に数頁を割いている。ヨルバ人社会は、一九世紀になってからも、ハウサランドから北部まで、たとえばアグバダ・ガウン〔男性用の長いローブ〕を着たように、大なり小なり、ファッションに敏感な社会であった。(34)ガーナでは、大きな布も染めたり模様がついていたが、芸術作品といえばふつうはケンテ織りだった。これは、色のついた糸で細片を織り、複雑な模様に組みあわせ、縫いあわせたものである。きわめて装飾的で高価な布となり、それを身体に巻き付けるのである。ガーナ大王国の支配者アシャンティヘナの権力と富を示す布といわれており、彼は同じ服を着て公の場に姿を見せることはいちどもなかった。(35)ヨルバでもガーナでも、長いこと布はヨーロッパから輸入されており、一九世紀初頭からはヨーロッパの製造業者がアフリカ市場向けに特化した染色布を製造し始めた。通常蠟けつ染め〔防染材料に蠟を使った染め物〕された、きわめて特殊な製品だった。デザインはしばしば西アフリカの影響を受けた。こうして、ナイジェリア市場には藍染めのような製品が供給され、ガーナ市場にはオレンジ色と黒に染めた製品が供給された。いずれも、現地製品の安い（安すぎるとまではいかなかったが）代替品となり、服装が現地化する基盤となった。(36)

ラゴスでは、一八八〇年代以降、ヨーロッパの衣服を拒否する動きが大きくなった。イングランド国教会を拒否したか、拒否された聖職者、「全身現地の服」を採用し始めた教員団体など、多くの男性がいた。[37] 申し分のないエリートの地位にある人なども、男も女もヨルバの衣服を着始めた。その理由はそれなりに明快だった。ラゴスの主要新聞の社説は「この大陸の何百万ものアフリカ人は〔ヨーロッパ式の〕衣服を着る必然性がわからない。……ヨーロッパ化したアフリカ人は得体が知れず、母国を侮辱し、文明を汚す。……この世界のどこを見渡しても、すべての獣は自らの皮を持ち、すべての鳥は自分の羽を持つ」と述べた。[38] 事態は必ずしもまっすぐには進まなかった。ある弁護士は西アフリカの健全性は「ヨーロッパの趣味、慣習、物資、衣服形態を採用したために損なわれ、寿命が縮まった」と書いたが、自身はいつもの〔ヨーロッパ式の〕衣服を変えなかった。[39] ジェーコブ・ヘンリソン・サミュエルからアデグボイエガ・エダンに改名した別の男性も、イングランドにいるときはヨルバの服しか着ず、ナイジェリアにいる間はヨーロッパの服のままだった。[40] しかし、ナイジェリアのエリートでもっとも西洋化された人びとも、徐々にさまざまな西アフリカの衣服を着るようになった。[41] 同様に、ゴールドコーストで代々弁護士の家系のコベナ・セクイは、第一次世界大戦中にロンドンで研修に励んでいた時、スーツを着ていると人種差別的な侮辱を受けたと言われている。そのため、彼はヨーロッパ式の服は二度と着るまいと誓い、この植民地で布をまとって法廷に出た最初の弁護士となった。[42] 後のナショナリストは同じふるまいをしたわけではなかった。クワメ・エンクルマは場合に応じて布とヨーロッパ式の衣服を使い分けたが、重要な場面でケンテをまとい、彼の初の内閣の公式写真では、閣僚全員がケンテをまとっている[43]（図11参照）。

ブリテン領西アフリカ植民地全域で、アフリカ式の服が正装・礼服とされ、のちにアフリカの布地

図 11　クワメ・エンクルマ（左）と閣僚の一人。

と服装はファッション・デザイナーのレパートリーに組み込まれた[44]。ふだん着については、職人の作品は機械製の綿布にたちうちできなかった。一九三七年に、ある宣教師は、ナイジェリアの公立学校で、しだいに制服が強制されていると嘆いた。教員や公務員もヨーロッパ式の服を着る「事実上の義務」があった。そして余暇には「若いアフリカ人がイングランドのスポーツをやり始め……ヨーロッパ式の衣服（男女ともイヴニングドレス）でダンスをすると、ヨーロッパ人からかなり注目を浴びた。純粋に「アフリカ的な」ことをしてもとうていこうはいかなった[45]」。

近代化の担い手と政治的発言をする人は正反対の方向に向かった。ジュディス・バイフィールドは、ナイジェリアの新聞でもっともナショナリスト的な『西アフリカ案内人』の「女性面」はもっぱらヨーロッパ式の衣服に興味をもっていたという[46]。編集者も読者が望むものを提供するのに何ら苦労しなかった。

反植民地ナショナリズムと絡んだ衣服の政治過程はあちこちで見られるが、とりわけ顕著なのはインド亜大陸である。ナショナリストの政治全般、とくにその服装については、一九一五年にモーハンダース・ガンディーが南アフリカから帰国して変化した。ガンディーはもともとスーツを着こなす弁護士であった。ロンドン留学のときによい印象を与えたいと思っていたからであった。しかし、南アフリカ滞在中に、自制心とさまざまな非暴力の市民的不服従に基づいた政治的扇動の形をあみだした。これらはイングランド製の仕立てのよいスーツに似つかわしくなかった。すでに南アフリカにいる頃から自分の政治的行動にふさわしい、白い綿の衣服をいろいろと着るようになっていた。インドに帰ると、裕福な商家の跡取りにはふさわしくない。地元の農民服を試してみた。その後に腰布を採用し、必要に応じて肩掛けも使った。彼はこの姿で有名となった。

インドのナショナリズム運動でガンディーの権威は高まっていたが、その特殊な服装をまねる者はそれほどいなかった。結果的に、社会的平等主義の意味あいがあるため受け入れにくく、また本人は強く否定したが、聖人を連想させる服装でもあった。人びとに普及しナショナリズム運動の象徴となったのは、腰布の素材だった。これはカディというインド国産の手紡ぎ手織の綿布である。ナショナリストはみな、毎日少なくとも三〇分は綿を紡ぐよう命じられた。それは瞑想のためであり、当時亜大陸の大半に浸透し地元の織工を貧困に追いやっていたイングランドの機械製の布と競争するためであった。ガンディーは、市民がカディを着ればどんな背景のインド人も統一できると期待した。どんな地区にもあった多様な違いは言うに及ばず、ムスリム、ヒンドゥー、シク間の違いもあまりにも大きかったために、結局統一はなされなかった。カディを着ることはむしろインド国民会議派の証しとなった。ただ、どのナショナリストも自分なりにその意味をくみ取っていた。もっとも著名なナショナリストの一族であるネルー家の人びとは、祖先（北インド平原のムスリム宮廷（カシミール出自）のヒンドゥー行政エリート）に倣って、カディを仕立ててまとった。[47] それ以来これはネルー・ジャケットと呼ばれる（図12参照）。

独立が達成されると、新国家の支配エリートが衣服で伝えるべきメッセージは変わり、衣服で統一を生みだしたいというガンディーの理想も早晩消える運命にあった。これに代わって、初代首相ジャワハルラル・ネルーが宣伝し、政権が標語として掲げた「多様性の中の統一」を衣服でも成し遂げる

図 12　ジャワハルラル・ネルーとマハトマ・ガンディー。

ことが目標となった。ときおりネルーと家族はガンディー・キャップ（マハトマ自身がごく短期間ながら着用した）を被ったが、高官あての公式文書に記したように、強調したのは「ヨーロッパ人の優位性を表し、国民性を奪い、時代遅れの階級を示す」ヨーロッパ式の衣服を避け、「国民に近づくような衣服を着る」ことであった。[48] しかし、長い目でみると、インド人エリート男性は、ヨーロッパ式の衣服を着用する傾向があった。ひじょうに改まった席は例外で、その際はネルーにならって、一族の出身地と社会的地位にふさわしい衣服をまとった。こうすれば、自慢にならない背景を明らかにせずにすむ。しかし、どうしても避けがたい証しももちろんある。二〇〇四年以降首相を務める〔二〇一四年に退陣〕、シク教徒のマンモハン・シンは、信仰の証し（厳密には義務とは言えない）であるターバンをはずして現れたことは一度もない。

女性の場合は例のごとく、事態は異なった。植民地社会には厳密な性別があった。実質的にすべてのインド人女性には、ヨーロッパ式の衣服を着る気がなかった。そんなことをしようものなら非難が巻き起こり、徳に傷がつく危険があった。またカディを着る義務のあるナショナリズム闘争に参加した女性もあまりいなかった。ただし、有力な一族には参加した者もいた。じじつ、ナショナリズム運動で勇名をはせたために、派手な色に染めた絹のサリーを着続けるお許しを得た女性たちがいた。独立後も多くのインド人女性は当然のようにサリーを着続けたが、都市ではヨーロッパ式のトップス〔上着〕とたいていジーンズという若い未婚の女性たちもしだいに増えている。これに関連してとくに目立つのは、サルワール・カミーズの広がりである。これは、もともとはパンジャブ地方の上着とズボンの組み合わせで、パキスタンの（女性の）民族服だ。サリーのように結婚や妊娠を表わさないというメリットがあり、女性の結婚年齢がしだいに上昇している社会に適している。かつてこの衣服に込められていたイスラーム的な含意はもうない。いまでは新しいインドの大きな象徴となっているようだ。[49]もっとも、他の国民と同様いくつかの根源を忘れ、この国を引き裂く宗教対立も忘れているのだが。

アジアの他の二つの国はアフリカともインドともまったく違うパターンだった。スリランカでは、[50]アフリカとほぼ同じ衝動に駆られて、一九世紀末以降エリートは、ブリテン人植民地支配者と同じスーツ、ネクタイ、帽子を着て近代化していることを示そうとした。これは、ブリテン人がナショナリズムを封じ込めるために、シンハラ人の服装を古くさいと見なしたことへの反発だった。一九三五年になってようやく『セイロン政府官報』はさまざまなランクのキャンディ宮廷職員に対し幅広く奢侈禁止法を出した。[51]すると(シンハラ人の血も引く)ブリテン人哲学者A・K・クマーラスワーミーが先頭に立って民族服をつくる運動が起きた。彼にとって、ブリテン式の衣服の拒否は何よりも美学上の問題であり、国の政治や経済を考えたからではなかった。[52]一九二〇年代までに男性向けと女性向けの民族服ができつつあった。女性にはキャンディ王国が創り出した様式に倣ったサリーの着用がしだいに要求されるようになり、上流階級の女性が白以外のブラウスを着るのは適切ではないとされた。[53]男性はできれば白のサロン風のもので下半身を覆い、上半身は長いバニアンをまとわなければならなかった。元は仏教徒の農民の衣服で、衣服の大転換とまでは行かなかった。ズボンをはくのはポルトガル風、(シンハラ人の高位カーストの特権である)髪に櫛をさすのはインドネシア風と見なされ、

「布の帽子、櫛、襟ネクタイ、バニアン、シャツ、チョッキ、コート、ズボン、布靴下、靴を全部身同時に身につける」のは「ばかげた格好」だが十分あり得た[54]。独立以前にはじっさいにこういった服装で儀式や公の場に現れた政治家がいた。学校でも指定の制服でなく、このいでたちで登校した生徒もいて、予想に違わず、厳しい処分を受けた。しかしながら、民族服は広がらなかった。独立式典で、初代首相D・S・セナナヤカは、黒のシルクハットと燕尾服、ピンストライプのズボンを身に着け、もちろん磨き上げた黒の靴を履いてまばゆいばかりだった。

独立後のシンハラ民族服の浮き沈みはたくさんの教訓を与える。一九五六年に政権についた左派ポピュリストのS・W・R・D・バンダラナイケ体制は、組織的に布とバニアンを着て、エリート主義的で西洋化された前任者とは一線を画した。しかしながら、民族服は、シンハラ人仏教徒という特定の集団の保全と同列に見なされるようになった。同政権はあまりにも強大で、衣服で自分の出自を表すと、インドと同じく挑発的となった。ニラ・ウィクラマシンゲが言うように、民族的「少数派の指導者は、公の場では、好んでよく西洋のコートとズボンを着た」[55]。公の場でも民族服は衰退した。政治家の中には、エリートの家柄を隠すというより、大衆の信用を強調するために民族服を着た者もいた。やがて民族服は重視されなくなり、（望ましくは白い）ズボンに取ってかわられた。タミール人の反乱指導者は、あらゆる民族服の着用を断固として拒否し、チェ・ゲバラで有名になった野戦服とベレー帽を身に着けて、革命の意思を示した。政治や結婚式等人生の大きな節目の儀式以外に、男性が民族服を着る機会はほぼなくなった。スリランカの地方では男性はもはやサロンをまとっていないが、すべての階級の女性はサリーを身に着けている。社会的流動性と富裕層との競争心から男はほぼ全員ズボンをはくようになった。民族服は伝説となった。「民族風」として復活する可能性もなくはないが[56]。

フィリピン諸島でも、西洋服の採用とさまざまなタイプの民族服の創作との関係は錯綜しており、性差もかなりあった。二〇世紀前半のアメリカ統治下では、近代風に見せたいフィリピン人男性は、当時アメリカーナという名称のスーツの上下を着たものだった。植民地支配者と平等だという被植民者の古典的な表明である。これに比べて、社会上層の女性は、一八世紀のスペイン風の衣服から発展した蝶の羽さながらの両袖のついた丈の長いテルノをまとった。ピーニャというパイナップルの葉の繊維を紡いで織り上げた、軽くてとても薄い布でできており、複雑な刺繍がなされた。これに乳房を隠すためパニュエラをはおった。時が経つにつれてパニュエラは姿を消し、テルノが事実上の民族服となり、地域によって若干異なるイスラームの衣服の一つとなった。しかし、このきわめてフィリピン的な女性の服は、公的領域における女性の不在、ならびに妻として母としてふさわしい女性の地位を象徴すると見なされている。フィリピンの女性参政権運動家でさえも、無益な中傷や非難を避けるためにこの衣服を着た[57]。

第二次世界大戦後に独立を達成すると、著しい変化が起きた。まず、男性の指導者層は、刺繍の入った長袖のゆったりしたシャツであるバロン・タガログをズボンの上に出して喉元までボタンをとめて着るようになった。一九五三年に「庶民の出」であるというキャンペーンをはって大統領になったラモン・マグサイサイは、バロン・タガログを着て就任式に出て、従来のエリートとの違いやポピュリスト的な信頼性を強調した。それ以来、バロン・タガログは、フィリピン人男性の（Tシャツとジーンズを着ないときの）標準服となった。これは、フィリピン人アイデンティティの矜持を表現する方法となり、政治的姿勢を示すのに不可欠となった。

対照的に、女性のテルノは問題をはらんでいた。イメルダ・マルコスの象徴的な服装だったせいでもある(さらにもちろん、例の彼女の靴のコレクションのせいもあるが、彼女を批判する人びとが抗議のために裸足で行動したとは思えない)。フィリピン諸島の女性は、公の場で自己主張をするようになると、女性の従属を表す服装、母親の代のフィリピンらしい衣服をやめた。新しい世代の女性にとって、アメリカ式のスーツは、戦前のフィリピン人男性のときと同じように、独立した個人として活動する権利を主張する方法となった。こうして、グロリア・マカパガル・アロヨは、有能な経済専門家を表す西洋のスーツを着て就任式に臨んだ最初の大統領となった。だが、状況次第では、フィリピン人アイデンティティを見せつける必要性は残った。結局、アロヨ大統領も二期目の就任式といった大事な儀式ではテルノを着る覚悟をきめた。誰もが彼女を押しも押されもせぬ権力者と見なすようになったためである。フィリピン人外交官なども、黒のズボンの上にやや女性的なバロン・タガログを着るという、おつな解決策を見いだした。

文脈上、二つのことを説明する必要がある。第一に、ナショナリズムとエスニシティの概念上の区別はつけにくい。ヨーロッパ以外では、ナショナリズムとは一般に、植民地支配への反対運動、独立後は対国家感情であった。独立国は世界秩序の根幹であるので、ナショナリズムには正当性があると見なされている。対照的にエスニシティは、ふつう言語的に定義した集団への帰属を表す。近代の国民国家とは一致せず、非正統的で国民国家にとっての脅威と見なされるおそれがある。しかしながら、ネーションもエスニシティも（場合によっては「部族」も）まったく同じ要因によって発明ないし知的創造物であり、エスニシティはより強い影響力をもつことが多い。[58] かくして、ナショナリズムの形成過程の多くがエスニック・アイデンティティの服飾史でも見られるのは当然である。特定のエスニック・アイデンティティを示すのに衣服を使うのもごくありふれている。ある民族集団が他の集団との差異性を構築するもっとも明確な方法の一つなのである。[59] 民族固有の衣服は、当然ながら、世界中に拡がる普遍的な衣服とは異なる。それが届けようとするメッセージは、普遍主義でも国民国家への忠誠心でもなく、地元の一体感である。

にもかかわらず、国民国家に組み込まれる過程は、けっして円滑でまっすぐだったわけではなく、世界の多くの国家は多文化的な基盤とそれに伴うアイデンティティの政治学を認めなければならなかったので、エスニシティとエスニックな衣服は花開いた。その好例がラテンアメリカのアンデス山系の人びとであろう。ここはさまざまな「伝統的な」衣服（民族衣装）が、スペイン人の征服以来、創造され広く見られる地域であるが、カローラ・レンズが言うようにそれは「都会の服の化石」である。[60] 民俗学者は谷から谷へと歩き回り、どこでも地域固有の衣服を発見できた。[61] しかし、人びとは高地の村から出ると、着ていた衣服を脱いだ。移民労働者は、沿岸部の農園ではアメリカ先住民のエスニシティ（劣等である証し）をさらけだしたくなかった。彼らは正しいと思いこんで選んだ服だったが、そのせいで無骨な田舎者と決めつけられてしまった。しかし、故郷の村に帰っても、沿岸部で着ていた衣服を着続けた。[62] そうすればあかぬけた男性となり、男ほど差はつかないにしてもしゃれた女性となれたからである。先住民のくせに横柄にもヨーロッパの衣服を着る連中がいるのは、しかるべき社会秩序が崩壊している兆候だと見なした白人もいた。しかし、高地の村から来た女性も、政治に目覚め、組織化できるようになると、ポレラというペルー南部の刺繍がちりばめられたスカートの適切な着方も知らない人びとを見くだすようになる。[63] ペルーでもボリビアでも、大統領候補は先祖に先住民がいると衣服を着て示すことができた。

第二に、植民地政策と衣服の政治学は、かなり一致している。フランス領アフリカ植民地のクレオール・エリートは一度も拒否しなかった。一九世紀半ば以降、セネガルの四つの共同体に住むアフリカ人[64]は、フランス市民となりパリの議会に代表を送った。そのため彼らは、フランスらしさの基準に合わせ、植民地社会の言葉で言えばエヴォリュエ〔évolué. フランス風の思考をするアフリカ人〕になる必要があった。時の経過とともに、この道理はすべてのフランス領植民地の住民に拡大された。フランス人の男性や女性のように行動するほうが明らかに得だった。フランス植民地当局はエヴォリュエを一度も拒絶しなかったし（ブリテン植民地当局は拒絶した）、フランス語を話すアフリカ人エリートはずっとパリを向いていた。政治エリートも社会のさまざまな人びとも、フランス語を身につけようとしたし、喜んでフランスの衣服を着た。

セネガルとコートジボワールではこの傾向が明白である。初期の大統領たちは多くの点で、フランス文化に同化していた。コートジボワールの独立後大統領になる前はフランス政府の植民地大臣だったフェリックス・ウフエ＝ボアニ〔一九〇五～九三年、初代大統領、在位一九六〇～九三年〕は、つねに仕立てのよいフランスのスーツを身につけていた。セネガルのレオポール・サンゴール〔一九〇六～二〇〇一年、初代大統領、在位一九六〇～一九八〇年〕はもっと筋金入りのエヴォリュエだった。彼はフランス学士院の会員としてフランス人の妻とともにノルマンディーで人生を終えた。大統領の任期中は、民族衣装の着用を公式の場では禁止した。彼の退任をまってようやく、セネガル風ファッションの爆発が起こった。この地域のイスラームの伝統も引き継いだブーブー、すなわち、まっすぐな縫い目があり細かな刺繡が入った広く長いスカートからそれは始まった[65]。

アフリカ中央部の西側、とくに両コンゴあたりでは、事態は異なった方へ向かった。この地域では、ラフィア生地でラッパー〔ゆったりした外衣〕をつくる伝統があり、これは慎みの基本となり、威信の秩序を形成した。奴隷は二、三枚のラッパー、首長は四二枚の布をはいだローブを身に着けたものだった。しかし真の服飾競争は、手の込んだ髪型とボディー・ペインティングによる[66]。さらに一六世紀から奴隷貿易が発展するにつれて、ヨーロッパ製の布地が競争に加わり、衣服で区別する体系が生まれた。貧民と奴隷は無漂白の綿布で我慢せざるを得なかったが、金持ちの王子たちは「マント、ケープ、赤いタバート〔短い戸外用外套〕、絹のローブと、資力に応じてあらゆるもの」をまとった。金持ちが何枚も着こんだあげく身動きできなくなるほど衣服のインフレは進んだ[67]。

植民地主義の到来とともに、この伝統は、とくにレオポルドビル（のちのキンシャサ）とブラザビルで継続された。両都市は、コンゴ川と植民地支配によって分割された双子だった。二〇世紀初頭以後、ヨーロッパ人はアフリカ人の衣服競争に触れ、ときに嘲笑した。一九一三年、ジャン・ド・ウィッテ男爵はこう書いた。

今では、ブラザビルあたりの地元民はあまりにめかし込んでいるし、日曜日になると、ズボンとカーディガンを何枚も持つ人びととは、それを重ね着して、富を誇示する。多くの人はパリのファッションを追いかけるのを自慢する。つい最近までヨーロッパ人は、黒人ときたら熱帯ではいかにも暑苦しいシルクハットをほしがって、おまけに露出度の高い服に合わせようとすると、笑いの種にしていた。そのほとんどが今はすっかりそれを放り出し、粋なパナマ帽をこれ見よがしに被っている。(68)

男爵は量から質へ衣服の重点が移行しているのを目にしていたのであった。ズボンを重ねてはくコンゴ人などたちまちいなくなる。若い事務員カミーユ・ディアータは次のような手紙を書いた。

ブラザビルとキンシャサでは、ジェントルマンや若い男性がみんなポポ〔という様式〕で身を固めているのをご存じですか。これは、一五〇フランはするオリヴァントの日よけ帽、絹のシャツ、ポプリンか最低でも二五〇〜三〇〇フランはする他の生地のスーツ、靴のかかとまで届きそうなズボンを持つことです。身なりのよい女性は一枚五〇フランはする絹の被り物数枚を頭に巻き、一五〇フランの生地を熟練の仕立屋に縫いあげてもらうのです。ブラザビルの町は発展途上にあり、住民たちもそうなのです。(69)

植民地ヒエラルキーの頂上にいた通訳官タイピストの給料が一日一二フランであった。多くの植民地でも見られたように、都市民どうしの威信獲得競争の広がりとともに、植民地支配者との平等を求める声も高まった。

一九六〇年代以降、ブラザビルやキンシャサといった都会の若者たちのこうした関心は、サップと呼ばれる（Sape: La société des ambianceurs et des personnes élégantes〔ムードメイカーとエレガントな人びとの集まり〕の頭文字で、フランス語のスラングse saper＝ドレスアップするの頭字語でもある）。サップには主に二つの関心があった。第一に、もっとも洗練され高価なブランド服を着た自分、言い換えると立派な混血児であると披露することであった。靴はイングランド製のロブかウェストンまたはイタリア製のカポビアンコ。スーツはイヴ・サンローラン、ディオール、アルマーニ、ゴルチエのどれか。時計はカルティエ、靴下はバーリントン、等々でなければならない(70)。第二に、サップは両コンゴとパリを結びつけるのに成功した。有力なコネに恵まれた政府役人しか、ヨーロッパの最新ファッションを展開するブラザビルの店で買う余裕がなかった。サップで成功するにはヨーロッパに行く必要があり、その動きはやがてコンゴ川沿いでもセーヌ川沿いでも、大陸間を超えた共同体をつくった。そうしたパリの人びとは不法滞在のことも多く、単純労働をしていたようだが、徐々にさまざまな合法貿易に乗り出した。先行研究はこれを権力に対する抵抗運動と見なしてきたが、ひじょうに個人主義的なものを果たして運動と呼べるのか、権力は行使されていたのかなどの理由により論争になっている。はっきりしているのは、サップのおかげで、両コンゴの支配者のもとから逃れた、威信への道が与えられたこと、サップはある意味で一九六〇年代以降、両国を巻き込んだ混乱の反動だったことである。それはコンゴをザイールに、レオポルドビルをキンシャサと改称したザイールの大統領モブツ・セセ・セコに対する挑戦でもあった。モブツはコンゴ・ナショナリズムを育もうとし、いや自画自讃して、「真正性」プログラムを導入した。その一環として伝統が創造され、西洋のスーツは拒絶され、ネルー・ジャケットを参考にモブツが「アバコスト abacost. à bas la costume〔スーツを放棄せよ、の短縮形〕」と名付けたジャケットが導入された。キンシャサ、ブラザビル、パリでイヴ・サンローランを着るのは、政治姿勢が異なるというメッセージであった。(71)

註

（1） Monica Hunter, *Reaction to Conquest: Effects of Contact with Europeans on the Pondo of South Africa*, 2nd edn, 1960, Oxford, Oxford UP, 1960 [1936], 10.

（2） Ibid., 101–2, 542, 486.

（3） Godfrey Wilson, *An Essay on the Economics of Detribalization in Northern Rhodesia. Part II*, Livingstone, Rhodes Livingstone Institute, 1942, 16–20.

（4） Karen Tranberg Hansen, *Salaula: The World of Secondhand Clothing and Zambia*, Chicago and London, University of Chicago Press, 2000, 29–36. 以下からの引用。J. Merle Davis, *Modern Industry and the Africa, An Enquiry into the Effect of the Copper Mines of Central Africa upon Native Society and the Work of the Christian Missions*, London, Macmillan, 1933, 42.

（5） 二つの例外として以下を参照。Timothy Burke, *Lifebuoy Men, Lux Women, Commodification, Consumption, and Cleanliness in Modern Zimbabwe*, Durham, NC, Duke UP, 1996; Michael Rowlands〔厳密に人類学者の〕, "The Consumption of an African Modernity", in Mary Jo Arnoldi, Christraud M. Geary, and Kris L. Hardin (eds), *African Material Culture*, Bloomington and Indianapolis, Indiana UP, 1996, 188–213. あとで触れる Margaret Jean Hay の作品も参照。

（6） Eugene C. Burt, "Bark-Cloth in East Africa", *Textile History*, 26, 1995.

（7） Patricia Davison and Patrick Harries, "Cotton-Weaving in South-East Africa: Its History and Technology", in Dale Idiens and

K. G. Ponting (eds), *Textiles of Africa*, Bath (UK), Pasold Research Fund, 1980; Jeremy G. Prestholdt, *As Artistry Permits and Custom May Ordain: The Social Fabric of Material Consumption in the Swahili World, circa 1450 to 1600*, Programme of African Studies, Northwestern University, Evanston, III., Working Paper 3, 1998; Edward Alpers, "*Futa Benaadir*: Continuity and Change in the Traditional Cotton Textile Industry of Southern Somalia, c. 1840–1980", in *Actes du Colloque Entreprises en Entrepreneurs en Afrique (XIXe et XXe siècles)*, I, Paris, L'Harmattan, 1981, 77–98.

(8) Prestholdt, As Artistry Permits, esp. 24–33; Laura Fair, *Pastimes and Politics: Culture, Community and Identity in Post-Abolition Urban Zanzibar, 1890-1945*, Athens, Ohio UP, and Oxford, James Currey, 2001, 64–74.

(9) Jeremy Prestholdt, "On the Global Repercussions of East African Consumerism", *American Historical Review*, 109, 2004.

(10) David Parkin, "Textile as Commodity, Dress as Text: Swahili Kanga and Women's Statements", in Ruth Barnes (ed.), *Textiles in Indian Ocean Societies*, London and New York, Routledge Curzon, 2005; R. M. Beck, "Aesthetics of Communication: Texts on Textiles ('Leso') from the East-African Coast (Swahili)", *Research in African Literatures*, 31, 2000, 104–24; R. M. Beck, "Ambiguous Signs: The Role of the Kanga as a Medium of Communication", *Afrikanistische Arbeitspapiere*, 68, 2001; Marloes van der Bijl, "*Mafumbo na Kininja*: Dress Utterances of Young Zanzibari Women", MA thesis, Leiden University, 2006.

(11) Atieno Odhimabo, "From Warriors to Jonanga: The Struggle of Naked-ness by the Luo of Kenya", in Werner Graebner (ed.), *Sokomoko: Popular Culture in East Africa*, Amsterdam, Rodopi, 1992, 15; Margaret Jean Hay, "Hoes and Clothes in a Luo Household: Changing Consumption in a Colonial Economy, 1906–1936", in Mary Jo Arnoldi, Christraud M. Geary, and Kris L. Hardin (eds), *African Material Culture*, Bloomington and Indianapolis, Indiana UP, 1996, 251.

(12) Margaret Jean Hay, *Western Clothing and African Identity, Changing Consumption Patterns among the Luo*, Discussion Papers in the African Humanities, 2, African Studies Centre, Boston, 1989; Hay, "Changes in Clothing and Struggles over Identity in Colonial Western Kenya", in Jean Allman (ed.), *Fashioning Africa: Power and the Politics of Dress*, Bloomington, Indiana UP, 2004, 69.

(13) 以下に引用。Hay, "Changes in Clothing", 77.

（14） Atieno Odhiambo "From Warriors to Jonanga", esp. 16–17; Hay, "Changes in Clothing", 78; Hay, *Material Culture and the Shaping of Consumer Society in Colonial Western Kenya*, Working Papers in African Studies, 179, African Studies Centre, Boston, 1994, 16.

（15） 以下に引用。David William Cohen and E. W. Atieno Odhiambo, *Siaya: The Historical Anthropology of an African Landscape*, London, James Currey, 1989, 111.

（16） この考えが基本的に誤りであることを示す文献は膨大にある。古典としては John Iliffe, *A Modern History of Tanganyika*, Cambridge, Cambridge UP, 1979, 318–42. の第一〇章「部族の創設」が挙げられる。

（17） Cape Town and Johannesburg, David Philip, 1984.

（18） 写真には唯一の女性、本書では〔第7章、註59〕キンバリー駅のプラットホームで待たされていたエリザベス・プラーチエが写っている。オデンダールが再録している写真には、ブラウス、スカート、ボンネット、短いブーツのようなものをしっかり着こんだ彼女の姿がある。

（19） Jeff Guy, "Subject or Object: The Photographic Image and the Struggle for Power in Colonial Natal", paper presented to the Conference of the Historical Association of South Africa, June 2006.

（20） Christopher Fyfe, *A History of Sierra Leone*, Oxford, Oxford UP, 1962, 379.

（21） John Parker, *Making the Town: Ga State and Society in Early Colonial Accra*, Oxford, James Currey, 2000, 136.

（22） 以下に引用。J. F. Ade Ajayi, *Christian Missions in Nigeria, 1841–1891: The Making of a New Elite*, London, Longmans Green, 1965, 236.

（23） Betty M. Wass, "Yoruba Dress in Five Generations of a Lagos Family", in Justine Cordwell and Ronald A. Schwarz (eds), *The Fabrics of Culture: The Anthropology of Clothing and Adornment*, The Hague, Mouton, 1979, 333–5; Kristen Mann, *Marrying Well: Marriage, Status and Social Change among the Educated Elite in Colonial Lagos*, Cambridge, Cambridge UP, 1985, 33.

（24） ラゴスの新聞に載った三件の結婚式の記事は以下を参照。Titilola Euba, "Dress and Status in 19th Century Lagos", in B. A. Agiri et al. (eds), *History of the Peoples of Lagos State*, Ikeja Lagos, Lantern Books, 1987, 153–4; Judith Byfield, *"Unwrap-*

ping" Nationalism: Dress, Gender, and Nationalist Discourse in Colonial Lagos, Discussion Papers in the African Humanities, 30, African Studies Centre Boston, 2000, 6; Mann, *Marrying Well*, 56–7.

(25) 以下に引用。 Euba, "Dress and Status", 159.

(26) これに関してはとくに以下を参照。 Vivian Bickford-Smith, "The Betrayal of Creole Elites, 1880–1920", in Philip Morgan and Sean Hawkins (eds), *Black Experience and the Empire*, Oxford History of the British Empire Companion Series, Oxford, Oxford UP, 2004, 194–227.

(27) Helen Callaway, "Dressing for Dinner in the Bush: Rituals of Self-Definition and British Imperial Authority", in Ruth Barnes and Joanne B. Eicher (eds), *Dress and Gender: Making and Meaning*, Oxford Berg, 1992, 232–47; Andreas Eckert, "Making African Bureaucrats: Colonial Education, 'Character Training' and African Agency in Tanzania, 1920s to 1960s", unpublished seminar paper, Afrika-Studiecentrum Leiden, 2004.

(28) F. D. Lugard, *The Dual Mandate in Tropical Africa*, London, Blackwood, 589. 以下に引用。 Judith A. Byfield, *The Bluest Hands: A Social and Economic History of Women Dyers in Abeokuta (Nigeria), 1890–1940*, Oxford, Portsmouth, NH, and Cape Town, James Currey, Heinemann and David Philip, 2002, 68.

(29) 以下参照。 Terence Ranger, *Are We Not Also Men? The Samkange Family and African Politics in Zimbabwe, 1920–1964*, London, James Currey, 1995; Michael O. West, *The Rise of an African Middle Class: Colonial Zimbabwe, 1898–1965*, Bloomington, Indiana UP, 2002.

(30) *New York Times Style*, 27. 7. 1997. 以下に引用。 Sandra Klopper, "Re-dressing the Past: The Africanisation of Sartorial Style in Contemporary South Africa", in Avtah Brah and Annie E. Coombes, *Hybridity and its Discontents: Politics. Science, Culture*, London, Routledge, 2000, 218.

(31) たとえば、議会の開催や名誉学位の授与式で彼はスーツを着用した。

(32) Fyfe, *History of Sierra Leone*, 468.

(33) Richard Burton, *Abeokuta and the Cameroons Mountain: An Exploration*, I, London, Tinsley Brothers, 1863, 102. 以下に引用。

Byfield, *The Bluest Hands*, 3.

(34) Byfield, *Bluest Hands*, 4–6 は以下を引用。Samuel Johnson, *The History of the Yorubas from the Earliest Times to the Beginning of the British Protectorate*, 6th edn, London, Routledge & Kegan Paul, 1973 (original edition 1921, written by 1897), 110–12.

(35) ナイジェリアの布地については、たとえば以下を参照。Judith Perani and Norma H. Wolff, *Cloth, Dress and Art Patronage in Africa*, Oxford and New York, Berg, 1999. ケンテについては以下を参照。Doran H. Ross, *Wrapped in Pride: Ghanaian Kente and African American Identity*, Los Angeles, UCLA Fowler Museum of Cultural History, 1998; Malika Kramer, "Colourful Changes: Two Hundred Years of Social and Design History in the Handwoven Textiles of the Ewe-Speaking Regions of Ghana and Togo (1800–200)", Ph.D. thesis, SOAS, 2005.

(36) Ruth Nielsen, "The History and Development of Wax-Printed Textiles intended for West Africa and Zaire", in Justine Cordwell and Ronald A. Schwarz (eds), *The Fabrics of Culture, The Anthropology of Clothing and Adornment*, The Hague, Mouton, 1979, 467–98.

(37) Byfield, *"Unwrapping" Nationalism*, 11–12. Michael J. C. Echeruo, *Victorian Lagos: Aspects of Nineteenth Century Lagos Life*, London and Basingstoke, Macmillan, 1977, 39.

(38) *Lagos Weekly Record*, March 1896. 以下に引用。Echeruo, *Victorian Lagos*, 39.

(39) Euba, "Dress and Status", 160.

(40) Agneta Pallinder, "Adegboyega Edun: Black Englishman and Yoruba Cultural Patriot", in P. F. de Moraes Farias and Karin Barber (eds), *Self-Assertion and Brokerage: Early Cultural Nationalism in West Africa*, Birmingham, Centre of West African Studies, 1990, 13. 同論文には、民族衣装で盛装したアベオクタのアレイク〔支配者〕がこれまた、キルト、スポーラン〔下げ袋〕、タモシャンター〔帽子〕で盛装したラゴス植民地総督サー・ウィリアム・マックグレガーの隣に納まったすばらしい写真も掲載されている。

(41) Wass, "Yoruba Dress".

(42) Michel Doortmont から筆者に伝えられたセクイ家からの情報。

(43) Ross, *Wrapped in Pride*, 165–8; Barbara S. Monfils, "A Multifaceted Image: Kwame Nkrumah's Extrinsic Rhetorical Strategies", *Journal of Black Studies*, 7, 1977, 313–30.

(44) 以下参照。Victoria L. Rovine, "Fashionable Traditions; the Globalization of an African Textile", in Allman, *Fashioning Africa*; Leslie W. Rabine, *The Global Circulation of African Fashion*, Oxford and New York, Berg, 2002; Perani & Wolff, Cloth, Dress and Art Patronage.

(45) 以下に引用。Byfield, *Bluest Hands*, 210, from West Africa, 20. 3. 1937.

(46) Byfield, *Bluest Hands*, 211.

(47) この説明はとくに以下に従っている。Tardon, *Clothing Matters*, chs 3 and 4. またとくに以下も参照。C. A. Bayly, "The Origins of Swadeshit (home industry): Cloth and Indian Society, 1700–1930", in A. Appadurai (ed.), *The Social Life of Things: Commodities in Cultural Perspective*, Cambridge. Cambridge UP, 1986; Susan Bean, "Gandhi and Khadi: The Fabric of Independence"; Bernard S. Cohn, "Cloth, Clothes and Colonialism: India in the Nineteenth Century". いずれも以下に所収。Annette B. Weiner and Jane Schneider, *Cloth and Human Experience*, Washington and London, Smithsonian Institution Press, 1989.

(48) Nurad C. Chauduri, *Culture in the Vanity Bag, being an Essay on Clothing and Adornment in Passing and Abiding India*, Bombay, Jailo, 1976, 161–2; Emma Tarlo, *Clothing Matters: Dress and Identity in India*, London, Hurst, 1996, 123.

(49) Mukulika Banerjee and Daniel Miller, *The Sari*, Oxford, Berg, 2003, esp. 238–46.

(50) このパラグラフは以下の魅力的だが顧みられない文脈に依っている。Nira Wickramasinghe, *Dressing the Colonised Body: Politics, Clothing and Identity in Sri Lanka*, New Delhi, Orient Longman, 2003.

(51) 以下にリプリント。Ibid., 130–4.

(52) Roger Lipsey, *Coomaraswamy*, vol. II: *His Life and Work*, Princeton, Princeton UP, 1977, 17–19.

(53) ゆったりした長いジャケット。

(54) A. Guruge (ed.), *Anagarika Dharmapala: Return to Righteousness*, Colombo, Government Press, 1965, 509. 以下に引用。

Wickramasinghe, *Dressing the Colonised Body*, 14.

(55) Wickramasinghe, *Dressing the Colonised Body*, 22.

(56) Ibid., 125–8.

(57) このパラグラフは以下に依拠した。Mina Roces, "Gender, Nation and the Politics of Dress in Twentieth-Century Philippines", in Louise Edwards and Mina Roces (eds), *The Politics of Dress in Asia and the Americas*, Brighton Sussex UP, 2007; ead., "Women. Citizenship and the Politics of Dress in Twentieth-Century Philippines", in Wil Burghoorn et al. (eds), *Gender Politics in Asia: Women Manoeuvring with Dominant Gender Orders*, Copenhagen, NIAS press, forthcoming（出版前に所収論文を見せていただいたRoces博士に感謝する）. B. Lynne Milgram, "Piña cloth, Identity and the Project of Philippine Nationalism", *Asian Studies Review*, 29, 2005.

(58) もっともすぐれた概説的な研究はThomas Hylland Eriksen, *Ethnicity and Nationalism*, London, Pluto Press, 1993, reprinted 2002.

(59) もちろんエスニシティに基づいて区別する必要はない。たとえば、宗教的帰属もまったく同じように差異のしるしとなり得る。正統ユダヤ教はその好例であるし、メノー派も同様である。メノー派についてはたとえば以下を参照。Beth Graybill and Linda B. Arthur, "The Social Control of Women's Bodies in two Mennonite Communities"; Jean A. Hamilton and Jana M. Hawley, "Sacred Dress, Public Worlds: Amish and Mormon Experience and Commitment". いずれも以下に所収Linda B. Arthur (ed.), *Religion, Dress and the Body*, Oxford, Berg, 1999. 介入の表現としてのイスラームの衣服については、本書11章を参照。

(60) Carola Lentz, "Ethnic Conflict and Changing Dress Codes: A Case Study of an Indian Migrant Village in Highland Ecuador", in Joanne B. Eicher, *Dress and Ethnicity: Change across Space and Time*, Oxford, Berg, 1995, 280.

(61) 以下参照。Ann Pollard Rowe (ed.), *Costume and Identity in Highland Ecuador*, Washington, DC, Seattle and London, Textile Museum and University of Washington Press, 1998.

(62) Lentz, "Ethnic Conflict".

(63) Blenda Femenías, *Gender and the Boundaries of Dress in Contemporary Peru*, Austin, University of Texas Press, 2005, 184, 230.

(64) ダカール、リュフィスク、ゴレ島、サンルイ（Dakar, Rufisque, Goree, St Louis）。

(65) Leslie W. Rabine, *The Global Circulation of African Fashion*, Oxford and New York, Berg, 2002, 33–4; Hudiata Nura Mustafa, "Sartorial Ecumenes: African Styles in a Social and Economic Context", in *The Art of African Fashion*, The Netherlands and Eritrea [sic], Prince Claus Fund and Africa World Press, 1998, 13–48; Deborah Heath, "Fashion, Anti-Fashion, and Heteroglossia in Urban Senegal", *American Ethnologist*, 19, 1992.

(66) Jan Vansina, *The Tio Kingdom of the Middle Congo, 1880–1892*, London, Oxford UP, 1973, 151–3.

(67) Joseph C. Miller, *Way of Death: Merchant Capitalism and the Angolan Slave Trade, 1730–1830*, London, James Currey, 1988, 79–82; F. Pigafetta, *A Report of the Kingdom of Congo and of the Surrounding Countries, Drawn out of the Writings and Discourses of the Portuguese Duarte Lopez*, reprinted London, Cass, 1970, 109. 以下に引用。Jonathan Friedman, "The Political Economy of Elegance: An African Cult of Beauty", *Culture and History*, 7, 1990, 107.

(68) Jehan de Witte, Les deux Congo, Paris, Plon, 1913, 164. 以下に引用。C. Didier Gondola, "Dream and Drama: The Search for Elegance among Congo-lese Youth", *African Studies Review*, 42/1, 1999, 26.

(69) 以下に引用。Phyllis M. Martin, "Contesting Clothes in Colonial Brazzaville", *Journal of African History*, 35, 1994, 418–19.

(70) Gondola, "Dream and Drama", 32–3. もちろん、あこがれの的で威信のあるブランドは絶え間なく変化した。

(71) Kenneth Lee Adelman, "The Recourse to Authenticity and Negritude in Zaire", *Journal of Modern African Studies*, 13, 1975, 134–5.

第10章　衣服の解放

一九六〇年に社会心理学者ジョージ・ブッシュとペリー・ロンドンは「服装の多様性の幅が大きければ大きいほど、その社会における社会的役割は定義しにくくなり異論も出しやすくなる」という仮説を提唱した。反対に「服装の多様性の幅が小さければ小さいほど、その社会の諸個人の社会的役割は恒久的で明確に定義されて異論も出なくなる」。彼らはこの仮説を使って、特定の（階級やエスニシティの）アメリカ人少年が思春期に達するまでニッカーボッカーを着る習慣はいつ終わったのか検証した。[1] これはたちまち陳腐になりかねない仮説のたぐいである。しかしながら、二〇世紀の北西ヨーロッパとリオ・グランデ川以北のアメリカの史実に当てはめると、かなり有効といえる。二〇世紀になるとまず女性、ついで男性の衣服がしだいに自由になるのは明らかだ。これは、西洋社会で起きた緩慢で不完全な、社会的・政治的・性的・経済的な女性の解放の一環であった。

ここではとりわけジェンダーをめぐる社会の変化を概説してみたい。西洋のイデオロギーでは、女性の地位はもはや妻や母親に限定されない。ただし、現実はまた別の問題である。一九世紀末から二〇世紀初頭までに、女性は参政権を得た。女性が家の外で働く可能性は増大した。既婚女性が働いてももはや不名誉と見なされないし、その障壁だった規制は一九五〇年代から一九六〇年代にようやく取り払われた。それどころか、教育とほぼすべての職業が女性に開かれた。ただし、会社や政府機関の最高位まで上り詰めるのはいまだに困難で、給料その他の水準は決して平等とは言えず、さらに非公式の規制も残っている。女性の婚前交渉は大目に見られるようになり、出生率は急激に落ち込み（出産年齢も上昇し）、離婚の可能性が著しく高まったのもこういった過程の一部である。

女性の社会的地位の向上がいかに衣服に反映されたか。この問いに、機能主義者のような単純な答えがあるわけではないが、社会と衣服は相互に排除し合う関係でないことは明白である。もちろん、女性が従事する職業にふさわしい衣服を着るのは長く認められてきたが、適切な衣服の強要が、特定の職業に女性が就けない理由にもなりかねなかった。炭鉱婦として丈夫なズボンをはいて働く女性たちの姿は、一九世紀末イングランドで騒動を巻き起こした。男物の服なんか着て不道徳だと思われたためである。(2) しかし、農業をのぞけば、女性は主に衣服の製造工場などの軽工業やサービス業に従事していたので、仕事の性質に服はあまり左右されなかった。二度の世界大戦中は、多くの女性が軍需工場や農場などで働いたが、少なくとも仕事中は、上っ張りと通常スカートではなくズボンを着た。しかし、こういった安上がりの服への変化が長期的にどのような影響を及ぼしたかはともかく、短期的に女性のファッションは伝統的な女性らしいものになった。第一次世界大戦中の一九一六年、ブリテンのファッション評論家は「しばらく続いた地味な外見に代わり、ふわふわした女らしい外見になるだろう。あまり男っぽくないものを好む傾向は明らかだ」と告げた。生地を惜しみなく使って「裾回りが六ヤード」にもなるスカートもあらわれた。この記事は働く女性の「物議を醸した」衣服の記事と並べて掲載されており、全体の流れが二極分化していたことがわかる。安上がりで女らしい衣服といえば、以前よりはるかにゆるく締め付けもなくなった余暇用の服ぐらいしかなかったかもしれない。(3)

第一次世界大戦時のような軽薄さは、第二次世界大戦中にはあり得なくなる。衣服が配給制となり計画経済がいっそう厳しくなると、そうした生地の使い方はできなくなる。生地を買いだめして、自分の服を作った人たちでさえ強く非難された。(4) 女性は、徐々に製造業や戦時労働にかりだされるようになり、どれほど「女らしく」なかろうが、上っ張りが唯一の公認服となった。(5) しかし、戦後の反動は激しかった。クリスチャン・ディオールがパリで発表したニュールックは、ウエストをきゅっと締めて、肩のあたりを露出させ、ペティコートで膨らませて、生地をふんだんに使った長いスカートで軽薄性を再生した(6)(図13参照)。労働党政権はとくに抗議した。労働党議員でベシー・ブラドックというリヴァプール出身の気の強い女性は、ニュールックなどどう見ても着そうもなさそうな人だったが、「怠け者のばかげた思いつき」とこきおろした。蔵相サー・スタフォード・クリップスは法的に禁じようとした。(7) しかし、少なくとも西洋の民主主義では、政治的なピューリタニズムは快楽や誇示の欲望に勝ったためしがない。

西洋の女性服が大きく変化したのは世界大戦の影響だとする歴史的因果説については、いくつか複雑な問題がある。最大の問題は年代である。もっとも重要な兆しは一九一四年以前にすでにあらわれていた。当時のスカートの丈は、一九二〇年代(ましてや一九六〇年代)ほどではなかったものの、

図 13　ニュールック。

ふくらはぎをかなりあらわにするまで短くなっていた。もしくは化粧品を取り上げてみよう。一九世紀に化粧は不道徳性と結びつくようになった。たとえば、ニューヨークの上流階層の女性が、やや派手な同性について「尻軽女のような厚塗り」にしか見えない、と言うのは普通だった。しかし一九一〇年ごろまでに、ヘレナ・ルビンスタイン、エリザベス・アーデン、エスティ・ローダーたちがのちに世界の主要産業となるものを興し、変化が表れた[8]。その礎は第一次世界大戦のかなり前から築かれ始め、戦後も続いていた。原因を挙げるとしたら、戦争による社会的激変というより、女性参政権を求め獲得した政治運動といってよいだろう。たとえば自転車に乗りやすい服など女性が身体を自由に動かせる服を選ぶ傾向もそれに並行した[9]。

とは言うものの、ある現象の始まりを深読みしすぎて、その現象が流行った状況を十分読み取らない恐れはままある。品のよいとされる人びとが短くなったスカートをはき、口紅と頬紅、マスカラを付けたのはどちらも第一次世界大戦以前だったが、これらが一般に広がったのは、ようやく一九一四年以後、とくに一九二〇年代になってからであった。当時の基準に従った、自由で自信に満ちたニュー・ウーマン〔新しい女性〕像は、ファッションを根本的に変えたのかもしれない。しかし、それが一般に受け入れられるかどうかは、女性の社会経済的な地位がそののち変化したことに拠っていた。言い換えると、個体発生〔各個人の成果〕と進化の達成〔女性の地位の向上〕は、あくまで分けて分析するべきである。

それが可能だったのは、基本的に、西洋女性の可処分所得の増加と、男性による女性支配の緩和が結びついたからにちがいない。しかし、所得の増加は当然ながら新たな消費の機会ももたらす。一九世紀末以降、社会的地位のある女性にとって、買い物は公認の気晴らしとなった。大百貨店は顧客にお茶を飲む機会を提供し、同じくらい重要なトイレも提供し始めた。日がな一日、町中にいるのはしだいに受け入れられるようになった。その結果、女性は、地元のお針子や本人が作る服より、「在庫品」をしだいに買うようになった。

社会秩序が変化して、流行を追う人びとは、かつての貴族から映画業界のスターを中心とする集団に変わった。この傾向は一九二〇年代から一九三〇年代にかけて顕著となり、ハリウッド発の流行もあった。化粧品は映画を通じて一般に受け入れられるようになった。舞台で必要だったものがいまや社会の規範となった。たとえば、ヘレナ・ルビンスタインは晩年、一九一七年に当時のスターだったセダ・バラがつかつかとやってきて、もっと目が引き立つお化粧をしてちょうだいと言ったのよ、と思い出を語った[10]。こうして最初は個人向け、ついで商業用のマスカラとアイシャドーが開発された。それ以後は、アイメイクをしない女性の顔は準備不足とも見なされるようになった。同じように、パジャマが女性の寝間着として普及したのは、有名なロマンティック・コメディー『或る夜の出来事』(一九三四年)でクローデット・コルベールが着たのがきっかけだと言われる。コルベールと映画会社は流行を意識していたが、それを作ろうとしたわけではない[11]。しかし、映画でなければとうてい不可能な勢いで、合衆国とグレート・ブリテンに(まちがいなくその他の国々にも)広まった。

同じころ、西洋のどこでも男性の衣服は簡素となり、ますます略式化される動きが見られた。一九〇〇年頃にはまだあらゆる場面ごとに決まったさまざまな衣服があった。エドワード七世は「午前中の内覧会では、その都度短い上着とシルクハットを身につけることを皆の者は当然知っているものと思っていた」[12]という有名な言葉を残した。一九〇八年のサヴィル・ロウ〔ロンドン中心部の名門紳士服店の集中する通り〕の仕立屋の広告は信頼に足る資料で、真のジェントルマンならば、エリートとしての活動にふさわしくあるには一六もの衣装一式が必要なことを示唆している。[13]ジェントルマンもレディーも戸外用の帽子は、絹のシルクハットから布のキャップや麦わらのカンカン帽までさまざまあり、上着も丈、生地、着る場面は種々あった。フォーマル・ウェア〔式服〕の必要性は徐々になくなった。男性がディナー・ジャケットすなわちタキシードを着る機会はまだあったが、何もなければ貸衣装に頼ることができたし、その必要もめったになかった。男性が、背広とネクタイ（ただし堅くて取り外しできる詰め襟が付いていた）を除きおごそかな服を着なければならない状況を想像できない時がついに到来した。早くも一八九〇年代初頭に、背広はブリテンの劇場のドレス・サークル[14]〔特等席を表すこの名称はかつてここで客が夜会服を着ていたことを示す〕でも見られるようになった。ただし、とくにドイツ語使用諸国での堅苦しいオペラではそうではなかったが。

二〇世紀初頭には、ブリテンでは、スーツは男らしさの、少なくとも大人の男らしさの重要なしるしとなった。第一次世界大戦後も、保守的な高齢者はフロックコートと縞のズボンの組み合わせを着続けたものの、しだいに背広やビジネススーツに代わっていった。上着とズボン（それにチョッキも）を同じ生地で作ったので「上下そろいの服」として知られるようになった。スーツは古くさい貴族の価値観と慣習に対する、中流階級のそしておそらくアメリカの価値観と慣習の勝利と見なされた。決めなくてはならないことは注文服と既製服の関係であった。長いこと、多くの男性にとって、スーツは持っている服の中で唯一のあつらえものであった。たくさんのチェーン・ストア、なかでもモンタギュー・バートンという店は、顧客を迎えて採寸、着付け、直しなどを自前で行ったが、すべての裁断と縫製の大部分はリーズにある中央工場で行った。第二次世界大戦で既製服の型、生地、サイズの選択の幅が拡がると、あつらえものはゆっくりと大金持ちや服にことさらうるさい連中に限られるようになった(15)。

同じように、ネクタイがクラブや連隊、学校などに所属する証明や男らしさの換喩を目指し上昇を始めたのも一九世紀末以降であった。この流行は、ケンブリッジの〔コーパス・クリスティ・カレッジの〕ボートクラブ部員がカンカン帽に巻き付けていたリボンをはずして首に結んだのが始まりと言われている。ブレザーという名称がほぼ同じ場所に由来するのも不思議ではない。もとはと言えば、セント・ジョンズ・カレッジのレディ・マーガレット・ボート・クラブの深紅の上着が、その燃えるような色を称えて、ブレザー〔明るく輝くもの〕と呼ばれたからである。とはいえ、起源や語源は必ずしも重要ではない。重要なのは、もともと余暇の服だったものが、形式ばった場でも認められるようになったことである。ネービー・ブルー〔濃紺色〕のブレザーは、〔ネービー＝海軍の制服の色だったとの〕語源はいっさい無視され、一九〇〇年までには上流階級の会合を含め多くの機会にフランネルのズボンやのちにはあらゆる種のスラックスと組み合わされた。アメリカ合衆国大統領の就任式を含むほぼすべての機会に、ネクタイとも組み合わされた。

にもかかわらず、男性用のゆったりして堅苦しくない普段着は、それほど速やかに発展しなかった。グレート・ブリテンでは、一九二七年に男性服改革党が創設された。その初期の記録には不平が綴られている。

大方が同意するように、男性の衣服は醜悪さと不健康のわだちにはまっており、助けに入ってしかるべきである。……男性の衣服は醜く不快で（洗えないので）汚く、（重くきつく通気性も悪いので）不健康である。……個人の選択の幅が拡がり多様にならないかぎり、男性服は健全な発展を遂げないばかりか、社会的・衛生的・美学的に進んだ理想にうまく合わない。同時に、女性のファッションによくある変化のための変化という危険からは身を守るのが望ましい。あらゆる変化は、外見、衛生、快適さ、便宜の改善を目指さなければならない(16)。

男性服改革党の処方箋は、男性は典型的な植民地官僚に倣って上着と半ズボン、ぴったりの靴下を着るべし、であった。ネクタイを締めるならば、あご下に数インチたらすべし、かつての詰め襟のように締め付けるべからず、であった。これは現行の衣服よりも健康的と見なされた（当時は洗濯がしづらかっただろう）。案の定、保守層と仕立屋は反発した。『テイラー・アンド・カッター』という雑誌は、（古すぎない）伝統的な男性服があるからこそ「社会構造がきっちりと」保たれると主張し、同誌の別な記事はこう宣言した。「縛りが緩むとしだいに肉体的にも精神的にもしおれ、衰えてしまう。レースをほどき、ひもを緩め、ボタンが消えると、近代衣服は全体のたがが緩んでしまう。そうなるとこの社会が崩壊しても不思議はない(17)」。これは真剣に文字通り受け止められた比喩であった。これは着ごこちの悪い正式の服装は、自制心を維持し、ブルジョワ社会の基礎になると見なされた。これは深い奥地でもつねに晩餐会用の身支度をしたブリテンの植民地官僚とその妻のよく知られた慣習を支えた心理的な動機であった(18)。

男性服改革党はやや風変わりな結社だったが、一九四〇年代以降、〔同党が何もしなくても生じた〕二つの大きな流行を独自に推進しようとした。二つとは、性的二形性〔この場合は男女の服装が異なること〕をあまり押しださないこと、および余暇服からより正式な服への着実な移行である。前者について、男性服改革党の主要なイデオローグは、フロイト派の心理学者で「男性の大いなる美の放棄」という概念を唱えたJ・C・フリューゲルであった。彼は衣服改革を、男性服に色彩と柔らかさを取り入れて、男性の超自我を有害なほど強調しすぎないようにする一つの方法と考えた[19]。ある程度そうしたこともなされたが、フリューゲルの思ったほどではなかったし、礼服ではめったになかった。もちろん、同様な歩み寄りを生むもう一つの方法、すなわち女性に従来は男性服だったものを着てよいと認めることもあった。

西洋のキリスト教的な伝統では、男女の衣服の区別は神の定めと考えられており[20]、二股に分かれて両脚を覆うズボンを女性は着てはならないという意味だった。じじつ「彼女はズボンをはいている」という表現は、女性が優位な夫婦関係の比喩であり、社会の真の秩序に反するという含意がある。前述したように、ズボンをはく女性は、男性の地位を奪い、ひいては性的にだらしなくなると決めつけられた（男性は生まれつき不道徳という前提があるのかもしれない）。かくして、女性がズボンをはく動きは、男女関係の表現の仕方の大転換を意味した。

第二次世界大戦までに、女性のズボン姿をレジャーの場でようやく目にするようになった。女性がヨットや自転車に乗るときはスラックスが適切だと長いこと考えられていた。英語で「スラックスslacks」と呼ばれていたのはいわれのないことではない〔slackはゆるい、締まりがないという意味〕。ズボンをはくことと、怠慢というか少なくとも緊張感の欠如は同じ意味だった。例外は、マレーネ・ディートリッヒやキャサリン・ヘップバーンといった映画女優など両性的な面もある女性とか、パリのラドクリフ・ホールたちのような容認されづらいレスビアンの女性であった。パリのアンドレ・クレージュがいち早くパンツ・スーツをオートクチュールに取り入れたのは、ようやく一九六〇年代初頭になってからだった。女性のズボンが、とくに仰々しい機会をのぞくあらゆる場面で、とびきり形式ばった人以外のすべての女性にこれほど急速に受け入れられたのは驚くべきことかもしれない。たとえば、グレート・ブリテンとオランダの女王は公務中にズボンははかなかったし、マーガレット・サッチャーも首相在任中はそうだった。しかし、一九七〇年代までに、女性がアスコット競馬場の特設スタンドですらパンツ・スーツを着てよくなったし、二一世紀初頭にドイツの首相アンゲラ・メルケルは、男性の同僚がスーツのときは、つねにズボン姿で現れるようになった。ただし、オペラなどにはイブニング・ドレスで正装して出かける。また、身体を動かす職業の女性もズボンが認められ、警察などでは普段の制服に採用した。ニューヨーク市警察当局が一九七三年に女性警官にズボンを支給したのはその象徴である。それほど身体を動かす必要のない女性たちはゆるやかにパンツ・スーツを受け入れていった。一例を挙げると、一九八七年にサウスカロライナ州議会下院でさえも「当院の議員付添人および来賓は、男性はシャツとネクタイ（コートも可）という適切で品位ある服装、女性はドレス、ブラウスとスカートかスラックス、またはパンツ・スーツという適切で品位ある服装をすべし」との決議を圧倒的多数で可決した。男性が長いズボンをはくのは当たり前と見なされ、書かれていない。

ズボンをはいた女性がいつも好意的に見られていたとは限らない。性的魅力を過度に強調して軽視される女性と、男性的なファッションをして男性の自我に脅威をもたらす女性との間には、微妙な均衡状態があったし、今でもそうである。これは職場にとって大きな問題となった。二〇世紀の初頭から、女性秘書が男性事務員のかわりに会社の内外での重要な事務連絡役となった。秘書は、ジェンダー規範にのっとった役割にふさわしい格好をし、効率性とセクシュアリティを兼ねそなえたイメージを与えるよう要求された。その結果、（ほぼ必ず）男性の上司の自我と威信を高めることとなった。[27] 管理職の女性には、さらに秘書（女性たちはここから一歩ずつ昇進するのだ）と一線を画す必要もあった。その解決策は、暗色系の上着とスカートを合わせた女性版ビジネススーツであった。スカート丈は膝のすぐ下にした。明るい色のブラウスかウールのセーターに、喉元にブローチを付けた。首に、ゆるめのボウタイ[28]やスカーフを巻くこともある。靴下は目立たない肌色であった。靴は地味でかかとも低い、暗色のパンプスであった。しかし、スーツの裏地は男性の裏地よりもふつうは柔らかい。性差は控えめだが間違えられないように示された。[29]

女性の職場の制服は、形こそ異なるものの、男性の制服の先駆けであり模倣でもあった。一九六〇年代、七〇年代の一時期、男性は職場と公の場でくつろぐことが許されるようになった。その代表例が、公の場で男女とも帽子を被らなくなったことである。たとえば一九六一年一月、ジョン・F・ケネディは、帽子を被らずにワシントンの就任式（もちろん戸外で開催された）に臨んだ最初の大統領となった。一方、長いあいだ女性服しか展示していなかったファッション・ハウス〔高級洋装店〕は、男性にも何を着るべきかを示し始めた。ただし、ロンドンの高級にして高価な仕立屋の私設学校がとうに同じことをやっていたのだが。その結果が「ピーコック革命」であり、「男性の大いなる美の放棄」を裏返しにした試みであった。[30] 他の革命と同じように、ピーコック革命も活力を失い、影響を与えることなく短命に終わった。一九七〇年代に世界経済が不景気に陥ると、背広は以前にも増して、まじめな人物と目されたい男性がまとう衣服となった。企業社会とそれと結びついていたい人はみなただちに服装規定を強化した。[31] まじめな人物と見なされるべきかどうかまだわからない学生や若手の教員がいる大学、広告代理店、出版社、コンピュータ会社といった組織ぐらいでしか、気楽な服は許されなかった。こういった職場でも、スーツを嫌う男性はスポーツジャケットとネクタイを好む傾向がずっとあった。

二〇世紀末に背広はほとんどの場で立派なフォーマルな男性服として組み込まれた一方で、もっと多くの場で気楽でくつろいだ服も見苦しくないと広く認められるようになった。既存の規範が大きく変わって、ファッションの決まり以上に「ストリート」が方向性を示すようになり、一流のファッション・デザイナーも大都会の若者の着こなしに着想を得た。これは二〇世紀末のもっとも特徴的な二つの衣服に容易に見られる。ミニスカートとジーンズである。

ハイファション用語でいうミニスカート（丈が膝上までのスカート）は、一九六〇年にマリー・クワントによって導入された。クワントはブリテンのデザイナーで、当時二五歳ほどであった。彼女のデザインは、服装規定の大転換に貢献し、その影響もうけた。「とんでいる一九六〇年代」当時、ロンドン周辺とカリフォルニアをはじめとする全米各地の経口避妊薬の恩恵をうけた若い女性の性行動とセックスの提供をはじめて称える（それどころか要求する）変化であった。とはいえ、その効果はミニスカートの下にパンティーストッキングを履いたために薄まったのは確かである。それでも全体的な効果として、自由と見なされたものが称えられ、西洋の中流階級生活の堅苦しくきまじめな側面からの解放がもたらされたのも確かである。女性解放は性行動の自主規制を伴う（し自分の見せ方も決める）と理解されるまでかなり時間がかかった。多くの女性は服の着方で男性を「挑発」しないように気をつけた。ただし、どう着ようと、男から身を守れるわけではなかった。反対に、こういった事件発生時の女性の衣服はレイプを防ぐこともよくある。ただし、若い女性が露出度が高い衣服を着ていたからといって、レイプされる可能性が高くなるという証拠はいっさいない。むしろレイプの被害者は、衣服は何らかのメッセージを送るとの（本書が何よりも認める）社会科学的な前提を否定する傾向があった。レイプを経験したせいで彼女たちは、衣服の可読性と誤解のおそれを混同してしまった。問題は衣服が何を発信しているのかはっきりしていなかったことだった。(32)

こうして、二〇世紀末には、既成のデザイナーから離れてファッションを方向づけ決めようとする動きが広く見られ、少なくともふだん着では、女性服だけでなく男性服もますます多様になった。この状況でオルタナティブな文化を表現する可能性が拡がった。あらゆる対抗文化の表明ができるようになり、批評者はさまざまな方法でそれを称えた。

なかでも評価が大きく変わったのはジーンズであろう。ジーンズという名称は様式の参考にしたイタリアのジェノヴァと生地の産地フランスのニームに由来する。男性労働者向けの丈夫なこのズボンは、一九世紀半ばにアメリカで最初に作られた。大きな特徴は、藍染めの丈夫な綿生地（デニム）、まっすぐな縫い目、縫製を補強し最初の主たる製造業者リーバイ・ストラウス社が導入し商標にもなっている鋲である。比翼付きボタンのオリジナル・モデル501はいまだに生産されているが、カリフォルニアではもう作られていない。合衆国内ではもっぱら作業着として第二次世界大戦まで愛用され、戦時中はアメリカ軍が「必需品」に指定し軍向けの販売に限定された。その後、ロックンロールと結びつけられるようになった。ロックンロールは、黒人専門のラジオ局を聞いて育った南部出身の白人が演奏するアメリカ黒人音楽に由来する人気のジャンルであった。アメリカ社会でジーンズをはいたのがこの人びとで、ステージでも着続けた。エルヴィス・プレスリーはそのもっとも有名なスターである。このころの映画、マーロン・ブランド主演の『乱暴者（あばれもの）』とジェームズ・ディーンの『理由なき反抗』では、どちらの主人公もジーンズをはいていた（図14参照）。このようにジーンズは、下層の労働者階級から少なくとも中産階級まで社会的地位を上りつつ、流行したおそらく最初の衣類となった。

その後、しばらくジーンズは西洋の若者の反抗文化の主たるシンボルとなった。彼らは中産階級社会で支配的な規範からの一定の自立を示した。ただし、中産階級の息子と娘（およびその予備軍）が表明した自立だった。しかし、ジーンズがかつて表していた反抗のカリスマ性もすっかり牙を抜かれてしまい、誰もが一着はもっている服にすぎなくなった。二一世紀初頭までにとても日常的な衣類となり、たとえば平日の午後、オランダの私の地元のスーパーをまったく非科学的に観察してみても、男女ともあらゆる年齢層で大人のほぼ半分はジーンズを着ていることがわかる。ジーンズは勤務時間外に人びとが好んで着る衣類となった。[33] また職場でも見ることができる。私の大学では、清掃業者から学生、教授まで、あらゆる人がジーンズをはいている。

図 14　『理由なき反抗』出演のジェームズ・ディーン。

はるか昔、ジーンズは共産圏のヨーロッパ各地であこがれの一品となっていた。東欧諸国が定めた規範に抗う文化の一部として、個人の自由（ただし関係者の多くが表明する全体と調和する個人の自由）の要求と解釈されたからである。イデオロギーにぴったり合うにもかかわらず、プロレタリア革命の公式見解は、国際化しつつあったもっともプロレタリアート的なこの服を拒絶し、（生地を最小限に抑えて作った）共産主義の拘束服〔囚人などの乱暴を防ぐために両袖が胴に付いた服〕も拒絶し、アメリカの労働者階級の制服を着たのである。こういった皮肉は衣服の歴史であまり見られないとしたら、やはり珍しいことなのだ(34)。

にもかかわらず、反抗と個性は、競合するイデオロギーや行政制度に組み込まれた。共産主義が最終的に崩壊したのは、供給主導型の経済計画が革新と流行の需要を満たしそこねたためと言えるだろう。対照的に、二〇世紀末の消費資本主義は、他の失敗はどうあれ、顧客が望むものは何でも供給できたし、そういった欲求を創り出し操ることもできた。ただし欲求を統制したわけではなかった。したがって、このシステムでは、個性は善である。大規模な小売販売網が急成長して、客の欲しがるものを供給し、きわめて広範な選択肢を提供した。世界中の繁華街やショッピング・モールには、たくさんの商品の中でもとくに衣類を売る店であふれるようになった。マーケティングと流通の巧みな技術を駆使して、小売店は共産主義体制が打開できなかった問題にとりくんだ。生産の効率性は、諸個人が自らの個性を表すための服飾費の準備といかに結びつくかという問題である。目まぐるしく変わる既製服の様式を業界が決めるやり方は、微妙だしかならずしも成功しない。この業界のリーダーは「ストリート」を操るより彼らに従うとよく言う。いずれにせよ、その策略はきわめて短い間隔の流行に乗ることに他ならない。

それができるのは、ほぼ世界中に広がった衣料チェーン店によるところが大きい。こういった企業の主な戦略は、国内外に広く張りめぐらされた市場に見いだせる。たとえば、イタリアを拠点とするユナイテッド・カラーズ・オブ・ベネトンは一二〇カ国に代理店を出し、およそ五〇〇〇の系列店を持つという。これが意味するのは、他の多くの企業も同様に、世界中にきわめて短期間に（ただしやや遅れて、品薄気味に）流行の服を提供できるということである[35]。その結果、世界中の大都市、多くの中小都市の消費者は、最新流行に近い服を着る機会があるのだ[36]。

そのためには企業は世界中に効率的な流通システムを張りめぐらすだけでなく、迅速で柔軟で安価な生産システムも整えなければならない。その結果、とくに東南アジアや東アジアの低賃金国に衣料工場がぞくぞくと作られた。この一〇年ほどの中国の驚くべき経済成長は、衣服の輸出に支えられたものである。繊維業と衣料製造業は、ヨーロッパや北アメリカから新興地域へと、たえず移動してきた。近年の歴史が示すように、こういった仕事はきびしい搾取のもとで、主として女性が担った。かつてロンドンやニューヨークの屋根裏部屋で行われていた搾取労働は、中国、インドネシア、マレーシアの都市でつづいている。それどころか服飾デザイナーは、こういった労働の新たな可能性につけ込んで、作品に生かそうとしている。一例を挙げると、二一世紀に入ったころに流行したレイヤード・スカート〔生地を何層にも重ねたスカート〕は、普通の衣服よりも縫製の手間がかかり、現在行われている機会と労働の搾取であるのは明らかだ。

ベネトンやその系列店がどこにでもあるわけではないし、どんな人もその商品を買う余裕があるわけでもないが、流行の衣服をこころおきなく着たいという欲求は大きく広がっている。海賊版や偽造品の売買はこういった需要に応えている。とくにアフリカ各地に向けた古着の輸出は拡大している。もっともよく研究された、古着の最大の受け取り手はザンビアであろう[37]。商品は、何らかの理由で捨てられたがいまだ状態のよい欧米の服である。貧しい人びとに配られることを前提にして、慈善団体に寄付されたものがほとんどだ。最初の取引からあがる利益は慈善目的に使われるが、あとは一転して、これらは商品として扱われる。衣類は分類して梱包され、ザンビアに送られ、男女ほぼ同数の取引業者が買い入れる。梱に何が入っているかはつねに賭だが、業者はシャツ、ズボン、ジャケットなどを入手できると踏んでいる。その後は、ルサカをはじめ多くの青空市場で売りに出される。市場はベンバ語で「掘り出し物をみつける」という意味のサラウラと呼ばれる。

サラウラ貿易は、ザンビアの経済がひどく悪化していった一九八〇年代に発展した。上品な服装をするザンビア人たちは、これまでの水準を維持し、自分が現代的で洗練されていることを世間に示すために、サラウラ市場を利用せざるを得なかった。これは、欧米のショッピング・センターの客と同じ行動である。自由に使える資金はザンビア人のほうが少ないが、身なりは、けっして欧米人にひけをとらない。

註

（1）“On the Disappearance of Knickers: Hypotheses for the Functional Analysis of the Psychology of Clothing”, *Journal of Social Psychology*, 51, 1960, 359–66, 引用文は 362.

（2） Aileen Ribeiro, *Dress and Morality*, London, Batsford, 1986, 134; Elizabeth Wilson, *Adorned in Dreams: Fashion and Modernity*, London, Virago, 1985, 162–3. 同様に，内股の部分を縫い合わせたドロワーズをはいた女性も非難された。以下を参照。Jill Fields, "Erotic Modesty: (Ad) dressing Female Sexuality and Propriety in Open and Closed Drawers, USA, 1800–1930", *Gender and History*, 14, 2002, 492–515.

（3） Cherryl Buckley, "'De-Humanised Females and Amazonians'; British Wartime Fashion and its Representation in Home Chat, 1914–1918", *Gender and History*, 14, 2002, 516–36. 引用文は 529. 以下も参照。Susan Voso Lab, "'War' Drobe and World War I", in Patricia A. Cunningham and Susan Voso Lab (eds), *Dress in American Culture*, Bowling Green, Bowling Green State University Popular Press, 1991.

（4） Christopher Sladen, *The Conscription of Fashion: Utility Cloth, Clothing and Footwear, 1941–1952*, Aldershot, Scolar Press, 1995.

（5） Valerie Steele, "Dressing for Work", in Claudia Brush Kidwell and Valerie Steele (eds), *Men and Women: Dressing the Part*, Washington, DC, Smithsonian Institute Press, 1989, 78–82.

（6） とりわけ以下を参照。Valerie Steele, *Fifty Years of Fashion: New Look to Now*, New Haven, Yale UP, 1997. 以下も参照。Kurt Lang and Gladys Lang, "Fashion: Identification and Differentiation in Mass Society", in Mary Ellen Roach and Joanne Bubolz Eicher (eds), *Dress, Adornment, and the Social Order*, London, New York and Sydney, John Wiley and Sons, 1965, 323–6.

（7） Ribeiro, *Dress and Morality*, 161.

（8） Kathy Lee Peiss, *Hope in a Jar: The Making of America's Beauty Culture*, New York, Metropolitan Books, 1998; ead., "Making Up, Making Over: Cosmetics, Consumer Culture and Women's Identity", in Victoria de Grazia (ed.), *The Sex of Things: Gender and Consumption in Historical Perspective*, Berkeley, University of California Press, 1996, 311–37; Wilson, *Adorned in Dreams*, 109–11.

（9） Ribeiro, *Dress and Morality*, 145.

（10） Helena Rubinstein, *My Life for Beauty*, New York, paperback 1972〔初版は一九六五年〕, 61. 以下に引用。Jennifer Craik, *The Face of Fashion, Cultural Studies in Fashion*, London, Routledge, 1994, 160.

（11） 『或る夜の出来事』の四年前に出版された Dorothy L. Sayers の小説 *Strong Poison* (London, Victor Gollancz, 1930)

には、Lady Mary Wimsey がパジャマを着て登場している。Patricia Campbell Warner, "The Americanisation of Fashion: Sportswear, the Movies and the 1930s", in Linda Welters and Patricia A. Cunningham（eds）, *Twentieth-Century American Fashion*, Oxford and New York, Berg, 2005, 87 は『スザン・レノックス Susan Lenox, Her Fall and Rise』（一九三一年）でグレタ・ガルボがクラーク・ゲーブルのパジャマを着る瞬間をもっと重要視している。

（12） Philip Magnus, *King Edward VII*, London, John Murray, 1964, ch. 19.

（13） 以下に図版がある。Alison Lurie, *The Language of Clothes*, New York, Random House, 1981, 121.

（14） Joanna Bourke, "The Great Male Renunciation: Men's Dress Reform in Inter-War Britain", *Journal of Design History*, 9, 1996, 30.

（15） Laura Ugolini, "Ready-to-Wear or Made-to-Measure? Consumer Choice in the British Menswear Trade, 1900–1939", *Textile History*, 34, 2003; Brent Shannon, *The Cut of his Coat: Men, Dress, and Consumer Culture in Britain, 1860–1914*, Athens, Ohio UP, 2006, esp ch. 5; Katrina Honeyman, *Well Suited: A History of the Leeds Clothing Industry 1850–1990*, Oxford, Oxford UP for the Pasold Research Fund, 2000; Paul Jobling, "'Virility in Design': Advertising Austin Reed and the 'New Tailoring' during the Interwar Period in Britain", *Fashion Theory*, 9, 2005.

（16） *Sunlight*, December 1929. 以下に引用。Barbara Burman, "Better and Brighter Clothes: The Men's Dress Reform Party, 1929–1940", *Journal of Design History*, 8, 1995, 277.

（17） "The King's Bodyguard", *Tailor and Cutter*, 5. 6. 1931; "Slackness and Fitness", Ibid., 25. 12. 1931. 両者とも以下に引用。Bourke, "Great Male Renunciation" 29.

（18） Helen Callaway, "Dressing for Dinner in the Bush Rituals of Self Definition and British Imperial Authority", in Ruth Barnes and Joanne B. Eicher（eds）, *Dress and Gender, Making and Meaning in Cultural Contexts*, New York and Oxford, Berg, 1992. 同論文 p. 243 では、Constance Larymore, *A Resident's Wife in Nigeria*, 2nd edn, London, Routledge, 1911, 288 のある官僚の妻によるアドバイスが引用されている。「最も暑い時期の自宅の夕食でさえ、いつもコルセットはつけておきなさい。そうしないと、まるで頭にカーラーを巻いたままのようにみっともないです」。ラリーモア夫人は、夫のアフリカ統治の援助に赴く女性に、少なくとも六着のコルセットを持参するよう勧めた。

(19) Michael Carter, "J. C. Flügel and the Nude Future", *Fashion Theory*, 7, 2003.

(20) 本書第5章、註35を参照。

(21) Warner, "Americanisation of Fashion", 87–9.

(22) Wilson, *Adorned in Dreams*, 164.

(23) Ibid., 165.

(24) オランダのユリアナ女王は一九六三年、一一都市スケートマラソン大会の勝者を迎える際にズボンを着用した。気温がおよそ零下一〇度に達し、強風が吹いていたからである。

(25) Steele, "Dressing for Work", 70–1.

(26) 一九八七年三月一〇日サウスカロライナ州議会下院決議、一〇五対二で可決。

(27) Steele, "Dressing for Work", 84–6.

(28) 結局、これが秘書の目印となり、専門職と見なされたい人は避けるようになった。

(29) Steele, "Dressing for Work", 86–9; Patricia A. Cunningham, "Dressing for Success: The Re-suiting of Corporate America in the 1970s", in Welters and Cunningham (eds), *Twentieth-Century American Fashion*, 201–5. いずれも以下を引用。John Molloy, *The Women's Dress for Success Book*, New York, Warner Books, 1977.

(30) Farid Chenoune, *A History of Men's Fashion*, Paris, Flammarion, 1993.

(31) Cunningham, "Dressing for Success", 198–201.

(32) T. L. Lennon, S. J. Lennon and K. K. P. Johnson, "Is Clothing Probative of Attitude or Intent? Implications for Rape and Sexual Harassment Cases", *Law & Inequality: A Journal of Theory and Practice*, 11 (1993), 391–415; Kim K. P. Johnson, Jane E. Hegland and Nancy A. Scholfield, "Survivors of Rape: Functions and Implications of Dress in a Context of Coercive Power", in Kim K. P. Johnson and Sharon J. Lennon (eds), *Appearance and Power*, Oxford and New York, Berg, 1999, 11–32.

(33) これとまったく同じ道をたどったのがTシャツである。

(34) Dick Scheuring, "Heavy Duty Denim: 'Quality never dates'", in Angela McRobbie (ed.), *Zoot Suits and Second-Hand Dresses:*

An Anthology of Fashion and Music, Houndmills and London, Macmillan, 1989; Jennifer Craik, *The Face of Fashion: Cultural Studies in Fashion*, London, Routledge, 1994, 194–6; Djurdja Bartlett, "Let Them Wear Beige: The Petit-bourgeois World of Official Socialist Dress", *Fashion Theory*, 8, 2004; Judd Stitziel, *Fashioning Socialism: Clothing Politics and Consumer Culture in East Germany*, Oxford and New York, Berg, 2005.

（35） www.benetton.com（accessed 30. 5. 2007）ベネトンの系列小売店がアフリカ大陸ではエジプト、南アフリカ、コートジボワール（いまはないかも知れない）にあるのは注目すべきであるが意外ではない。

（36） Christopher M. Moore, John Fernie and Steve Burt, "Brands without Boundaries: The Internationalization of the Designer Retailer's Brand", *European Journal of Marketing*, 34, 2000.

（37） この箇所の記述は以下に従っている。Karen Tranberg Hansen, *Salaula: The World of Secondhand Clothing and Zambia*, Chicago and London, University of Chicago Press, 2000.

第11章　衣服の受容と拒否

世界中で、新たな服装を受け入れる過程はジェンダーによって大きく異なった。男女でまったく同じ衣服など、どんな時代・場所にもなかったからである。女性は国民の美徳を象徴し、ひいては支配すべき存在と見なされることが多い。インド人女性は、半ズボンとシャツ姿の男性役人から、ジーンズとTシャツではなく、インドらしい服を着るよう言われる。こう命じた男性は矛盾すると考えない。インドのテレビでは、アナウンサーがサリーかサルワール・カミーズを着ている国営チャンネルと、アナウンサーが西洋の服を着ている民放局にはっきり分かれている。(1) この服装の違いは異常とまでは言えない。

本章では、このような問題を、二〇世紀の中国、独立後の英語使用圏のアフリカ、女性用のイスラームの衣服とくに被り物という三つの事例をめぐって世界で生じた軋轢についての研究をもとに論じる。まず中華帝国には、ユーラシア大陸の西側のような衣服の流行り廃りはなかったという古い言い伝えがあった。フェルナン・ブローデルによると、高官の服装は「ほぼ動きのない中国社会にあっては、数世紀間にわたって変わらなかった」[2]。こういった記述はいずれも正確ではない。唐の時代になると早くも流行のきざしが、エキゾチックな西方の産物や衣服を求めるなかに、容易に見て取れる[3]。明朝末期になると、中国の富裕層は躍起になって最新流行の衣服を求めるようになる。道徳家は世界中どこでも不平を言うものだが、一五九〇年代のある道徳家は不平を連ねた。

あちらでもこちらでもあらゆる人が蘇州の服を好むため、蘇州の職人は服作りに励んでいる。……これがために蘇州スタイルの贅沢は無節操なまで極まっている。蘇州ファッションを追いかける人びとを分別のある倹約に戻すのはどうしたらいいのか。……今のままでは頽廃の一途で、簡素だった昔にどうしたら戻れるだろうか[4]。

長江河口にあり今は上海の後背地の揚州と蘇州は、いずれもこの国のもっとも豊かな都市であり、贅を凝らした衣服を競って身につける中心地であった。揚州の服は一八世紀末に「つねに最新様式」と書かれていた[5]。衣服の流行は、ここから他の中心地に広がった。様式、布、色彩は絶え間なく変わったので、変わらない中国というイメージは、西洋の観察者が衣服の発する変化を読みとれなかったからにすぎない。「中国の流行のサイクル」は西洋人の想定より短かった[6]。

一九世紀後半から、とくに上海などの外国人居留地を通じて、西洋の商人に市場が強制的に開放されると、中国の従来の傲慢な姿勢は挑戦を受けるようになった。「西洋」（唐代には西アジアを指したが、一九世紀後半には普通に欧米を意味した）に対峙すると、政治体制と同様、中国の服飾体制も大きな変化に見舞われた。西洋の衣服に備わる共感呪術と同じ考え方は、中国の宮中や権力の中枢部には浸透しなかったが、社会の一部に浸透し始めた。西洋の権力と武力が行使される居留地を通して影響力が目立つようになると、いくつかの難しい問題が浮上する。西洋化した（と自認する）中国人に、ヨーロッパの衣服が広がり始めた。スティールとメージャーは「ヨーロッパの権力の源泉が蒸気船と力織機にあるとしたら、バッスルと上質のスーツにもそれは当てはまるだろうか」と問いかけている。(7)中国の場合、この問いに対する答えは、たとえばアタチュルク統治下のトルコとは違って文句なくその通りだとは言えない。中国人は中国的であることと近代的であることを両立させる新しい方法をあみ出しつつあったからである。しかしそのため、ありとあらゆる種類の新たな衣服が中国人に押しつけられるようになった。

問題の一端は、中国の衣服の文法がヨーロッパとその拡大地域の衣服とは正反対だったことにある。小農の上のレベルで、男の服は前開きの長い上着とスカート、女の服はジャケットとズボン、可能ならばズボンの上にオーバースカートを着るのを理想とした。それが近代化によって、女はスカート、男はズボン（これは、その逆でもまったくかまわないと権力者が思いついた社会秩序に他ならなかった）を着るのが当然とされた。

帝国の終焉から中華民国時代を通じて、これらの難問に答えようとさまざまな試みがなされた。いくつかは容易に解けた。少女のうちに好ましい理想の足になるよう縛る纏足の風習が、二〇世紀初頭には事実上廃止された。(8)辮髪の廃止も問題にはならなかった。これは清王朝への忠誠の証しとして押しつけられていたからである。(9)しかし一九一二年に中華民国が成立すると、基本的な問題が頭をもたげるようになった。その年ある風刺作家はこう書いた。

ふと気がつけばわれわれは中華民国の民となり、あらゆるものを改善しようよりよくしようと腐心し、わけても、身に着ける衣服がもっとも大きな関心事となった。女性にとってなくてはならないものを挙げてみよう。先が尖ってヒールの高い高価な皮の靴、「紫ミンク」の手袋、宝石入りか宝石なしの金の飾りピンが二、三本、白いレース……ハンカチ、新式の金縁眼鏡、曲がった象牙の櫛、絹のスカーフ。男性にとってなくてはならないものを挙げてみよう。西洋のスーツ、大外套、西洋の帽子、ハンカチ、それに、ボタン穴の挿し花、鼻眼鏡、ピジン英語を少々。(10)

ファッション（時髦）は新しい中国を創造する要となった。清王朝への忠誠のシンボルだった辮髪は切り落とされた。繁栄した蘇州市では「伝統的な絹」の売り上げはかつての半分まで落ち込み、市民は外国の衣服をしだいに着るようになった。(11)様式は外国の衣服だったが、かならずしも外国で製造されていたわけではなかった。にもかかわらずファッションは危険であった。辛亥革命は中華民国の革命であるとともにナショナリストの革命でもあった。中華民国政府は中国産の布を使うよう促すとともに正装を義務とする立法化を進めた。中華民国を建国した一九一二年の八月と一〇月に、政府は適切な服装を定めた法令を発布した。「通常の平服、B類型」という女性服は、長い上着と両脚を隠す長いスカートからなっていた。蘇州では、中国絹の売り上げが短期間ながら再び上昇した。一九二〇年代にも、上海の観察者が、中国人はもはや「ヤンキーの慣習に毒されていない」と喜んでみたり、この都市は古い服装を拒否しないから遅れて封建的だとけなしたりした。[12]

これがどれだけあたっているかは中国的とは何を意味するかにかかっていた。当世風の女性服はまたしても西洋の衣服をモデルにし始めていたが、それは、二〇世紀初頭を通じて中国の社会的・政治的思想をほぼ支配していた現象である「新しい女」の革新性と同様、中国らしい方法で行われた。もっとも目立つ女性服は、旗袍〔チーパオ〕すなわち長衫〔チャンサン〕である[13]（図15参照）。肩で留めて、脇腹に落ちる長いスカートで、高くてかなり堅い詰め襟が付いていた。もともとこれは女性が男性のように装い、男性との平等を要求する方法の一つと見られていた。中国の衣服の記号論では、西洋人や後の世代の人びとに思われたほど不合理ではなかった。要するにワンピース・ドレスだったのである。中国人の批評家は一九二八年にこう記した。

近年の女性の衣服は男性の衣服をモデルにしている。ぱっと見には女性はまるで男性に見え、女らしい可愛らしさは隠されている。この様式は女性の体型にちっとも合っていない。この服は（通常、旗袍として知られている）男性服と同じだが、両者には実は違う点もある。それは（ウエストのところがずん胴になるような）様式を誇張するのではなく、体型に合わせて生地を裁断し、女性の曲線美を示し、女性を女性たらしめる、女性らしさを誇示するようにすべきである。[14]

これは重要な変化であった。この一節を書いたリ・ユゥイが強調しているのは、中国人女性の身体的な理想像が形成される過程における顕著な変化である。小さな足がもはや評価されなくなると同時

図 15　旗袍を着た女性。Powerhouse Museum, Sydney

に、女性は曲線美を誇示するよう促された。かつて乳房は締め付けられて平べったくなっていたが、いまやブラジャーで盛り上げられた。[15] かつては衣服で体型を隠す傾向があったが、いまや旗袍がぴったり食い込み、肌を露出させる。一九二〇年代半ば以降の様式は、膝下どころかふくらはぎまで丈が長くなり、おそらくは着用者が歩きやすいように、ふともも上部までスリットが入った、くびれた身ごろとタイト・スカートとなって、注目を浴びた。高い襟は、女性の顔を理想的なアーモンド形に見せる効果をもたらした。西洋人の目には旗袍は卑猥な衣服と映ったし、着用禁止を望む中国人もいた。にもかかわらず、孫文の未亡人、宋慶齢の推奨で、旗袍は中国国民党の標準服となった。一九三〇年代を通じて、都市中国のシンボルともなった。[16]

旗袍に近い男性用衣服は、孫文ジャケットすなわち中山服と呼ばれた。[17] 孫文自身は短期間、中華民国の初代大総統となり、一九二五年の死後、この国家の象徴となった。彼の服装は首尾一貫していたとはとうてい言えないが、状況にいつも適切にあわせていた。一九一二年に革命を起こす前の亡命中は、詰め襟の西洋スーツ、ネクタイ、西洋の靴をたびたび身に着けた。辮髪はとうに切り落としていた。一九一二年の短命政権の初組閣の記念写真では、全員同じような姿で写っていた。[18] 野に下ると、広東で組織しようとした軍事政権の指導者として、学者のガウンなどをはおる機会があった。公認ポートレートには、華麗な西洋服に接していた軍事指導者の愛用の服を借りて盛装した孫文が写っている。金モールの飾り紐、肩章、羽毛飾りのついた帽子、白手袋で引き立つ軍服だった。その名を戴く中山服ははるかに簡素で、ぴんと立った詰め襟と縫い付けたポケットがあり、ボタンが真ん中に走って喉元までくる上衣とズボンのセットである。

この中山服には複雑な出自がある。見た目は、中国の小農が着た綿入れに似ているが、当時の東南アジアの中国人の服やおそらく遠い日本の学生服（これも一九世紀末のプロイセンに由来する）を明らかに規範としていた。中山服には多くの意味が込められてある。ピーター・キャロルによれば「五つの前ボタンは中華民国の五つの部門を象徴した。三つの袖ボタンは人民の三つの原則を、四つの前ポケットは国民倫理（礼節、正義、正直、恥）の基本原則を表した」。おしなべてカーキ色や、緑、青のウールで作られ、蘇州の仕立屋組合には西洋の衣服と見なされた[19]。これは、はっきりと、中国的でもあり新たな男らしさにも適したファッションを提供する試みであった。この新たな男らしさが出現すると、とくに、身体にぴったりしたズボンと大股の歩き方、かつてはみっともないとされ、長い上着では困難をきたした歩き方が奨励された[20]。

国民党の指導者も中山服を標準服としつづけた。蒋介石は、台湾に追放された後、総統として着るものを持ち合わせなかった時に、国民党の美徳の象徴としてこの服を着た[21]。毛沢東も着て、プロレタリアートに適切な服だと勧めた。一九四九年に権力を掌握すると毛は、黒っぽい色の背広と革靴を着けるよう言われたが、「われわれ中国人には独自の慣習がある。他の国の慣習に従ってどうなるものか」と抵抗し、中山服を選択した[22]。これは中国の外（内ではない）では人民服として知られるようになり、ウールではなく厚手の綿で作られることも多い。

毛沢東派が中国を支配下におくとモットーは禁欲となった。この世でもっとも統一され、男女の区別がない衣服が開発された。髪型、ズボンのボタンのはずし方その他に微妙な違いはあったものの、すべては同一にという声にこの違いも押しつぶされた。まるで、マルクスがフランスの分割地農民について述べた有名な一節「〔彼らは〕互いに孤立しているが、足し算をしていけば、フランス国民の大きな大衆ができあがる。一袋分のジャガイモがあればジャガイモ一袋できるようなものだ」を、そのまま中国人に真似させるようなものであった。[23] だぶだぶのズボンの上に着る、グレー、青、緑の中山服は、衣服を支配するに至った。文化大革命期には、ブルジョワ的、退廃的、個人主義的と解釈された服を着るのは危険で、見せしめ裁判にもかけられた。文化大革命の指導者たちは自分が押しつけようとした理想にかならずしも従って行動したわけではない。毛沢東の最後の妻で「四人組」の一人でもあった江青は、凋落すると、自ら女帝として誇示する衣服を作らせていたという理由で非難された。[24] 毛沢東自身も肥満をできるだけ隠すために特別仕立ての服を作らせていた。[25] 大衆にしても、事態は見かけほど全体主義ではなく、実際は、けっしてそうではなかった。視察旅行に来た毛沢東主席にまみえた輝ける農民は、文化大革命のプロパガンダで想像されるよりも色とりどりの衣服を着てポスターに描かれた。ポスターには夏のイベントが描かれ、女性が上着の下に綿の染め付けと格子縞のブラウスを誇らしげに着ていた。男性はイベントでは白いシャツを着た。この程度の個性は許された。[26]

毛沢東時代の中国を象徴する衣服の強制は、ポスト毛沢東期に大きな反動をもたらした。中国人は洋装してもよくなると、その格好しかしなくなった。旗袍は、移住者集団、多民族的な地域で中国人のアイデンティティを主張し、ブリテン支配の終焉後にも香港への帰属意識を示す必要のある人びとの間でしか見られなくなっている。[27] 中国本土では、国の指導者たちは一九八五年に西洋のスーツとネクタイ姿になった。それ以来、中山服、人民服はほぼ消滅し、男性も女性も衣服の対抗文化の開発も含めて、欧米とまったく同じ慣習のなかで自己表現している。[28] 中国がグローバル市場向けの一大衣料生産者となるにつれて、中国人たちも、ローカルな差異はあるものの、グローバル市場が求める衣服を着るようになった[29]。

独立後のアフリカ諸国における衣服の政治学は、多様な道をたどった。相変わらず矛盾する反発が起きたり両極端の間の中庸を取ろうとすることもあった。常識よりもはるかに肌を出している、とくに男性に服を着せようとする運動が繰り返し見られた。ガーナでは、北部のいくつかの集団は、近隣のムスリムと南部人（両者ともあらゆる方法でサヴァンナの国家なき民を搾取し奴隷化していた）と一線を画すため、長いこと（半）裸体を続けていた。一九五七年に独立すると、多様な運動が「開発」や「国家建設」の名で始まり、裸の民に服を着せようとした。課題としたのは、裸体は野蛮の証しであり、ガーナはけっして後進的とは見なされてはならないとの考えだった。多くのガーナ人女性とアフリカ系アメリカ人女性が裸体に反対する運動をまず始め、これを政府が引き継いだ。中心メンバーの一人ハンナ・クジューはこう表明した。

私たちはいまでは一つになったのですから、ファッション、文化、生活様式も同じでなくてはなりません。裸で歩き回るのはよくありません。慣習だからというなら、そういった慣習は時代遅れと認識すべきです。貧困のせいというのであれば、生活費を稼ぐため一生懸命働かなくてはなりません。……裸で歩き回るとあらゆる危険に身をさらすのです。この慣習はガーナの文化にもそぐいません。

当時でも、裸体の問題は、人によってさまざまでしかないと考えた人びと、国民文化を押しつけようとしていた人びとがいた。「服を着ない民」の存在は「外国人のあざけりとさげすみを買う」と言われたが、一九六〇年代に北ガーナに外国人はほとんどいなかったから、これは必ずしも事実ではない。むしろ、裸体の問題は女性の地位向上の目的と結びついていたと言われており、初代大統領クワメ・エンクルマの退陣後は、公の場から姿を消しつつあったジェンダーの問題を論じる手段となった。[30]

アフリカ大陸の他の地域でも同じ運動が開始された。一九七一年、ウガンダの北部では、カラマジョン人にシャツ、ズボン、靴を強制しようとしたために暴動が起こり、一二〇人が逮捕され、六カ月の禁固刑が言い渡された。もちろん監獄では半ズボンとシャツの囚人服を着せられた。[31] これは、しかし、ウガンダが植民地政府のときも独立政府のときも北部の牧畜民を支配下に置こうとする動きの一部にすぎず、それほど成功を収めていなかった。マサイ人に服を着せようとするタンザニア国家の試みはもっと計画性があり、その衣服にもとりわけ気を配った。これは明らかに、新たな独立国家としての試みとなった。一時的にしてもきわめて高圧的な試みはこの国家に開発をもたらし、ある意味で押しつけもした。[32] マサイ人に関しては、共感呪術の問題が関係していた。行政官にしてみれば、マサイ人の赤い顔料、むき出しの臀部、トーガに似たルベガ布は後進性のしるしであった。こういった「古めかしい不健全な慣習」[33]のため、タンザニア人は野生動物と同一視されるようになり、国の観光の目玉となった。ドレスアップ作戦はその名の通り、マサイ人を近代社会に連れ込み、進歩を受け入れさせ、当時のレトリックでは、社会主義革命者たらしめようとする試みでもあった。こうしてマサイ人は国家官僚制の統制下に置かれた。攻勢の一環として国家統制をかけて、ある地域管理官は、部下に「担当地域のマサイ人はみな裸体のまま歩き回らないようにせよ。裸体ではなく他の市民と同じようにふつうの衣服を着せなさい。これは命令、くり返すが命令とする」と述べた。これに従わない人は医療機関、バー、レストラン、バスなどを利用できなくなったようだ。[34]

　マサイ人の方では自分たちがどんな格好をしようが問題があるとはいささかも考えていなかった。マサイの女性はシャツとズボンの着用を勧める親族を最初は呪っていた。それは、十分な数の家畜を生け贄にしなければ消せない呪いだった。マサイ人は、水が少しはある地域では、洗濯していない衣服にたかるシラミをおさえるのに有効だった。顔料は、石けん、とくに西洋人に人気のレクソーナ・ブランドの石けんを忌み嫌った。ヨーロッパ人や沿岸部のタンザニア人が顔料をつけたマサイ人に吐き気を催したように、マサイ人も石けん臭い同胞に吐き気を催した。[35]

　複数のアフリカ国家の政府が、若い女性に上品で近代的な衣服を着せようと一斉に大々的な攻勢をかけた。どの国も、ミニスカートは西洋の影響を受け、近代社会の腐敗の忌むべき証しと見なした。アフロヘア、派手な口紅、ぴっちりしたズボン（場合によってはズボンはすべて）、美白クリームなども非難の対象となった。エチオピアでは、ミニスカートを履いた女性が攻撃され、五〇人が負傷し一〇〇台の車が燃える暴動に発展した。マラウィでは、長期政権を誇った初代大統領の医師カムズ・バンダ（一八九六年もしくは一八九八年～一九九七年、在任一九六六～一九九四年）が、「ミニスカートとドレスはわが国から直ちにかつ永久に消滅すべき魔性のファッションである」と述べた。空港には「女性は、膝上丈の服を着て公の場所に出ないのが伝統」であると掲示された。[36]ザンビアでは、ケネス・カウンダ大統領（一九二四年～。在任一九六四年～一九九一年）がとくに嫌いなのはアパルトヘイトとミニスカートの二つだと言ったという。これはでき過ぎた組み合わせにも思えるが、一九六〇年代から七〇年代の文化とジェンダーの政治を考えると頷ける点もある。ザンジバルでは、革命党が一九七〇年代半ばまでに女性は「化粧、スキンクリーム、長い爪、かつら、ミニスカート、スラックス、半ズボン、透明なブラウス」、男性は「細身のシャツ、……らっぱズボン、……半ズボン、ビッグアフロヘア、かかとの高い靴」その他流行のズボンが禁止された[37]。本土のタンザニアでは「ヴィジャナ作戦」という大運動が、一九六八年にみだらなドレスを攻撃する与党のタンガニーカ・アフリカ民族同盟党の青年連盟によって始まった。邪悪な服を着た女性たちがバス停留所で攻撃され、一人の女性バーテンは「体にぴったりしたミニスカートに激高した……若者の一団」に石を投げられた[38]。女性が着るべきは丁寧に染め上げた綿布を巻くカンガとされた。これは（エロティックな）究極のファッションとして一九世紀末に開発されていたが[39]、アフリカの独立期には近代衣服の基盤となり、現地生産で経済発展を進めたいナショナリストの計画の基盤となった[40]。

若いアフリカ人女性に対する服装攻撃はすべてアフリカの都市で起こった。都市の女性は、諸分野での重労働、子供を産み、家計をやりくりし、従順といった男からみたアフリカ人女性の美点にことごとく反していた。都市に出て、自分の生活費を稼ぎ、自立を遂げた若い女性は、男性が理想とする社会秩序にとって脅威であり、家長として大人の男らしさを示すには脅威であった。また、なかには出かせぎの男性労働者が田舎の家族に送金する額が減ってしまうと考えた女性もいたかもしれない。エイズが流行するはるか前から、アフリカ各地では売春婦は社会の活力を食い物にする魔女と見なされており、短いスカートは売春をしている証しと判断された。これはもちろん、特殊な行動様式のしるしを禁止して、根本原因をすっかりなくそうとする共感呪術の例であるが、独立後のアフリカのなかでは、他の多くの呪術と比べてさして不合理とも言えない。

こういった攻撃は、ミニスカートは非アフリカ的であることを根拠としていた。正統なアフリカ服は目立たないがあるはずという理屈である。機織りや染色の伝統技術をもった西アフリカのいくつかの地域でしか、正統性を主張できる民族衣装ないし地元の服は着ない。着るとしても特別な時に限られ、フランス語圏西アフリカではふだんは見られなかった。西アフリカでも、事態は複雑である。ナイジェリアでは、インド式が一般的で、男は出身地域と宗教集団にふさわしい服装をした。ガーナでは、エンクルマは最初の閣議でケンテに身を包み、集合写真も撮り、ときおり他の有力政治家たちもこの格好をした(41)。しかしながら、衣服とエスニシティの政治学は深く絡み合っているために、政治家は慎重であらねばならなかった。ケンテはたいていアシャンティ人の工芸品と見なされたために、一九七九〜二〇〇〇年に大統領を務めたJ・J・ローリングスのように反アシャンティ的な政権は、汎アフリカ・ナショナリズムのしるしとしてケンテをまとった。ジョン・クフォー現大統領〔二〇〇九年に退任〕はアシャンティの首都クマシ生まれでアシャンティ人を支持層としており、政敵に無用な攻撃材料を与えないためにダークスーツに着替える傾向があった。しかしながら、ケンテはとても高価で、継続的な手入れを必要とし、まっとうな洋服に仕立ててもらうのも不可能なので、男女とも通常は染めた綿布をまとう。最高級品は、オランダのヘルモントにあるブランド店ブリスコによっていまでも作られている。アフリカの多くの地域では「真のオランダ・ワックス〔蠟けつ染め〕」として有名で、相当なステータス・シンボルとなっている(42)。

アフリカ東南部では、こういった精巧さはなかった。タンザニアの大統領ニエレレとザンビアの大統領カウンダは、ネルーが着た上着や、ザイールのモブツのアバコストに若干似た上着で、地元の様式を開発しようとした（ただし二人ともアバコストに似ていると言われたら狼狽しただろうが）。しかし両国とも彼らが政権を離れると、西洋式にただちに戻った[43]。南アフリカでは、〔ネルソン・マンデラが大統領になった〕一九九四年のウェンデ〔転換〕以後、より「アフリカ的な」ファッションを開発しようとした。しかしネルソン・マンデラがとくに重要な儀式を除いてつねに着て、大いなる称賛を集めた誰もまねしなかった蠟けつ染めのシャツほどの影響力はなかった。ツツ大主教に、その格好は大統領としての威厳を損なうのではないかとたしなめられ、マンデラが、長い紫のスカートをお召しの方のお口からそのような言葉が出るとは心外ですと答えたのは有名である。何を着ようと、マンデラにしかできない決定と見なされた。人望があり、あまりにも長いこと監獄で着ていた囚人服を拒否するのも当然、と許されていた。マンデラのシャツよりもむしろ、デザイナーたちは、ブリスコ・プリントや、時には帽子の代わりに頭に被る布を使って、西アフリカモデルの服、あるいは一九世紀に宣教師と接触して生まれたコーサ人風の服を作ろうとしてきた。南アフリカの衣服がこの地域特有であることは広く認められているが、このファッションは市場の上位層にしか流通していない。男性が、公的な場で、ダークスーツ以外の格好で現れるのは議会の開会式しかない。これではまるで仮装行列である[44]。

最後の皮肉の場はケニアである。ナショナリストとして行動するために、民族服を作るよう委員会が招集されたが、世間に受け入れられる服を作るのは困難だと判断した。委員会デザインのモデルはあまりに露出的かあきらかにイスラーム風のいずれかであった。最終的な答申は、男性はスリットのある詰め襟のシャツ、女性は長い覆いが付いたくるぶし丈のローブで、いずれも国旗と同じ赤、緑、黒色をしていたが、一般の人びとに人気はなかった。ある業者によると、民族服を買うのは白人しかいない。「しかもたいがい宣教師である」(45)。

ヴェールはイスラーム女性の被り物で、二一世紀初頭に、(まだそうとは言い切れないにしても)世界でもっとも物議を醸した。すでに触れたように、ヴェールはイスラームが到来するはるか以前から西アジアと地中海の衣料品の一つであった。名誉と自由のしるしの一つでもあり、名誉を持たず、身体を搾取された女奴隷はその着用を禁じられていた(46)。女性は慎ましく行動するため、夫と近親者を除く男性の面前ではヴェールを被るよう命じたと解釈されるコーランの一節もあった。ヴェールの意味はイスラーム世界によってさまざまに異なる。全身をすっぽり布で覆い、網目状になった目の部分から外をうかがい、他の人は彼女の目すら見えないアフガニスタンのブルカといった極端な例もあった。ふつうはヴェールのかぶり方はそれほど極端ではなく、顔を出してよい。ただし、髪はすべて覆い、身体のラインを隠すような服を着る。一八〇〇年以前のグローバルな女性服に照らしても、ヴェールはそれほど異常ではなかった。ただ髪を覆う強調の仕方は尋常ではなかった。

しかし二〇世紀を経るうち、ヴェールは多くの重要な点で政治化された。たとえばエジプトにおける植民地支配者は、従来どおり、本国ブリテンでは支持しようとしなかった女性の権利の向上を訴えた(47)。アルジェリアのフランス人も、ヘッドスカーフはイスラームの証しであり、低所得者にフランス市民権を認めないと言ってやめさせた。しかし、ヴェールの衰退はイスラーム諸国の外部からではなく、内部から促された。後進性のシンボルとはじめて見なしたのは、中東の権威的な近代化論者、とくにケマル・アタチュルクとレザー・シャーであった。トルコでは、ヘッドスカーフは世俗主義の名の下で長いこと抑圧された。ヘッドスカーフの着用者は学校や大学をはじめ公的建物への入場、政府諸機関への就職が禁じられ、妻がそうした女性であれば夫は昇進や政府機関への就業を望めなかった。(48)同様に、イランでは、ヘッドスカーフや保守的な女性が好んだテントまがいの黒いチャドルを全面的に禁じたが、レザー・シャーの没落後は解除された。息子のモハメッド・レザー・シャーが一九五三年にアメリカ中央情報局の支援でクーデターに成功し権力を握ると、チャドルは多くのレストランや大学と学校で禁じられ、男性を同伴する場所ではけっして承認されなかった。(49)

しかし、すべてのヴェールの禁止は上から押しつけられたものではなかった。とくにエジプトでは、上流と中流の女性がしだいに隔離された場所から足を踏みだし、外出時にヴェールをかぶらない運動をしていた。それによって女性は昔よりもずっと経済活動に参加できる機会が増えた。たしかに大学の卒業生全員に政府雇用を約束したナセルのもとでは、中流階級の女性が戸外の仕事に就き、顔も頭も覆わない姿を街頭で見ることも増えつつあった。にもかかわらず、不快な性的発言を浴びる危険はまだあるし、階級ごとの断絶も珍しくはなかった。ヴェールを被らない女性は、運賃の高い専用バスや車に乗って出かけ、普通の人には手の届かないコーヒー店などに出入りした。しかし、一九二〇年代から女性らしさの空間が生まれた（いくらかはいまも続いている）。そこではある程度の独立が女性服の西洋化によって示された。(50)一九七〇年代にこの傾向が変わり始めた。新たなイスラームの衣服が中東全域やそれ以外の地域でも着用されるようになった。[51] これにはいくつかの理由があった。まずは、言うまでもなく、イランでイスラーム革命が起きたからであった。シャー体制の末期には、イランの中流階級の働く女性の多くが、しだいに支持を失う政府に対する抗議として多様な形態のヘッドスカーフを被った。しかしながら、アヤトラー・ホメイニが一九七九年に政権を引き継ぐと、かつて自由意志で抗議に用いていたヘッドスカーフは法で義務化された。いかなる女性も顔を除く身体のどの部分もさらして公の場に出るのは違法となった。髪はすっかり隠さなければならなくなった。法に背いた人の刑罰は七四回までのむち打ちだった。風俗取締班という名称の警察の部署がこれを実施した。[52] 女性服の管理は国策の重要な要素となった。[53]

一九七九年以前に、盛装チャドルとまでいかないにしても女性が再びヘッドスカーフを被るようになった動きが多くの国でくり返し生じた。この事態の認識が重要である。少なくとも二つの過程が進行していた。一方では、大都市の街角や公の場に果敢に繰り出す時でさえ、イスラームの衣服を着れば、プライバシーと個人的な空間の理想を維持できると考えた女性がいた。[54] 同時に、二〇世紀末にはイスラームとしての自信が再興され、西洋の権力の少なくとも一部は拒否された。フランスと解放戦争中のアルジェリアやインティファーダ〔一斉蜂起〕のさなかのパレスティナを出発点にして、女性はさまざまなイスラームの衣服を着るようになった。こうした服は地元の「伝統的な」要素はまったくなく、植民地支配への抵抗のシンボルだった。これによって、アラブ諸国への西洋の侵入者たるイスラエルと闘う広範な連帯が生まれた。のちには、トルコとエジプトの最高位にいた人びとが、イスラームとしての責任と、イスラームと近代性は両立すると主張するためヘッドスカーフを着用した。

彼女たちは前例のない服を、ひじょうに垢抜けて、色の組みあわせもよく、抜群のファッションセンスで着こなしている[55]。

ヘッドスカーフやイスラーム的な服装の正当化はもちろんコーランに由来する。「女の信仰者にも言っておやり……外部に出ている部分はしかたないが、その他の美しいところは人に見せぬよう。胸には覆いを被せるよう。自分の夫、親」および他の親戚「以外は、決して自分の身の飾り（身体そのものは言うまでもない）を見せたりしないよう[56]」。これは多くの宗教における聖典の言葉と同様、さまざまに解釈されて、今日の世界に多様な結果を生み出した。タリバン統治下のアフガニスタン、サウジアラビアにおける女性への無制限な抑圧の正当化に使われもする。こうした国々やホメイニ体制後のイランよりゆるく解釈したにしても、女性自身の身体の管理に限定した一節と考えられている。しかしながら、コーランは男性に対しても同様のことを命じているので、この規定についてはフェミニスト的な解釈もある。そう解釈すると、女性は、西洋の消費主義が過度に強調し商品化した女性性を拒否できる。レイラ・アフマドが「アラブのムスリム女性は、西洋とまったく同じように、自分たちが置かれた、いかなる文化や伝統にもある男性中心主義を拒否しなければならない。しかし、これは、西洋の慣習、目的、生活様式を採り入れるのとはまったく別物なのである」と書いたのはこの精神にもとづく[57]。

ムスリムが多数派を占めない国で、イスラームの衣服を着る女性があれほど挑戦的になるのは、この精神のおかげである。女性は男性よりも世間の厳しい評価をうけるものだ。西洋の規範からわずかに外れた服装を男性がする場合（イランの指導者のネクタイなしでボタンをしっかりかけたシャツ、

図 16　バーミンガムで，イスラームの衣服を着た少女たち，2003 年。

ヤセル・アラファトのスカーフ）よりもはるかに、イスラーム的な服装を女性がした場合のほうが、西洋社会の中心的な価値観を否定したことになる（西洋がもっともよく知り、もっとも誇りに思う価値観ではかならずしもないにしても）。こうした服装は何と言ってもイスラームの主張であり、二〇〇一年九月一一日と「対テロ戦争」の宣言以降、西洋が気軽に受け止められるものではない。世俗主義、無神論の拒否でもあり、フランスの知識人と政治体制に対する攻撃である。フランス国家は（カトリック）教会に支持された君主制の拒否を出発点としているからである[58]。西洋社会では現実的にむずかしくとも理論上は否定する男女差別を認めているように見える。ヘッドスカーフや全身を覆う服を着る女性はみな男性の命令でしかたなくそうしているのであって、チャンスがあれば拒否するはずと考える非ムスリムもいる。ただし、こういった見解を立証する裏付けはない。同時に、ヘッドスカーフや身体を覆う衣服は、近代社会の商業化、性別化、アメリカ化に対抗するものとの理解もある。オルタナティブな近代性があるという考えは、西洋人にとって受け入れがたいものである。欧米人は、いまや世界中の人が着ている服が象徴するように、西洋が提供するものをだれもが受容し、受容したがっているとすっかり思いこんでいる。そのヨーロッパ社会の中心部では、過去の歴史とも未来の世界とも矛盾するアイデンティティを示す衣服をこれみよがしに着る集団が目につくようになった。しかし、西洋は進んでこのような集団になろうとはしていない（図16参照）。

註

（1）Anjana Singh 博士からの情報。

（2）Fernand Braudel, *Capitalism and Material Life, 1400–1800*, trans. Miriam Kochan, London, Weidenfeld and Nicolson, 1973, 227〔フェルナン・ブローデル著、村上光彦訳『日常性の構造——物質文明・経済・資本主義、一五～一八世紀』一—一、みすず書房、一九八五年、四二一頁〕. 以下に引用。Antonia Finnane, "Yangzhou's 'Modernity': Fashion and Consumption in the Early Nineteenth Century", *Positions*, 11, 2005, 396.

（3）Suzanne E. Cahill, "'Our Women are Acting like Foreigners': Western Influences on Tang Dynasty Women's Fashion", in Valerie Steele and John S. Major (eds), *China Chic: East meets West*, New Haven and London, Yale UP, 1999, 103–18. ここでの西方 the West はもちろん西アジアを指す。

（4）以下に引用。Steele and Major (eds), *China Chic*, 24.

（5）Finnane, "Yangzhou's 'modernity'", 401.

（6）この出典はもちろん Tennyson の *Locksley Hall* である。

（7）Steele and Major (eds), *China Chic*, 34.

（8） Ibid., 42–4; Dorothy Ko, “Bondage in Time: Footbinding and Fashion Theory”, *Fashion Theory*, 1, 1997; ead., *Cinderella's Sisters: A Revisionist History of Footbinding*, Berkeley, University of California Press, 2005. 纏足の擁護者が、同時代のヨーロッパのコルセットの実践と比較したのも故なきことでもなかった。

（9） Michael Godley, “The End of the Queue: Hair as a Symbol in Chinese History”, *East Asian History*, 8, 1994.

（10） 以下に引用。Paul Carroll, “Refashioning Suzhou: Dress, Commodification, and Modernity”, *Positions*, 11, 2003, 444.

（11） Ibid., 453.

（12） Louise Edwards, “Dressing for Power: Scholars' Robes, School Uniforms and Military Attire in China”, in Louise Edwards and Mina Roces, *The Politics of Dress in Asia and the Americas*, Eastbourne, Sussex Academic Press, 2007; Carroll, “Refashioning Suzhou”, esp. 455–7; Ellen Johnston Laing, “Visual Evidence for the Evolution of Politically Correct' Dress for Women in Early Twentieth Century Shanghai”, *Nan Nü*, 5, 2003, 69–114. 商業ナショナリズム全般の現象については以下を参照。Karl Gerth, *China Made: Consumer Culture and the Creation of the Nation*, Cambridge, Mass., and London, Harvard UP, 2003.

（13） 前者は北京語、後者は広東語で同じ衣服を指す。旗袍は「旗人の着る服」を意味し、満州人貴族＝旗人の軍服の転用が強調された。

（14） 明らかに間違った参考文献を付して、以下に引用されている。Antonia Finnane, “What Should Chinese Women Wear? A National Problem”, *Modern China*, 22, 1996, 115–166.

（15） 反乳房締め付け運動についての概説は以下を参照。Antonia Finnane, “Military Culture and Chinese Dress in the Early Twentieth Century”, in Steele and Major（eds）, *China Chic*, 127. 日本における同様の変化については以下を参照。Laura Miller, “Mammary Mama in Japan”, *Positions*, 11, 2003.

（16） Finnane, “What Should Chinese Women Wear?”, 118–20; Laing, “Visual Evidence”, 101–11; Valery M. Garrett, “The Cheong san: Its Rise and Fall”, *Costume*, 29, 1995; Naomi Yin-yin Szeto, “Cheungsam: Fashion, Culture and Gender”, in Claire Roberts（ed.）, *Evolution and Revolution: Chinese Dress, 1700s–1990s, Sydney*, Powerhouse Publishing, 1999. これらの問題に関する消息通の興味深い見解としては以下を参照。Eileen Chang, “A Chronicle of Changing Clothes”, *Positions*, 11, 2003. この論

文は Eileen Chang (Zhang Ailing) が一九四〇年代に、英語と中国語でやや異なる初版本を編集したものである。

(17) 中山とは孫文の北京語〔中国語〕での呼び名。

(18) Robert E. Harrist, Jr., "Clothes Make the Man: Dress, Modernity and Masculinity in China, ca. 1912–1937", in Wu Hung and Katherine R. Tsiang, *Body and Face in Chinese Visual Culture*, Cambridge, Mass., and London, Harvard UP, 2005, 184.

(19) Carroll, "Refashioning Suzhou", 465–70 (引用は 468); Verity Wilson, "Dressing for Leadership in China: Wives and Husbands in an Age of Revolutionaries", *Gender and History*, 14, 2002, 608–14.

(20) Harrist, "Clothes Make the Man", 179–85.

(21) Wilson, "Dressing for Leadership", 615–19.

(22) Finnane, "What Should Chinese Women Wear?", 99.

(23) この出典はもちろん以下の Penguin 版の Karl Marx, *Surveys from Exile*, Harmondsworth, 1973, 239〔カール・マルクス著、横張誠・木前利秋・今村仁司訳『マルクス・コレクション3　ルイ・ボナパルトのブリュメール一八日』筑摩書房、二〇〇五年、一二四頁〕である。

(24) Antonia Finnane, "Looking for the Jiang Qing Dress: Some Preliminary Findings", *Fashion Theory*, 9, 2005.

(25) Wilson, "Dressing for Leadership", 620.

(26) Tina Mai Chen, "Proletarian White and Working Bodies in Mao's China", Positions, 11, 2003; ead., "Dressing for the Party: Clothing, Citizenship, and Gender-Formation in Mao's China", *Fashion Theory*, 5, 2001; Verity Wilson, "Dress and the Cultural Revolution", in Steele and Major (eds), *China Chic*, esp. p. 180 の図版、Finnane, "What Should Chinese Women Wear?", 120–3.

(27) Chua Beng-huat, "Postcolonial Sites, Global Flows and Fashion Codes: A Case Study of power cheongsams and other clothing styles in modern Singapore", *Postcolonial Studies*, 3, 2000; Hazel Clark and Agnes Wong, "Who Still Wears the *Cheongsam?*", in Roberts (ed.), *Evolution and Revolution*.

(28) Xiaoping Li, "Fashioning the Body in Post-Mao China", in Anne Brydon and Sandra Niessen (eds), *Consuming Fashion:*

Adorning the Transnational Body, Oxford, Berg, 1998.

(29) Matthew Chew, "The Dual Consequences of Cultural Localization: How Exposed Short Stockings Subvert and Sustain Global Cultural Hierarchy", *Positions*, 11, 2003.

(30) Jean Allman, "'Let your Fashion be in Line with our Ghanaian Costume': Nation, Gender and the Politics of Clothing in Nkrumah's Ghana", in Jean Allman (ed.), *Fashioning Africa: Power and the Politics of Dress*, Bloomington and Indianapolis, Indiana UP, 2004. 引用頁は 144; Esther Goody and Jack Goody, "The Naked and the Clothed", in John Hunwick and Nancy Lawler (eds), *The Cloth of Many Colored Silks: Papers on History and Society Ghanaian and Islamic in Honor of Ivor Wilks*, Evanston, Ill., Northwestern University Press, 1996.

(31) Time, 2. 8. 1971. 以下に引用。Audrey Wipper, "African Women, Fashion, and Scapegoating", *Canadian Journal of African Studies*, 6, 1972, 335–6.

(32) これはウジャマーという土地の村有化政策で頂点に達した。関連文献は多いが、もっとも有名なものとして以下を参照。James C. Scott, *Seeing Like a State: How Certain Schemes to Improve the Human Condition have Failed*, New Haven and London, Yale UP, 1998.

(33) 広告メディアでのマサイのイメージに鑑みると、これには何の根拠もない。

(34) Leander Schneider, "The Maasai's New Clothes: A Developmentalist Modernity and its Exclusions", *Africa Today*, 53, 2006. タンザニア国立文書館文書からの引用は p. 106.

(35) Ibid., 109–10.

(36) Wipper, "African Women, Fashion and Scapegoating", 329–30, 332, 339; Karen Tranberg Hansen, "Dressing Dangerously: Miniskirts, Gender Relations, and Sexuality in Zambia", in Allman (ed.), *Fashioning Africa*, 166–87.

(37) Thomas Burgess, "Cinema, Bell Bottoms, and Miniskirts: Struggles over Youth and Citizenship in Revolutionary Zanzibar", *International Journal of African Historical Studies*, 26, 2002, 307.

(38) Andrew M. Ivaska, "'Anti-mini Militants meet Modern Misses': Urban Style, Gender and the Politics of 'National Culture' in

1960s Dar es Salaam, Tanzania", in Jean Allman (ed.), *Fashioning Africa*, 引用箇所は 113.

(39) Sheryl McCurdy, "Fashioning Sexuality: Desire, Manyema Ethnicity and the Creation of the Kanga, ca. 1880–1900", *International Journal of African Historical Studies*, 29, 2005.

(40) Karen Tranberg Hansen, *Salaula: The World of Secondhand Clothing and Zambia*, Chicago and London, University of Chicago Press, 2000, esp. 83–7. ザンビアではこの素材はチテンガ chitenge と呼ばれる。

(41) Allman, "'Let your Fashion be in Line with our Ghanaian Costume'", 145.

(42) ケントはガーナ特産の細片織りに似せて染め付けられ、アフリカ系アメリカ人のシンボルになっている。彼らはこれが奴隷狩りの王国の名前だったことを知れば驚くであろう。以下を参照。Doran H. Ross, *Wrapped in Pride: Ghanaian Kente and African American Identity*, Los Angeles, UCLA Fowler Museum of Cultural History, 1998.

(43) タンザニアについては Jan-Kees van Donge からの情報、ザンビアについては以下から。Hansen, *Salaula*, 92–4.

(44) Sandra Klopper, "Re-dressing the Past: The Africanisation of sartonal style in Contemporary South Africa", in Artah Brah and Annie E. Coombes, *Hybridity and its Discontents: Politics, Science, Culture*, London and New York, Routledge, 2000.

(45) Jeevan Vasagar "Kenyans say No Thanks to National Dress", *Guardian*, 25. 10. 2004.

(46) 本書第2章参照。

(47) Dawn Chatty, "The Burqa Face Cover An Aspect of Dress in South eastern Arabia", in Nancy Lindisfarne-Tapper and Bruce Ingham (eds), *Languages of Dress in the Middle East*, London. Curzon in association with the Centre of Near and Middle Eastern Studies, SOAS, 1997, 133. 彼女は、副王がエジプト女性のヴェールをやめようと熱心だったこと、クローマー卿が女性参政権に反対する（ブリテン）男性同盟の創立メンバーだったことを注記している。

(48) Norton, "Faith and Fashion", 162–5; Emelie A. Olson, "Muslim Identity and Secularism in Contemporary Turkey: 'The Headscarf Dispute'", *Anthropological Quarterly*, 54, 1985, 162–5.

(49) Ziba Mir-Hosseini, "Women and Politics in Post Khomeini Iran: Divorce, Veiling and Emerging Feminist Voices", in Haleh Afshar, *Women and Politics in the Third World*, London and New York, Routledge, 1996, 153.

(50) Beth Baron, "Unveiling in Early Twentieth Century Egypt: Practical and Symbolic Considerations", *Middle Eastern Studies*, 25, 1989; Leila Ahmed, *Women and Gender in Islam, Historical Roots of a Modern Debate*, New Haven and London, Yale UP, 1992, esp. chs 8–10; Anouk de Koning, "Embodiment and Public Space in Up-Market Cairo", unpublished paper, Amsterdam School for Social Research, 2007.

(51) インドネシアの事例は以下を参照。Suzanne Brenner, "Reconstructing Self and Society: Javanese Muslim Women and 'the Veil'", *American Ethnologist*, 23, 1996.

(52) この実際のタイトルは「美徳の推進者」と訳されている。

(53) Mir-Hosseini, "Women and Politics", 153–8; Faegheh Shirazi, "Islamic Religion and Women's Dress Code: The Islamic Republic of Iran", in Linda B. Arthur (ed.), *Undressing Religion: Commitment and Conversion from a Cross-Cultural Perspective*, Oxford and New York. Berg, 2000; ead., *The Veil Unveiled: The Hijab in Modern Culture*, Gainesville, University Press of Florida, 2001, esp. 88–109.

(54) Arlene Elowe MacLeod, "Hegemonic Relations and Gender Resistance: The New Veiling as Accommodating Protest in Cairo", *Signs*, 17, 1993.

(55) 一般には以下を参照。Fadwa El Guindi, *Veil: Modesty, Privacy and Resistance*, Oxford and New York, Berg, 1999, esp. 161–78. El Guindi はこのパラグラフで使われた二つの説明は両立しないと論じるが、間違いであろう。さらには以下を参照。Olson, "Muslim Identity and Secularism"; Alexandru Balasescu, "Tehran Chic: Islamic Headscarves, Fashion Designers and the new geographies of modernity", *Fashion Theory*, 7, 2003; Özlem Sandicki and Güliz Ger, "Aesthetics, Ethics and Politics of the Turkish Headscarf" in Susanne Küchler and Daniel Miller (eds), *Clothing as Material Culture*, Oxford and New York, Berg, 2005.

(56) Koran, 24: 30, 31〔井筒俊彦訳『コーラン』ワイド版岩波文庫、二〇〇四年、一九四～一九五頁〕.

(57) Ahmed, *Women and Gender*, 245.

(58) これについては以下を参照。John R. Bowen, *Why the French don't Like Headscarves: Islam, the State, and Public Space*,

Princeton and Oxford, Princeton UP, 2007; Malcolm D. Brown, "Multiple Meanings of the 'Hijab' in Contemporary France", in William J. F. Keenan (ed.), *Dressed to Impress: Looking the Part*, Oxford and New York, Berg, 2001.

第12章　結論

これまで述べてきた過程を、世界中に西洋が影響を及ぼした数ある事例とまったく同じと片づけてしまうのはたやすい。今後の研究が、西洋の衣服の押しつけが引き起こした文化帝国主義に対する各地のさまざまな抵抗に焦点を当てるのは、当然である。たしかに個別の研究では、このアプローチの利点は多い。多くの研究者にとって、帝国の支配者たる人びとへの卑屈な擬態（政治的ではないにせよ、経済的文化的に）の事例よりも、グローバルな規範の拒否、少なくとも適応の事例に集中する方が納得がいく。(1)

本書では暗に、このようなアプローチはいくつかの理由で間違っていると主張した。第一に、それでは一見ありふれたもの、見慣れたものをかえりみず、エキゾチックなものを強調しすぎてしまう。その結果、日常的なものに備わるエキゾチック性を忘れ、今ではあたりまえと見なされ、現存するあらゆるものもかつてはエキゾチックな創造物だったことを認識できない。歴史家は他の人びとよりも日用品や慣習に好奇心をもって注目すべきである。なぜなら歴史家は昔はいまとは異なっていたことを知っているし、知らなければならない人びとだからである。

第二に、ヨーロッパ式の衣類を着る人びとには畏敬の念を持って接することが重要である。私たちの調査対象には自由な選択権が与えられていると認めるのが大切である。限界はあるものの、多くの事例で人びとはどのような服を着るか自分で決定する。衣服を着る（ひいては衣服を着ない）のがつねに政治行為なのはこのためである。ヨーロッパ式の衣服を着るか着ないか、いずれかの決定をした人びとは、自分の行動について明確な考えを持ち、特定の政治的な理由からそうしたのである。植民者から着たことのない服装を望まれ、臣民がそれに応えると得をした時代があった。その結果、ヨーロッパ式でない服を着るのは一種の保守主義、ひいてはある体制における権力と威信を獲得するために支配者を操る手段ともなった。ヨーロッパの服を着ないという役割を演ずると何らかの利益がもたらされた時代はたしかにあった。また、帝国支配に対する抵抗として、自分たちが受け継いだ伝統は帝国主義者の体現するものと同じように正しいとするナショナリスト的な声明として、さまざまな現地の衣服を着た時期もあった。こういった主張は、部外者、植民地支配者、新帝国主義的な後継者など外に対して向けられていたが、正統性を獲得する戦略の一環とか、本物の「庶民出身者」などと内に対しても向けられた。ついで、自分たちは世界のいかなる人びとにも劣らない善なる者であり、ヨーロッパ式の衣服を着る人を見下す人びとにも引けを取らないことを証明するために着る人びとがいた。特定の衣服は、平等と何より近代性を主張するレトリックとして使われた。特定の衣服が表す近代性をわが臣民は支持してほしい。権力者はそう願って押しつけた。これらの戦略のうちいつ何が受け入れられ正統性を持つのかを決めるのは研究者ではないし、〔サイードなどポストコロニアルのように」かつての帝国の中心地で育ち、家族が帝国のプロジェクトに関わっている者でもない。理解することがすべてではないかもしれないが、非難すればさらに事態を悪化させる。歴史家は判断する必要はない。

第三にそしてもっとも重要なのは、世界の衣服には一五〇〇年以上にわたる歴史があることである。いまやグローバリゼーションが世界を席巻し、私たちなりにこれを受け入れ、さらには称えなければならない。偉大な経済学者ジョーン・ロビンソンはかつて、搾取されるより悪い唯一のことはまったく搾取されないことだ、と述べたと言われる。同様に、グローバリゼーションのもとで苦しむよりも悪い唯一のことはそこから完全に排除されることであると見るのはたやすいだろう。世界中の人びとが自分とグローバル経済、グローバルな国際秩序、グローバルな文化体制との関係を結ぶ戦略を開発してきた。ある人にとっては、これは自身または祖先の発明した伝統に立ち戻ることを意味した。もっと多くの人は、文化のグローバリゼーションによって、近代的な国際社会の一員として行動し、近代人を自任し、ひいては他人にとって重要であり、自分自身にとってもこの戦略が重要であると信じるようになる。その表明の仕方はさまざまだが、衣服はつねにもっとも目立つ媒体の一つであった。衣服は、自分は何者なのか、あるいは記号とは嘘をつくのに利用しうるものというウンベルト・エーコによる記号の定義を念頭におくと、何者でありたいか、誰と思われたいかを告げるもっとも公的な方法の一つである。

しかし、ヨーロッパ式の衣服はどうやって全世界を完全に支配したのか、という問いは残る。留意すべきもっとも重要なことは、衣服がかなりジェンダー化されていることである。女性は西洋の衣服を同じ社会の男性とは異なり、通常男性よりも遅れて着たようだ。西洋が持ち込んだとされる性道徳の観点でみると、男性の支配を時に制限することもあったが、女性に免れる機会を与えたと思われる、じつにさまざまな理由がある。女性の衣服をめぐる軋轢は、おうおうにしてその社会における性の政治の一部であることが多い。男性は家父長的支配を維持するため、女性に「伝統的な」衣服、あるいは受容可能な西洋の衣服を着せようとしたのはたしかであるが、他の可能性もあった。男性の支配下にある女性が西洋人として身繕いをし、不慣れな方法で自己を誇示するのを認め、要求しさえしたことは、男性自身とその家族の近代性を示すもっとも重要な方法の一つだった。女性も「近代」的な「新しい」女性でありたいと望んだし、特定の近代化の押しつけにともなうような搾取は拒否し、その他の近代化を開発し、これによってグローバルな社会と文化が彼女たちに押しつけたものは受け入れられたり拒否されたりしたのである。敬意、名誉、その結果としての自立はこのような要求にかかっていたし、これは傍目からは卑下とも見えかねなかったが、女性たちにとっては自分の自由を示す方法でなされた。

ジェンダー化された衣服は、このように衣服の主な三つの機能〔慎み、装飾、保護〕のうちの一つ、おそらく二つを強調する。アイデンティティとジェンダー構築の諸問題にはっきりと関わっているのは、慎み、ついで装飾である。衣服の提供するもう一つの機能、気候に対する保護はそれほどでもない。にもかかわらず本書が示した通り、三つのどれも絶対ではない。すべてはこの数世紀に実に多様なやり方で解釈されてきた。世界の絶え間なく変化するアイデンティティの特徴を示すために使われてきた。しかし、衣服はこれ以上のことを成し遂げてきた。衣服の移り変わりによって、他のいかなる分野の商品も適わないほど世界経済は盛りたてられた。羊毛、リネン、綿からスーツ、スカート、シャツが生まれる衣服の製造、流通によって、世界の経済は今日の姿にまで拡大されてきた。衣服の均質化はグローバリゼーションの兆候かもしれないが、同時に衣料産業のもたらす利益によってグローバリゼーションは可能となった。諸地域が、異なる時期に異なる程度で世界経済に組み込まれたのも、まさに衣服の経済におけるそれぞれの立ち位置によっていた。ジョーン・ロビンソンならば言うであろうが、中国その他のアジア地域の労働者の搾取、アフリカ人の悲惨な非搾取はその結果である。私たちは文化的人間であるがために服を着るのであり、そうして世界は今日ある姿となったのである。

註

（1）植民地的擬態とその曖昧性についてはおびただしい文献がある。たとえば以下を参照。Homi Bhabha, "Of Mimicry and Men: The Ambivalence of Colonial Discourse", in Homi Bhabha, *The Location of Culture*, London, Routledge, 1994〔ホミ・K・バーバ著、本橋哲也ほか訳「擬態と人間について――植民地言説のアンビヴァレンス」『文化の場所――ポストコロニアリズムの位相』法政大学出版局、二〇〇五年、新装版、二〇一二年〕, 85-92; Michael Taussig, *Mimesis and Alterity: A Particular History of the Senses*, New York and London, Routledge, 1993. 以下も参照。James Ferguson, "Of Mimicry and Membership: Africans and the 'New World Society'", *Cultural Anthropology*, 17, 2002, 551-69.

訳者あとがき

本書は Robert J. Ross, *Clothing: a Global History Or the Imperialists' New Clothes*, Cambridge: Polity Press, 2008 の全訳である。タイトルをそのまま訳せば、『衣服のグローバル・ヒストリー、あるいは帝国主義者の新たな装い』となる。アンデルセンの有名な童話『裸の王様』の英語タイトルは、*Emperor's New Clothes* であり、直訳すれば、『皇帝の新たな装い』となる。本書のタイトルはおそらくこれにかけている。内容などからこの邦訳書では『洋服を着る近代――帝国の思惑と民族の選択』とした。

著者本人のＨＰ（http://www.hum.leiden.edu/history/staff/rossrj.html#contact）によると、著者は一九四九年のロンドン生まれで、一九七四年にケンブリッジで博士号を取得し、一九七六年以降、オランダのライデン大学に勤務し、現在は同大学歴史研究所教授である。専門領域は、植民地期の南アフリカ史、とくにケープ植民地の奴隷制、宗教、経済、統治である。主著は以下の通りである。

Cape of Torments: Slavery and Resistance in South Africa, London, Routledge and Kegan Paul, 1983.

Beyond the Pale: Essays on the History of Colonial South Africa, Hanover and London, Wesleyan University Press/University Press of New England, 1993.

Status and respectability at the Cape of Good Hope: A Tragedy of Manners, Cambridge, Cambridge University Press, 1999.

他に以下のように『ケンブリッジ南アフリカ史』の編者を務めている。

Ross, R. J. & Hamilton, C. A. & Mbenga, B. K. (eds.), *Cambridge History of South Africa*, Volume I, Cambridge: Cambridge University Press, 2010.

また「ケンブリッジ版世界各国史」の一冊として南アフリカ史の概説書 *A Concise History of South Africa*, Cambridge, Cambridge University Press, 1999 は邦訳されている。ロバート・ロス『南アフリカの歴史』石鎚優訳、創土社、二〇〇九年。これらを含む業績一覧も上記のHPに掲載されている。

以上のようなこれまでの業績からすれば、衣服のグローバルな歴史を扱った本書は、大きく逸脱しているようにも思える。だが、著者がことわっているように、本書は被服学や服飾史の専門家によるものではないが、被植民者がどのようにヨーロッパ文化を受容してきたかを考えてきた著者の研究の延長線上にある。

本書における著者の問いは、冒頭で印象的に述べられているとおり、エリートであれ民衆であれ、いかにして世界の人びとの衣服は歴史的に均質化を遂げたか、なぜ世界中の人びとが同じような衣服を着るに至ったのか、である。これに対する回答は、一言でいえば、グローバリゼーションであり、衣服のグローバルな一様化は、この四〇〇年間におきたヨーロッパの産業革命と技術力の向上、およびそれを推進力としたアジア、アフリカへの帝国の拡大、文化的優越性のおしつけの結果である。キリスト教の布教者は、裸体の野蛮人に着衣をすすめて慎み深さを教えたし、ヨーロッパ以外の人びとも近代化を受け入れた証しに伝統的な土着の衣服から西洋の衣服に着がえた。むろん、この過程もすんなりいったわけではなく、着衣自体に抵抗した人びとがいたし、インドのガンディーのように、いったん洋服に着替えたものの反発して、伝統的な衣服に回帰した人もいた。衣服のグローバル化を阻止するものとして今でもジェンダーと宗教（とりわけイスラーム）がある。

本書の推薦文を裏カバーに寄せているケンブリッジ大学名誉教授のピーター・バークは本書を「世界の情報を網羅し、魅力的な事例が豊富で、理論と比較を使いこなし、経済・政治・社会・文化の視点でアプローチした総合的なモデルとなる作品」と紹介している。イングランドなどの経済史や産業革命史研究ではかつて綿業史は花形だったために、衣服といえば経済史の分野として知られているが、ここでは「政治的な行為として衣服」を着る（脱ぐ）こと、階級、身分、素性などの社会的差異を誇示（隠蔽）する意図、人類学や記号論など新たな文化理論の知見など多角的に衣服が論じられており、たしかにこれほど「総合的」な歴史書もそれほどない。

これに付け加えるならば、西欧内部における衣服の歴史は比較的知られていても、衣服が海外とりわけ植民地などの非西欧に伝わり拡がった歴史は、インドなど一部をのぞけばそれほど知られていない。本書の特色は、非西欧地域、とりわけこれまで何も知らされなかったアフリカにおける衣服の西欧化の流れ（と西欧化への抵抗）が、メリハリを付けて叙述されている点であろう。本書はクリスチャン・ディオールのニュールックにも関心を寄せているが、南アフリカのヘレロ人のドレスにより多くのページを割いている。

もう一つの特色は、衣服の歴史も国民や地域に固有の衣服が多く、強固なナショナル・ヒストリー

（一国史）の枠組にとどまっていることが多かったが、本書はこの枠組をとっぱらってグローバル・ヒストリーを試みていることである。

訳者が本書に関心をもったのも、衣服ではなくこのグローバル・ヒストリーの視点があるからであった。デイヴィッド・アーミテイジ（邦訳書『帝国の誕生——ブリテン帝国のイデオロギー的起源』日本経済評論社、『独立宣言の世界史』ミネルヴァ書房、『思想のグローバル・ヒストリー』法政大学出版局、などの著者）とジョイス・チャップリン（Joyce E. Chaplin, *Round about the Earth : Circumnavigation from Magellan to Orbit*, Simon & Schuster, 2012 の著者で、*Food in Time and Place: the American Historical Association Companion to Food History*, University of California Press, 2014 の編者の一人）のハーバード大学教授夫妻と東京の美術館のカフェで雑談した折、「グローバル・ヒストリーの推薦本は何でしょうか」と尋ねたことがある。二人ともグローバル・ヒストリーの実践者なので失礼かとも思ったが、快く答えてくれた。推薦本の一冊として二人とも挙げたのは C. A. Bayly, *The Birth of the Modern World, 1780–1914: Global Connections and Comparisons*, Blackwell Publishing, 2004 であった。これは訳者もかねて感銘を受けていた本だったので共鳴するところがあった。

ベイリーの言うグローバル・ヒストリーは、よくあるグローバルに広がる金融などの歴史とは異なり、衣、食、病、言語といった「身体の慣習（bodily practice）」のグローバルな展開を見る試みだった。グローバル・ヒストリーの課題としては、はじめからグローバルな動きをするモノやカネも重要であるが、見えにくいミクロなもの、ローカルなものをその場に閉じ込めないでグローバルに考えてみることもあるだろう。グローバル・ヒストリーの試みの成否もローカルなものをどれだけグローバルに見ることができるかにかかわっているとも言える。身体にかかわるテーマのうち、食や病は研究が進んでいるにしても、肌に密着して身体にも近く、めまぐるしく変化し、しかも場所ごとに異なるきわめてナショナルでローカルな衣服をグローバルに考えてみる歴史は、それほど試みられていなかった。「衣服のグローバル・ヒストリー」をタイトルに掲げる本書もベイリーの仕事に着目し、「最良の基本文献」として挙げている。本書はミクロな衣服とマクロな帝国主義の関係を検証する仕事であり、もう一人の本書の推薦者であるボストン大学のジョン・マッケイは「衣服と帝国主義の関係を検証しながら、ロバート・ロスは野心的な仕事を成し遂げた」と評価した。

日本人も和服から洋服に着替えたために、本書にもロシアやトルコとともに日本が登場する。訳者の亡母は和裁と洋裁をよくし、型紙を作ってはミシンを回していた。訳文に関して、母が生きていれば聞きたいことも多々あった。今でも正月になると訳者が着る和服も母が残してくれたものの一つである。原著者に「お正月にはあなた方帝国主義者の衣服である洋服を脱いで、和服を着ているよ」とメールで書いたら、「それだって帝国主義者の衣服だろう」と返事が来た。たしかに、一九三〇年、日本統治下の台湾で起こった先住民セデック人による抗日運動・霧社事件を描いた映画『セデック・バレ』や、伊藤博文が和服姿の韓国皇太子と一緒に写った写真（教科書『高校世界史A』実教出版、一四五頁）を見ると、日本は台湾や韓国に和服を押しつけたことがわかる。こういった「亜帝国主義の衣服」には本書も触れていないが重要な指摘だと思った。

翻訳作業でもっとも難儀したのは、世界中の人びとが洋服に着替える前に着ていた伝統的な衣服が次々と出てくるために、いちいち調べるのに時間を取られすぎたことであった。アフリカの服のディテールなど既刊の事典などにもあまり出ておらず、頼りになったのはもっぱらインターネット上の情報、とりわけウィキペディアである。ウィキペディアは間違いが多いとかで避けるのが普通だが、青山学院大学でも講演をお願いした上記のバークさん（井山弘幸訳『知識の社会史2――百科全書からウィキペディアまで』新曜社、二〇一五年、の著者でもある）は「他の事典だって間違いも多いのだから」とおっしゃり、ウィキペディアを頭から否定しなかった。ネット上にはたしかにどんなにささいな衣服でも画像が載っており大いに助かった。インターネットでも分からないことは著者に聞くしかなく、くり返しメールで質問して多大な迷惑をかけた。他に頼りとしたのは、いつもながら青山学院大学史学科の同僚である。各国の事情に通じている彼（女）らは、意外に各国の昔の衣服のこともかなり知っていた。この場を借りて感謝したい。

訳文のうち、第1章、第2章は青山学院大学の院生諸君、第3章、第5章、第10章は、平田未来が提出してくれた訳稿を下敷きにしている。再校段階では、東洋大学教授の道重一郎氏に再校ゲラを読んでもらって、訳文に関して数々の貴重な指摘をいただいた。ここに銘記して感謝したい。ただし、すべての訳文の責任はむろん訳者が負うものである。バークさんの言うこの「明快で生き生きとして読みやすい」本を日本語として伝えられているかどうか、はなはだ自信もないが、読者諸賢のご批判を待つばかりである。索引の作成は平田信子が久しぶりに手伝ってくれた。亡母、妻、娘と期せずして本書には訳者の家族が直接間接に関わってくれたことになる。

最後に是非とも感謝したいのは、担当していただいた法政大学出版局の編集者奥田のぞみさんである。氏には原文照合をつうじて訳文に対する実に詳細なコメントをしていただいた。これらなくしてこの仕事は一歩も進まなかったし、このような形で日の目を見ることもとうていなかった。

二〇一六年一月

平田雅博

著者

ロバート・ロス（Robert J. Ross）

1949年，ロンドン生まれ。1974年，ケンブリッジで博士号を取得。1976年以降，オランダのライデン大学に勤務。現在は同大学歴史研究所教授。専門は，植民地期の南アフリカ史。主著として，*Cape of Torments: Slavery and Resistance in South Africa*, Routledge and Kegan Paul, London,1983; *Status and Respectability at the Cape of Good Hope: A Tragedy of Manners*, Cambridge, Cambridge University Press, 1999. 他に *Cambridge History of South Africa* の編者を務める。また概説書 *A Concise History of South Africa*, Cambridge, Cambridge University Press, 1999（石鎚優訳『南アフリカの歴史』創土社，2009年）.

訳者

平田雅博（ひらた　まさひろ）

青山学院大学文学部教授。主な業績：『イギリス帝国と世界システム』晃洋書房，2000年，『内なる帝国・内なる他者――在英黒人の歴史』晃洋書房，2004年，『帝国意識の解剖学』（共編著）世界思想社，1999年，『近代ヨーロッパを読み解く――帝国・国民国家・地域』（共編著），ミネルヴァ書房，2008年，『世界史のなかの帝国と官僚』（共編著），山川出版社，2009年，『戦争記憶の継承――語りなおす現場から』（共編著）社会評論社，2011年，ほか。

サピエンティア　**42**

洋服を着る近代
帝国の思惑と民族の選択

2016年2月15日　初版第1刷発行

著　者　ロバート・ロス
訳　者　平田 雅博
発行所　一般財団法人　法政大学出版局
〒102-0071 東京都千代田区富士見2-17-1
電話03(5214)5540／振替00160-6-95814
製版・印刷　平文社／製本　誠製本
装幀　奥定泰之

ISBN 978-4-588-60342-6　Printed in Japan

索　引

ア　行

アイルランド　Ireland　31, 79, 96
アカ・ホセイム・クオミ　Aqa Hoseim Qomi　195
アクラ　Accra　209, 210, 212
アシャンティ　Asante　23, 274
アシャンティヘナ　Asantehene　213
アステカ　Aztec　22
アタチュルク（ムスタファ・ケマル）　Ataturk (Mustafa Kemal)　5, 190, 191（図 10）, 192, 193, 263, 277
新しい女　New Woman　265
アッシリア　Assyria　20
アッバース朝カリフ　Abbasid caliphate　23
アテネ　Athens　20
アーデン，エリザベス　Arden, Elizabeth　241
アバコスト　Abacost　229, 275
アフガニスタン　Afghanistan　8, 24, 276, 279
アフメト・マムク　Ahmet Mumcu　194
アベオクタ　Abeokuta　213
アボリジニー，オーストラリアの　Aborigines, Australian　146
編み機　48
アーミッシュ　Amish　81
編み物をする人　48
アメリカ合衆国　United States of America　1, 45, 80, 83, 84, 91, 93, 104, 105, 108, 120, 205, 242, 244, 251
アメリカ先住民社会　Native American societies　72, 73, 75
アメリカーナ　Americana　222
アメリカンボード（米国海外伝道委員会）　American Board of Commissioners for Foreign Missions　154
アラビア半島　Arabian peninsula　9
アラファト，ヤセル　Arafat, Yasser　280
アルジェリア　Algeria　276, 278
アルゼンチン　Argentina　4, 73
アルマーニ　Armani　212, 228
アロヨ，グロリア・マカパガル　Arroyo, Gloria Macapagal　223
アンデス　Andes　21, 72, 75, 121, 224
アントニー，スーザン・B.　Anthony, Susan B.　104
アンボン島　Ambon　70
アンリ 4 世　Henri IV　4
イエズス会　Jesuits　66, 73
イェール　Yale　83
イースト・ロンドン　East London　202
イートン　Eton　176
イスラーム同盟　Sarekat Islam　132
イスラームの衣服　Islamic dress　151, 222, 261, 277, 278, 279, 280（図 16）

イスタンブール　Istanbul　187, 188, 189, 193
イタリア　Italy　1, 28, 29, 30, 32, 33, 53, 228, 250, 254
E. モーゼス・アンド・サン　E. Moses & Son　95, 96
イラジ・マトブイ将軍　Iraj Matbu'i　196
イラン　Iran　14, 24, 192, 193, 194, 195, 277, 278, 279
インカ　Inca　2, 21
イングランド　England　12, 31, 32, 34, 35, 45, 46, 47, 48, 49, 50, 51, 52, 53, 54, 58, 59, 67, 77, 78, 92, 95, 96, 103, 106, 117, 124, 128, 129, 134, 143, 149, 154, 160, 177, 179, 186, 203, 205, 208, 210, 213, 214, 216, 217, 228, 238
イングランド東インド会社　East India Company (English)　50, 67, 124
インド　India　1, 4, 12, 14, 23, 24, 50, 66, 67, 68, 71, 93, 119, 121, 122, 123, 124, 125, 127, 128, 130, 131, 133, 134, 203, 205, 216, 217, 219, 220, 221, 261, 274
インド国民会議　Indian National Congress　217
インドネシア　Indonesia　14, 68, 69, 70 (図 2), 121, 123, 125, 127, 130, 131, 132 (図 5), 220, 254
インドネシア諸島　Indonesian archipelago　12, 69
ヴァージニア　Virginia　77, 78, 82
ヴァン・デア・ケンプ，ジョハーネス　Van der Kemp, Johannes　143, 144
ヴィクトリア・アンド・アルバート博物館　Victoria and Albert Museum　5
ヴィクトリア女王　Victoria, Queen　100, 186
ウィクラマシンゲ，ニラ　Wickramasinghe, Nira　221
ヴィジャナ作戦　Operation Vijana　273
ウィリアムズ，ジョン　Williams, John　149, 150
ウィルソン，ゴドフリー　Wilson, Godfrey　202, 204
ウェストン　Weston's　228
ウェスリー派　Wesleyan　150　→メソジストもみよ
ウェブレン，ソースティン　Veblen, Thorstein　11
ヴェール　9, 20, 189, 193, 194, 195, 276, 277
——をとる　194, 195, 277
ウェールズ　Wales　31, 150
ウォス，ベティ・M.　Wass, Betty M.　210
ヴォルテール　Voltaire　38
ウォルト，シャルル　Worth, Charles　54, 106, 108
ウガンダ　Uganda　271
ウサギ　31, 46
ウジェニー皇妃　Eugénie, Empress　106
乳母　183
ウフエ＝ボアニ，フェリックス　Houphouët-Boigny, Felix　225
ウラマー　188, 193, 194
ウルストンクラフト，メアリ　Wollstonecroft, Mary　55
エウェ人　Ewe　163
エクアドル　Ecuador　21, 75
エジプト　Egypt　276, 277, 278
エスニシティ　165, 223, 224, 237, 274
エチオピア　Ethiopia　272
エドワーズ，ジョナサン　Edwards,

Jonathan 81
エドワード3世 Edward III 31
エドワード7世 Edward VII 5, 242
エリザベス1世 Elizabeth I 31, 32
エリザベート，オーストリア皇妃 Elizabeth, the Empress of Austria 103
エンクルマ，クワメ Nkrumah, Kwame 214, 215（図11）, 271, 274
エンパイア・スタイル Empire style 57, 100
欧米 European and North American 4, 76, 77, 93, 100, 117, 148, 154, 156, 183, 255, 262, 269, 281
大型百貨店 107, 108
男らしさ 53, 243, 244, 268, 273
オーストラリア Australia 14, 91, 92, 95, 117, 118, 119, 147
オスナブルク 78, 79
オスマン帝国 Ottoman Empire 2, 23, 187, 188, 189
オットー・ミュール Otto Muhr 167
オデンダール，アンドレ Odendaal, Andre 208, 209
オートクチュール 13, 54, 106, 247
オナイダ 104
オバサンジョ，オルセグン Obasanjo, Olesogun 1
お針子 47, 97, 107, 120, 154, 242
オペラ 243, 247
オランダ Netherlands, Dutch 2, 4, 12, 34, 35, 36, 37, 50, 52, 58, 67, 68, 69, 70, 71, 96, 121, 122, 123, 125, 127, 128, 130, 132, 141, 143, 160, 177, 179, 208, 211, 247, 251, 274
オランダ東インド会社 Dutch East India Company（VOC） 50, 68, 71, 160
オランダ東インド会社軍 Koninklijke Nederlandsch Indische Leger 130

カ 行

海軍 Royal Navy 47, 49
カイン・カバヤ 127
カウンダ，ケネス Kaunda, Kenneth 272, 275
化学染料 92
型紙 13, 109, 110
傘 122, 160
カスティーリャ Castile 29, 31
カタート，ドナルド Quataert, Donald 187
かつら 53, 78, 81, 82, 273
カディ 217, 219
ガーナ Ghana 162, 212, 213, 270, 271, 274
カナダ Canada 1, 46
カブウェ Kabwe 202, 203
カフタン 179, 180, 181, 212
カポビアンコ Capo Bianco 228
髪，髪型 7, 20, 51, 66, 69, 181, 184, 193, 220, 226, 268, 276, 278
カーライル，トマス Carlyle, Thomas 5, 11
カラカウ皇太后 Kalakau 154, 156
カラマンジョン 271
カルカッタ Calcutta 67, 124, 125
カルティエ Cartier 228
カンガ 205, 206, 273
看護 176
カンズー Kanzu 206, 207
ガンディー，モーハンダース K. Gandhi, Mohendas K. 5, 134, 216, 217, 218（図12）, 219
広東 Kwang-tung 66, 267
顔料 271, 272
既婚女性財産法 Married Women's

Property Act　104
北アメリカ　North America　13, 15, 22, 46, 72, 78, 79, 84, 95, 103, 157, 254
北ドイツ伝道協会　Norddeutsche Missionsgesellschaft　162
既製服　13, 15, 49, 76, 84, 94, 95, 96, 98, 107, 108, 120, 154, 162, 181, 207, 243, 244, 253
キスム　Kisumu　206
キト　Quito　74
絹　6, 26, 27, 28, 32, 33, 48, 50, 51, 55, 59, 66, 68, 74, 77, 78, 79, 81, 83, 118, 119, 145, 154, 161, 181, 184, 186, 188, 189, 204, 212, 219, 226, 227, 243, 264
着物　27, 184, 185, 186
キャリコ　50, 79, 145, 150, 182
キャロル，ピーター　Carroll, Peter 268
キャンディ宮廷　Kandyan　220
教皇　Pope, the　29
共和国　Commonwealth　35
金　26, 27, 30, 31, 32, 33, 34, 53, 55, 68, 69, 71, 74, 77, 79, 131, 181, 264, 267
近代化　13, 14, 121, 130, 178, 179, 181, 182, 183, 185, 186, 189, 190, 192, 193, 195, 207, 208, 209, 216, 220, 263, 277, 292
近代性　14, 15, 178, 208, 281, 290, 292
キンシャサ　Kinshasa　226, 227, 228, 229
キンバリー　Kimberley　159
クェーカー教徒　Quaker　81, 123
クスコ　Cuzco　121
靴　1, 3, 9, 23, 34, 46, 52, 57, 69, 74, 78, 80, 83, 93, 97, 120, 121, 122, 124, 125, 130, 131, 145, 149, 154, 160, 162, 163, 164, 178, 180, 182, 190, 208, 209, 210, 221, 223, 227, 228, 248, 264, 267, 268, 271, 273
クック，船長　Cook, Captain James 147
クック諸島　Cook Islands　149, 154
靴下　3, 48, 52, 57, 69, 80, 83, 92, 94, 96, 124, 125, 145, 149, 154, 178, 208, 209, 221, 228, 245, 248
靴屋　93
クフォー，ジョン　Kufuor, John　274
クマーラスワーミー，A. K.　Coomaraswamy, A. K.　220
クラヴァット　55, 154
クリーク人　Creeks　76
クリップス，サー・スタフォード Cripps, Sir Stafford　239
クリノリン　100, 101, 103, 127, 128, 129, 160, 161, 209
グレート・ブリテン　Great Britain　1, 12, 46, 48, 51, 82, 95, 242, 244, 247
グレート・マーロー製　Great Marlow 52
グログラン　33
グローバリゼーション　4, 12, 15, 91, 291, 293
クロムウェル　Cromwell, Oliver　36, 177
クワズールー＝ナタール州 KwaZulu-Natal　157
グワラニ人　Guarani　73
クワント，マリー　Quant, Mary　249
軍服　59, 69, 184, 185, 186, 188, 192, 267　→制服もみよ
毛織物　31, 33, 50, 74, 78, 81, 92, 181, 183, 184
毛皮　29, 34, 46, 52, 76, 146, 181
化粧品　241, 242
ケニア　Kenya　204, 205, 206, 207, 275
ケネディ，ジョン F.　Kennedy, John F.

248
ケピ帽　193
ケープ植民地　Cape Colony　144, 145, 157, 209, 210
ケープタウン　Cape Town　143, 208, 210
ケーララ州　Kerala　122, 133
元（モンゴル）　Yuan　24
ケンテ　162, 213, 214, 274
コイコイ人　Khoekhoe　143, 144, 145, 157
航空会社　176
江青　Jiang Qing　269
コヴェントリー　Coventry　52
工場　46, 53, 96, 98, 110, 118, 182, 204, 205, 238, 244, 254
合理服協会　Rational Dress Society　103, 148
古代ギリシア　Greece, Ancient　29
コサ人　AmaXhosa　156, 157, 210
コスタリカ　Costa Rica　120
コチニール　92
コートジボワール　Ivory Coast　225
コモロ諸島　Comoro islands　204
コリンガム，E. M.　Collingham, E. M.　124
コルセット　57, 100, 101, 102（図 3）, 103, 104, 121, 189
ゴルチエ　Gaultier, J. P.　228
ゴールドコースト　Gold Coast　208, 210, 214
ゴールドスミス，オリバー　Goldsmith, Oliver　51
コルベール，クローデット　Colbert, Claudette　242
コンゴ　Congo　226, 228

サ　行

ザイール　Zaire　228, 275　→コンゴ，キンシャサもみよ
サヴォナローラ　Savonarola　30, 33
サウジアラビア　Saudi Arabia　1, 4, 279
サウスカロライナ　South Carolina　4, 78, 247
ザキム，マイケル　Zakim, Michael　83, 95
搾取労働　97, 254
ザコンバウ　Cakobau　150
雑誌『テイラー・アンド・カッター』　*Tailor and Cutter*　186, 245
雑誌『ファッションとグルメ』　*Journal de la mode et du gout*　56
サッチャー，マーガレット　Thatcher, Margaret　247
サップ　Sape（La société des ambianceurs et des personnes élégantes）　228
サテン　33, 69
サヌーティ，ニコロサ　Sanuti, Nicolosa　30
サマーズ，レイ　Summers, Leigh　101
サモア　Samoa　150, 153, 154
サラウラ　Salaula　255
サラリーマン　185
サリー　122, 219, 220, 221, 261
サーリンズ，マーシャル　Sahlins, Marshall　154
サルワール・カミーズ　219, 261
ザレウコス　Zaleucus　29
サロ人　Saro　208
サン＝キュロット　56
産業革命　Industrial Revolution　6, 45, 46, 99
サンゴール，レオポール　Senghor,

Leopold 225
ザンジバル Zanzibar 205, 206, 273
ザンビア Zambia 202, 203, 255, 272, 275
三部会，フランスの States-General, of France 30, 55, 58
サンパウロ São Paulo 73
サン・マルチン，ホセ・デ San Martin, Jose de 120
サンローラン，イヴ Saint-Laurent, Yves 106, 228
シアーズ・ローバック社 Sears, Roebuck and Co 108
ジェノヴァ Genoa 28–29, 250
ジェンダー 5, 10, 11, 12, 15, 56, 83, 99, 101, 123, 128, 237, 248, 261, 271, 273, 291, 292
シエラレオネ Sierra Leone 208
シカゴ Chicago 107, 108
鹿の皮 77
シク Sikh 217, 219
下着 83, 96, 98, 100, 103, 104, 105, 106, 124, 149, 162, 182
仕立て技術 58, 82, 106
仕立屋 47, 48, 49, 53, 54, 93, 94, 95, 98, 109, 120, 158, 183, 186, 192, 207, 209, 227, 243, 245, 248, 268
自転車乗り 105
シドニー Sydney 118, 119, 146
脂肪臀 100
ジャカルタ Jakarta 68
シャシー，アリ・アクバル Siassi, Ali Akbar 192, 193
奢侈禁止法 12, 20, 22, 25, 26, 28, 30, 31, 32, 33, 34, 38, 69, 71, 77, 161, 195
シャクルトン，エリザベス Shackleton, Elizabeth 51
シャネル，ココ Chanel, Coco 106
シャーマ，サイモン Schama, Simon 37
シャム Siam 5, 186 →タイもみよ
ジャワ Java 69, 71, 128, 131, 132
ジャワ人 Javanese 70, 122, 123, 125, 127, 128, 130, 176
ジャンヌ・パキーヌ Jeanne Paquine 106
上海 Shanghai 262, 264
宗教改革 Reformation 33, 34
シュトラスブルク Strassburg 31
樹皮布 148, 153, 154, 204
シュールブレッズ Shoolbreds 107
ショア，フレデリック Shore, Frederick 123, 124
蔣介石 Chiang Kai-shek 268
「消費者革命」 “Consumer Revolution” 81
乗馬 52, 75
ジョージア Georgia 76, 81, 95
ジョージ３世 George III 176
ジョージ４世 George IV 59
女性の仕立屋ギルド 47, 50
女性の従属 20
ジョンソン，サミュエル Johnson, Samuel 213
シルクハット 119, 120, 123, 133, 160, 165, 190, 221, 227, 242, 243
清 Qing 24, 25, 263, 264
真珠 30, 33, 69
ジーンズ 3, 219, 222, 249, 250, 251, 253, 261
ジンバブエ人 Zimbabwe 211
新聞『西アフリカ案内人』 *West African Pilot* 216
スイス Switzerland 30
スカルノ Sukarno 132
スキャパレリ，エルザ Schiaparelli,

Elsa 106
スコットランド Scotland 29, 32, 35, 49, 52, 76, 78, 110
ズボン 3, 4, 14, 47, 50, 57, 59, 67, 73, 78, 94, 95, 97, 100, 104, 105, 123, 125, 144, 145, 148, 149, 151, 156, 159, 160, 164, 180, 181, 185, 186, 188, 189, 190, 202, 203, 208, 219, 220, 221, 222, 223, 226, 227, 238, 243, 244, 246, 247, 248, 250, 255, 263, 267, 268, 269, 271, 272, 273
女性の——着用 3, 105, 189, 220, 246, 247, 248
スティール，ヴァレリー Steele, Valerie 263
ストーン，ルーシー Stone, Lucy 105
ストーニー・ストラッドフォード製 Stony Stratford 52
スピタルフィールド製 Spitalfields 51
スペイン Spain 2, 29, 31, 32, 58, 72, 73, 74, 75, 120, 224
スポーツジャケット 249
ズボン下 47, 67, 213
スミス，アダム Smith, Adam 38
スラウェシ島 Sulawesi 123
スラックス 244, 246, 247, 273
ズールー Zulu 3, 8, 157, 209
スレイマン立法帝，スルタン Süleiman the Lawgiver, Sultan 187, 188
スロヴァキア Slovakia 7
スリランカ Sri Lanka 220, 221
スワヒリ Swahili 204, 205
青年トルコ党 Young Turks 189
制服 68, 70, 94, 96, 130, 142, 165, 175, 176, 177, 181, 184, 185, 193, 216, 221, 247, 248, 253 →軍服もみよ
征服者メフメト Mehmed the Conqueror 23
セクイ，コベナ Sekyi, Kobena 214
セチェレ Sechele 157
石けん 206, 272
セネガル Senegal 225, 226
背広 15, 145, 243, 249, 268
セミノール人 Seminoles 76
セリム3世，スルタン Selim III, Sultan 188
セーレム（マサチューセッツ州） Salem (Massachusetts) 205
宣教師 14, 66, 73, 122, 128, 129, 130, 142, 143, 144, 145, 146, 148, 149, 150, 151, 153, 154, 156, 157, 159, 160, 161, 162, 163, 164, 203, 206, 207, 208, 210, 211, 216, 275, 276
セント・ローレンス渓谷 St. Lawrence valley 77
染料 31
蘇州 Suzhou 262, 264, 268
ソーラ・トピー 125, 133
ソロン Solon 20
孫文 Sun Yat-sen 267

タ 行

タイ Thailand 4, 186, 187 →シャムもみよ
第一次世界大戦 World War I 214, 238, 239, 241, 243
第二次世界大戦 World War II 176, 203, 210, 222, 238, 239, 244, 246, 251
太平洋諸島 Pacific Islands 146, 149, 151
大モクテスマ皇帝 Moctezuma 22
ダヴィッド，ジャック＝ルイ David, Jacques-Louis 55
ダオメ王国 Dahomey 23
ダグラス，メアリー Douglas, Mary

11
タスマニア島　Tasmania　118
ターソン，ルーシー　Thurson, Lucy　156
タータン　78
ダチョウの羽　206
ダッカ　Dacca　127
タトゥー　147
ターバン　124, 133, 150, 187, 193, 204, 219
タヒチ　Tahit　148, 153, 154
タフタ　33
ダマスク　33
タミール人　Tamil　221
男性服改革党　Men's Dress Reform Party　99, 244, 245, 246
男性の大いなる美の放棄　Great Masculine Renunciation　12, 58, 98–99, 119, 246
タンザニア　Tanzania　271, 272, 273, 275
チェシア　Cheshire　46, 53
チェハビ，H. E.　Chehabi, H. E.　195, 196
チェーン・ストア　15, 243
旗袍　265, 266 (図 15), 267, 269
チャクリー改革　Chakri Reformation　186
チャドル　277, 278
チャールズ 1 世　Charles I　32
チャールズ 2 世　Charles II　49, 50
チャールストン　Charleston　4, 80
中国　China　1, 2, 20, 24, 25, 31, 66, 68, 70, 184, 254, 261, 262, 263, 264, 265, 267, 268, 269, 270, 293
中山服　Sun Yat-sen jacket　267, 268, 269
チュラロンコン，国王　Chulalongkorn, King　5, 186
チューリッヒ　Zurich　29
チョッキ　49, 78, 80, 95, 119, 121, 145, 149, 154, 160, 177, 180, 182, 190, 221, 243
チリ　Chile　72, 75
通信販売　13, 108, 110, 203
T シャツ　205, 222, 261
ディオール，クリスチャン　Dior, Christian　5, 54, 106, 228, 239
ディートリッヒ，マレーネ　Dietrich, Marlene　247
ディナー・ジャケット　132, 243
ディニズールー・カ・セッツワヨ　Dinizulu ka Cetshwayo　209
ディンキンズ，市長　Dinkins, Mayor David. N.　212
ディーン，ジェームズ　Dean, James　251
デコルテ　30, 100, 180
デフォー，ダニエル　Defoe, Daniel　51
デモレスト，エレン・ルイーズ　Demorest, Ellen Louise　109
テュークスベリー製　Tewkesbury　52
テルノ　222, 223
ドイツ　Germany　1, 8, 29, 31, 34, 96, 98, 157, 158, 162, 165, 179, 180, 243, 247
唐　Tang　262
ド・ヴリエ，ジャン　de Vries, Jan　37
動物虐待防止協会　Society for the Protection of Cruelty to Animals　142
盗癖　108
徳川幕府　Tokugawa Shogunate　25, 26, 27, 183
徳川家康　Tokugawa Ieyasu　4

トーゴ　Togo　162
ドーティ　131, 134
ドライ・クリーニング　110
トラヴァンコール藩王国　Travancore　129
トランスヴァール　Transvaal　157
トランスカイ　Transkei　201
トルコ　Turkey　14, 187, 190, 192, 193, 194, 263, 277, 278
トルストイ　Tolstoy, Leo　182
奴隷　9, 20, 65, 73, 74, 75, 78, 79, 80, 95, 157, 162, 204, 208, 226, 276
奴隷制　80, 83, 92
——廃止　78, 104, 142
ドレスアップ作戦　Operation Dress-Up　271
ドロワーズ　106

ナ　行

ナイジェリア　Nigeria　1, 2, 4, 212, 213, 214, 216, 274
ナショナリズム，反植民地　Nationalism, anti-colonial　14, 131, 134, 216
ナセル　Nasser, Gamal Abdel　277
ナーダル　Nadar　128
ナーディル・シャー　Nadir Shar　24
ナポレオン　Napoleon　57, 93, 100
ナミビア　Namibia　5, 163, 164, 165, 167
ナーヤル　Nayar　122, 129
ニッカーボッカー　237
日本　Japan　1, 2, 4, 12, 14, 25, 26, 28, 32, 66, 67, 156, 183, 184, 185, 186, 203
ニーム　Nîmes　250
ニューイングランド　New England　81, 156, 162, 205
ニューカレドニア　New Caledonia　151
ニューギニア　New Guinea　7
ニューサウスウェールズ州　New South Wales　118
ニューヘブリディーズ諸島　New Hebrides　148
ニューヨーク　New York　94, 95, 97, 98, 100, 104, 106, 107, 109, 117, 212, 241, 247, 254
ニュールック　New Look　5, 239, 240（図 13）
ネクタイ　1, 3, 100, 130, 131, 141, 154, 162, 163, 176, 182, 185, 188, 190, 209, 210, 220, 243, 244, 245, 247, 249, 267, 269, 279
ネルー，ジャワハーラル　Nehru, Jahawarhalal　5, 217, 218（図 12）, 219, 275
ネルー，モティラル　Nehru, Motilal　134
ネルー・ジャケット　Nehru jacket　217, 229
ノーサンバーランド　Northumberland　52
ノリッジ　Norwich　51

ハ　行

バイエルン　Bavaria　34
売春　97, 273
売春婦　20, 29, 195, 273
バイフィールド，ジュディス　Byfield, Judith　216
バウアー，アーノルド・J.　Bauer, Arnold J.　121
ハウサランド　Hausaland　213
パキスタン　Pakistan　123, 219
パース　Perth　110
バタヴィア　Batavia　68, 70, 71, 126（図 4）

裸，裸体　5, 8, 72, 146, 147, 150, 151, 158, 159, 184, 203, 204, 206, 207, 270, 271, 272
バチカン　Vatican　141
バッキンガム公　Duke of Buckingham　32
バッスル　100, 127, 185, 263
バトリック，エベネゼ　Butterick, Ebenezer　109
ハドソン，ケネス　Hudson, Kenneth　110
ハドソン湾会社　Hudson's Bay Company　46
バートン，リチャード　Burton, Richard　213
パニュエラ　222
バヌアツ　Vanuatu　148
ハーバード大学　Harvard　82, 83
バーボン，ニコラス　Barbon, Nicholas　35, 36, 37, 38
パラーズ社　Pullars　110
パラグアイ　Paraguay　73
パリ　Paris　13, 47, 48, 50, 54, 56, 57, 58, 71, 74, 96, 97, 100, 106, 107, 109, 119, 120, 121, 127, 145, 146, 185, 190, 192, 202, 225, 227, 228, 229, 239, 247
バーリントン　Burlington　228
パレスティナ　Palestine　278
ハロッズ　Harrods　107
バロン・タガログ　Barong Tagalog　222, 223
ハワイ　Hawaii　148, 154, 156, 161
ハーン，エマ　Hahn, Emma 164
バングラデシュ　Bangladesh　123
バンコク　Bangkok　4
瘢痕傷身　206
バンダ，医師，カムズ　Banda, Dr. Kamazu　272
ハンター，モニカ　Hunter, Monica　201, 202
バンダラナイケ，S.W.R.D.　Bandaranaike, S.W.R.D.　221
パンティーストッキング　250
バンドン　Bandung　131
東ケープ　Eastern Cape　143, 156, 202, 208, 210
ビクーニャ　21
ピーコック革命　Peacock Revolution　249
ビジネススーツ　176, 212, 243, 248
秘書　248
羊　91, 143, 158, 183
——の皮　143, 145, 182
ビーバー　46
ヒューム，デイヴィッド　Hume, David　38
ピョートル大帝　Peter the Great　179, 181, 183
ビロード　27, 33, 51, 69, 71, 78, 79
ヒンドゥー　Hindu　23, 122, 134, 217
フィジー諸島　Fiji　150, 154, 155（図7）
フィリップ，博士，ジョン　Philip, Dr John　144, 145
フィリップ・ル・ボン，ブルゴーニュ公　Philip the Good, Duke of Burgundy　58
フィリピン諸島　Philippines　222
フェリペ2世，スペインの　Philip II, of Spain　58
フィレンツェ　Florence　30, 33
フェズ　188, 189, 190, 206
ブエノスアイレス　Buenos Aires　120
武士　26, 28, 184
プーシキン　Pushkin, Alexander　182
二股に分かれた衣類　105, 246

舞踏場　203
仏教徒　Buddhist　66, 220, 221
ブッシュ，ジョージ　Bush, George　237
ブーブー　226
ブライデン，エドワード　Blyden, Edward　212
ブラザビル　Brazzaville　226, 227, 228, 229
ブラジャー　267
ブラジル　Brazil　72, 73
プラーチエ，ソル　Plaatje, Sol　159, 160
ブラドック，ベシー　Braddock, Bessie　239
フランクリン，ベンジャミン　Franklin, Benjamin　82, 83
フランス　France　1, 2, 4, 11, 12, 29, 30, 31, 34, 48, 49, 53, 54, 55, 56, 58, 75, 96, 99, 103, 106, 110, 151, 177, 178, 180, 181, 193, 225, 226, 228, 250, 268, 269, 274, 276, 277, 278, 280
フランス革命　French Revolution　54, 58, 99
ブランド，マーロン　Brando, Marlon　251
フランドル　Flanders　30, 34
ブランメル，「伊達男」ジョージ　Brummel, George "Beau"　59, 99
ブリスコ　Vlisco　274, 275
フリータウン　Freetown　209, 212
ブリストル　51
ブリテン　British　Britishness　5, 13, 24, 31, 46, 50, 53, 71, 75, 76, 81, 82, 83, 96, 110, 117, 119, 120, 121, 122, 123, 124, 125, 127, 129, 130, 133, 134, 143, 145, 146, 147, 156, 165, 176, 178, 208, 210, 211, 212, 213, 214, 220, 225, 238, 243, 245, 249, 269, 276　→イングランドもみよ
ブリテン領インド軍　British Indian army　130
フリューゲル　Flügel, J. C.　58, 99, 246
ブルカ　8, 276
ブルックス・ブラザーズ　Brooks Brothers　95
ブルデュー，ピエール　Bourdieu, Pierre　11
ブルーマー　Bloomers　105
ブルーミングデールズ　Bloomingdales　107
ブレザー　244
プレスリー，エルヴィス　Presley, Elvis　251
プレタポルテ　108　→既製服もみよ
プレトリア　Pretoria　157, 160
プロイセン　Prussians　177, 178, 268
フロックコート　118, 119, 120, 184, 186, 188, 210, 243
ブローデル，フェルナン　Braudel, Fernand　261
ペシ　132
ベセルスドープ　Bethelsdorp　143, 145
ヘッドスカーフ　159, 164, 276, 277, 278, 279, 280, 281
ヘップバーン，キャサリン　Hepburn, Katherine　247
ペティコート　24, 33, 51, 69, 79, 100, 101, 103, 104, 164, 239
ベネトン，ユナイテッド・カラーズ・オブ　Benetton, United Colours of　254
ヘナンデルダル　Genadendal　143
ベニン国　Benin　23

ペルー　Peru　12, 21, 22, 121, 225
ペルシャ　Persia　2, 49, 187, 192
ベルタン，ローズ　Bertin, Rose　54, 55, 106
ヘルマンスブルク　Hermannsburg　157, 159
ヘルモント　Helmond　274
ベルリン宣教師協会　Berlin missionary society　160
ヘレロ人　Herero　5, 163, 164, 165, 166 (図 9), 167
ベンガル　Bengali　128, 131, 134
ベンティンク卿，ウィリアム　Bentinck, Lord William　123
ペンシルヴァニア　Pennsylvania　80–81, 123
辮髪　25, 263, 264, 267
ホイットニー綿繰り機　Witney's Cotton gin　92
紡績機　92, 93
帽子　3, 9, 26, 46, 52, 55, 69, 81, 107, 125, 132, 133, 141, 144, 149, 151, 154, 160, 163, 164, 165, 178, 180, 182, 186, 187, 188, 190, 193, 195, 202, 206, 209, 210, 220, 221, 248, 264, 267, 275
――の大量生産　46
ボガトゥイリョフ，ピョートル　Bogatyrev, Petr　7
牧羊業　119, 183
ボストン　Boston　77, 82, 83
ボツワナ　Botswana　157, 165
ポート・エリザベス　Port Elizabeth　143
ホーマン，ルシア　Holman, Lucia　156
ホメイニ，アヤトラー　Khomeini, Ayatollah　195, 278, 279
ホランダー，アン　Hollander, Anne　99
ボリーバル，シモン　Bolivar, Simón　120
ボリビア　Bolivia　121, 225
ポルトガル　Portugal　27, 67, 120, 220
ホロク　Holoku　156
ボローニャ　Bologna　30
ボンベイ　Bombay　67, 205
ボン・マルシェ　Bon Marché　107
ボンネット　51, 79, 149, 193
ポンチョ　75, 154

マ　行

マウリッツ・ファン・ナッサウ　Maurits of Nassau　177
マカロニ・ファッション　Macaroni　53, 54, 83
巻き尺　13, 93
マサイ人　Maasai　271, 272
マサチューセッツ　Massachusetts　77, 82, 109, 205
マザー・ハバード　Mother Hubbard　151, 152 (図 6)
マーシャル・フィールズ　Marshall Field　108
マズルイ，アリ　Mazrui,Ali　4
マタラム王国　Mataram　69
マッチコート　76
マドラス　Madras　67
マドリード　Madrid　29, 32
マフマト　Mahmud II　189
マヘレロ　Maherero　165
マラウィ　Malawi　272
マレーシア　Malaysia　1, 254
マリー・アントワネット，王妃　Marie-Antoinette, Queen　54, 55
マリアンヒル駅　Marianhill　157
マリスト修道士会　Marist Brothers

141
マルクス，カール　Marx, Karl　11, 98, 117, 268
マルコス，イメルダ　Marcos, Imelda　223
マンチェスター　Manchester　52, 107
マンディヴィル　Mandeville, Bernard　35, 36, 37, 38
マンデラ，ウィニー　Mandela, Winnie　212
マンデラ，ネルソン　Mandela, Nelson　212, 275
ミシン　13, 47, 93, 97, 98, 109, 117, 207
南アフリカ　South Africa　1, 2, 3, 5, 73, 92, 141, 143, 144, 156, 157, 159, 201, 204, 208, 209, 210, 211, 212, 216, 275
南アメリカ　South America　21, 73, 75, 120
ミニスカート　249, 272, 273
身分制度（シュテンデ）　Stände　33
ミラノ　Milan　30, 106
ミラボー，伯　Mirabeau, Comte de　55
ミルトン，ジョン　Milton, John　35
民族文化化　75
明朝　Ming　24, 262
ムガール　Mughal　2, 23, 24
ムスリム　Muslim　15, 23, 24, 188, 189, 192, 208, 210, 217, 270, 279
ムハンマド・シャー・カージャール　Mohammad Shah Qajar　192
ムベキ，チャボ　Mbeki, Thabo　1
ムンバイ（ボンベイ）　Mumbai　67, 205
胸あて　129, 131, 202
明治維新　Meiji Restoration　183
メイシーズ　Macy's　107
メキシコ　Mexico　72, 73, 75, 92
メキシコシティ　Mexico City　72
メージャー，ジョン　Major, John　263
メソジスト　Methodist　81　→ウェスリー派もみよ
メディチ家　Medici family　33
メリカニ　Merikani　205
メルケル，アンゲラ　Merkel, Angela　247
メルボルン　Melbourne　95, 119
綿　3, 6, 22, 26, 45, 47, 48, 49, 50, 52, 73, 74, 78, 79, 91, 92, 96, 125, 129, 131, 145, 148, 149, 154, 164, 181, 184, 201, 202, 204, 205, 206, 212, 213, 216, 217, 226, 250, 268, 269, 273, 274, 293
毛沢東　Mao Tse-tung　268, 269
モスリン　52, 57, 77, 100, 127, 128, 131, 202, 205
モブツ・セセ・セコ　Mobuto Sese Seko　228, 275
モホーク渓谷　Mohawk valley　76
モラヴィア兄弟団　Moravian Brotherhood　143
モルッカ諸島　Moluccas　70, 70（図2), 123
モンゴメリー，バーナード　Montgomery, Bernard　176
モンゴメリー・ウォード，アーロン　Montgomery Ward, Aaron　108
モンタギュー・バートン　Montague Burton　243–244
モンテスキュー　Montesquieu, Charles de Secondat, Baron de　38
モンテーニュ　Montaigne, Michel de　26, 51

ヤ　行

ユウェナリス　Juvenal　20

ユカタン半島　Yucatan　73, 74
ユダヤ人　Jewish　29, 189
羊毛　6, 46, 75, 91, 92, 143, 181, 293
揚州　Yangzhou　262
ヨークシャー　Yorkshire　95
予言者イザヤ　Isaiah　20
ヨルバ　Yoruba　1, 208, 213, 214

ラ　行

ライデン　Leiden　4, 50
ラガーフェルド，カール　Lagerfeld, Karl　106
ラゴス　Lagos　208, 209, 210, 212, 213, 214
ラテンアメリカ　Latin America　14, 74, 119, 120, 121, 167, 224
ラフィア　204, 226
ラプラタ川　Plata, Rio de la　72, 73
ランカシャー　Lancashire　45, 46, 47, 51, 96, 105
リ・ユゥイ　Li Yuyi　265
リオデジャネイロ　Rio de Janeiro　120
リーズ　Leeds　244
リッチ，マテオ　Ricci, Matteo　66
リネン　6, 47, 49, 52, 59, 78, 79, 81, 92, 96, 125, 144, 178, 182, 293
リベイロ，アイリーン　Ribeiro, Aileen　55
リボン　52, 69, 79, 80, 81, 107, 149, 162, 181, 244
リーバイ・ストラウス社　Levi Strauss Company　250
リマ　Lima　121
ルイ13世　Louis XIII　30
ルイ14世　Louis XIV　49, 177
ルイ16世　Louis XVI　55
ルオ人　Luo　206, 207, 208, 211
ルガード卿，フレデリック　Lugard, Frederick, Lord　211
ルサカ　Lusaka　255
ルッジェーリ，ミケール　Ruggieri, Michele　66
ルビンスタイン，ヘレナ　Rubinstein, Helena　242
レザー・シャー・パフラヴィー　Reza Shah Pahlavi　192, 193, 194, 195, 277
レヴィ＝ストロース，クロード　Lévi-Strauss, Claude　7
レース　30, 33, 52, 53, 55, 69, 74, 77, 79, 245, 264
レスター　Leicester　52
レソト　Lesotho　75
レディ・マーガレット・ボート・クラブ　Lady Margaret Boat Club　244
レンズ，カローラ　Lentz, Carola　224
蠟けつ染め　125, 127, 213, 274
ロクロイ　Locri　29
ロシア　Russia　1, 14, 45, 79, 125, 179, 180, 181, 182
ローダー，エスティ　Lauder, Estée　241
ロビンソン，ジョーン　Robinson, Joan　291, 293
ロブ　Lobb's　228
ロベスピエール，マクシミリアン　Robespierre, Maximilian　56, 57
ローマ　Rome　20
ローリングス，J. J.　Rawlings, J. J.　274
ロンドン　London　5, 13, 36, 37, 46, 47, 48, 50, 51, 52, 58, 71, 95, 96, 97, 100, 106, 107, 119, 120, 127, 206, 209, 214, 216, 243, 248, 249, 254
ロンドン，ペリー　London, Perry　237
ロンドン伝道協会　London Missionary

ワ　行